21 世纪数量经济学方法论与应用丛书

经济分析中的时间序列模型

赵国庆　著

南开大学出版社
天　津

图书在版编目(CIP)数据

经济分析中的时间序列模型 / 赵国庆著. —天津:南开大学出版社,2012.6
(21世纪数量经济学方法论与应用丛书)
ISBN 978-7-310-03906-7

Ⅰ.①经… Ⅱ.①赵… Ⅲ.①经济分析-时间序列分析-经济模型 Ⅳ.①F224.12

中国版本图书馆CIP数据核字(2012)第094132号

南开大学出版社出版发行
出版人:孙克强
地址:天津市南开区卫津路94号 邮政编码:300071
营销部电话:(022)23508339 23500755
营销部传真:(022)23508542 邮购部电话:(022)23502200
*
天津市蓟县宏图印务有限公司印刷
全国各地新华书店经销
*
2012年6月第1版 2012年6月第1次印刷
787×1092毫米 16开本 11.5印张 1插页 290千字
定价:30.00元

总　序

改革开放20多年来，数量经济学在我国迅速发展起来，并在研究实际经济问题中得到广泛应用。国家信息中心、中国社会科学院、教育部的重点科研基地中都设有数量经济学的专门研究机构。1998年7月教育部高等学校经济学科教学指导委员会首次将计量经济学列入经济类各专业本科生的课程，时至今日大多数学校的经济类各专业硕士生和博士生都把计量经济学列为必修和必选课程。随着我国经济体制从社会主义计划经济向社会主义市场经济的全面转变，数量经济学在研究经济问题中必然发挥越来越大的作用。采用定性与定量相结合的方法研究经济问题是今后的必然趋势。

客观地认识与科学地表述经济规律是历代经济学与计量经济学工作者的奋斗目标。然而经济活动的多因素性、随机波动性、事件发生的不可逆性以及时间序列的非平稳性一直影响着经济学的科学化进程。经济学与自然科学的一个最大不同点就是无法创造出其他因素不变的理想经济环境。自然科学中的变量常遵循函数关系，但对于经济问题却没有函数关系可言，只能建立统计模型。随着计量经济学的诞生，人们借助数学、统计学知识分析和预测经济问题。虽然这只有几十年的时间，却超过了经济学数百年积累起来的文字分析水平。最近几年，诺贝尔经济学奖的获得者中大部分都是因研究计量经济学或用计量经济学方法研究实际经济问题取得重大突破而获奖的。

自20世纪70年代至今是数量经济学在世界范围内大发展的时期，如在时间序列模型，离散选择模型，动态参数模型，状态空间模型，单整、协整、分整理论，面板数据应用，非参数估计，结构突变分析，非平稳季节时间序列的处理，广义矩法，金融计量分析，蒙特卡罗模型，自举模拟，分形理论，灰色系统，包络分析，遗传算法，神经网络分析等领域都取得了丰硕的研究成果。

目前数量经济学在我国的研究与应用和世界水平相比还存在着一定差距，还需要我国的数量经济学工作者努力奋斗、扎实工作，进一步深入、扩大国际间的学术交流，缩小与世界计量经济学水平的差距，并最终赶上世界计量经济学水平。

为了把国外的研究成果尽快介绍到国内来，为了更快地普及数量经济理论与方法并应用于实际经济问题的分析，为进一步提高我国数量经济学的学术水平，我们撰写、编辑了这套数量经济学丛书。编委会计划推出10本著作，它们是：《非参数计量经济学》，《宏观计量的若干前沿理论与应用》，《协整理论与应用》，《经济数量分析》，《中级计量经济学》和《EViews使用指南》，《STATA在统计与计量分析中的应用》，《季节时间序列理论与应用》，《面板数据的计量经济分析》，《经济分析中的时间序列模型》。其中有些著作偏重于理论和方法的介绍，有些偏重于实际应用，通过案例向读者展示怎样在经济问题的分析中应用这些知识，还有一些著作是学习计量经济学的基本用书。这些著作的共同特点是知识结构新，反映计量经济学中某一方面的最新发展状况，并包含作者自己的研究成果。今后随着时间的推移，我们还将进一步推出更多、更好的有代表性的学术著作。

希望这套丛书能够为从事实际经济问题研究，计量经济学理论研究，数量经济学教学、学习的读者在掌握数量经济学理论与方法方面有所帮助。

读者对这套丛书有什么意见，可以随时反映给我们。书中若有不妥或错误之处，敬请广大读者批评指正。

张晓峒

2007 年 10 月

电子邮箱：nkeviews@yahoo.com.cn

引　言

通过考察经济数据的统计性质把握经济现象背后内在的数据生成过程是经济时间序列分析的主要工作，其目的在于通过对历史数据变化规律的考察提高经济趋势预测的精度。20世纪70年代Box与Jenkins系统研究了时间序列的建模步骤，奠定了时间序列方法在经济分析中的地位。众所周知，大多数经济时间序列含有很强的趋势成分，对于趋势的处理与研究一直是时间序列方法发展中重要组成部分。传统上通过对确定性趋势进行回归，或者通过对差分后序列进行分析的方法来处理趋势。但是，传统方法的使用存在着失去时间趋势中包含信息的危险性。事实上，实证研究中经常出现传统方法的预测与实际结果相背离的现象。近年来，尽力排除模型滞后构造的事先约束，尽可能尊重由经济数据给出信息的研究方法的使用十分引人注目。如果对经济变量从单一图形去观察，会发现随时间推移，它们呈现一种随机游走的走势，但如果把几个经济变量的变化趋势放在一起观察，则会发现它们的运动具有某种相似性，这种不同经济变量运动的趋同性构成了协整分析的基础，这是一种不同于时间序列传统分析研究的方法。在模型的处理中充分利用了来自时间趋势（随机趋势）和水平变量的信息，使得模型的解释能力有了质的提高。

本书主要对近几年经济时间序列发展过程中的理论与方法进行研究，包括非平稳时间序列的协整分析、Granger因果性检验、变量的弱外生性及动态面板数据模型的估计等内容。

本书共由八章构成：

第一章：基于Box-Jenkins法，讨论平稳时间序列的整个建模过程，主要包括：时间序列的基本概念、AR模型与MA模型的估计方法、模型的识别与诊断等。

第二章：首先研究AR单位根检验方法，其次给出MA单位根检验的简化统计量，重点讨论存在时间趋势时的协整检验，包括DGP（Data Generation Process）中常数项及其分解对检验统计量分布影响等问题，最后给出实证分析过程中模型设定的一个合理选择。

第三章：首先讨论平稳时间序列Granger因果性检验方法，其次研究非平稳时间序列下Granger因果检验及其渐近分布，最后给出近年来因果性检验技术的一些新发展。鉴于Granger因果检验在实证研究中使用的广泛性，本章重点强调该检验统计量使用的前提条件，建模者如果忽略时间序列的非平稳性与协整关系，通常会导致虚假因果关系。

第四章：使用协整分析技术研究中国通货膨胀预期与Granger因果性之关系。首先指出现有中国粮价和通货膨胀关系的研究文献，存在对Granger因果检验的误解及建模技术运用的不足，其次运用误差修正模型讨论中国粮食价格指数和通货膨胀之间的长期关系，发现政府对粮食市场干预的过程中，存在对城市消费者和农村粮食生产者之间的利益权衡，导致粮食价格和通货膨胀间存在着长期均衡，同时两者之间具有双向的因果关系。

第五章：使用非平稳技术研究日本货币供给和收入之间的Granger因果关系。首先，通过单位根检验，对货币、收入、价格平减指数及利率设定单变量ARMA模型，对选择的ARMA模型，应用诊断检验（残差的DF检验与MA单位根检验）。其次，对向量自回归误差修正模型应用Granger因果检验：最小二乘法检验与最大似然法检验。前者只需要对ECM中的约束变量使用标准的 F 检验，后者则需要在估计协整时使用 Johansen 的 ML 方法。最后从非平稳技术的角度出发，讨论了 Granger 因果检验的 Sims 滤波方法及应用。

第六章：首先讨论日本 M2、实际 GNP 及美元对日元汇率的非平稳性检验问题，其次对变量间的协整关系采用最大似然法与动态最小二乘法进行估计。考虑到收入与日元汇率变量对货币需求方程参数估计的影响，本章对上述变量的弱外生性也进行了细致的讨论。最后采用 Hendry 形式的自回归分布滞后模型估计货币需求函数。

第七章：首先介绍检验货币长期中性的 Fisher 与 Seater 方法，其次将该方法应用于中国与日本的名义货币供应量 M2 及实际 GDP 季度经济数据，最后根据实证分析的结果，对中日两国近年货币政策的有效性进行对比分析研究。

第八章：首先给出估计面板数据模型的基本分析方法，包括固定效应与随机效应模型估计及模型选择的 Wu-Hausman 检验统计量。其次讨论动态面板数据模型的估计，主要包括动态模型有效工具变量的检验与 GMM 估计。最后利用动态面板模型考察 R&D 人力资本、R&D 支出费用及 FDI 外溢效应对中国高科技产业技术进步的影响。

在本书的写作过程中，时常回忆起在日本京都大学留学时的情形。本书的完成首先要感谢导师森棟公夫教授，森棟先生历任日本京都大学经济学部长，日本经济学会会长，日本统计学会、日本证券・计量・金融工程学会会长等职，也是日本学术会议会员，世界计量经济学会荣誉会员（Econometric Society Fellow）。虽然森棟先生研究和社会活动十分繁忙，但每周坚持给研究生至少上两次计量经济学的讨论班，研读计量经济学经典著作与前沿论文。在讨论班上也聆听过 Harvey、Hsiao、McAleer 等计量经济学大师的讲座，这些都使我终生受益。本书的部分内容也源于同森棟先生的合作论文，在此向森棟先生表示诚挚谢忱。

在本书的定稿过程中，中国人民大学数量经济学博士生张中元、林梦瑶、任宇宁、尹慧参与了部分工作，在此向他们表示感谢。

南开大学数量经济研究所所长张晓峒教授及南开大学出版社的编辑为本书的出版付出了辛勤的劳动，一同表示由衷的感谢。

最后本书也是送给一直给予爱与支持的家庭之礼物。

赵国庆

2011 年 9 月于中国人民大学明德楼

目 录

第一章　平稳时间序列及性质

通过考察经济数据的统计性质把握经济现象背后内在的数据生成过程（DGP, Data Generating Process）是经济时间序列分析的重要工作，其目的在于通过对历史数据变化规律的考察提高对未来经济趋势预测的精度。本章基于 Box-Jenkins 法，讨论平稳时间序列的整个建模过程，主要内容包括：时间序列的基本概念、AR 模型和 MA 模型的估计方法、模型的识别与诊断等内容。

1.1　经济时间序列的基本概念

1. 平稳时间序列

时间序列是指按照同一时间单位 t 由变量 Y 观测值所形成的集合，这里的时间单位 t 可以取日、月、年等。例如 GDP、货币供应量、CPI、上海证券交易所综合指数收盘价在某一时间区间内的观测值都构成相应的时间序列。在数学上，下面的集合构成一个随机过程：

$$\{Y_t\}=\{\cdots,Y_{-2},Y_{-1},Y_0,Y_1,Y_2,\cdots\} \tag{1-1}$$

集合中每一个给定的 Y_t 为随机变量，随机过程 $\{Y_t\}$ 称为平稳时间序列（stationary time series），如果满足以下三个条件：

（1）$E(Y_t)=\mu$

（2）$\operatorname{Var}(Y_t)=E\left[\left(Y_t-E(Y_t)^2\right)\right]=\gamma(0)$

（3）$\operatorname{Cov}(Y_t,Y_{t-s})=E\left[Y_t-E(Y_t)\left(Y_{t-s}-E(Y_{t-s})\right)\right]=\gamma(s)\qquad(s=\cdots,-1,0,1,2,\cdots)$

则该时间序列又可称为弱平稳或协方差平稳（weakly stationary / covariance stationary）。从上述条件可以发现，平稳序列 $\{Y_t\}$ 的均值和方差都与时间 t 无关，自协方差函数（autocovariance function）$\operatorname{Cov}(Y_t,Y_{t-s})$ 仅依赖于 2 个观察值时点的差（间隔距离）s。直观上平稳时间序列在均值附近呈现某种周期性的变化，而非平稳时间序列表现为均值和方差随时间 t 发生变化。

2. 自相关函数

自相关函数（autocorrelation function）在时间序列的建模过程中有非常重要的作用，可以说时间序列的统计性质集约于自相关函数中，其定义如下：

$$\rho(s)=\frac{\gamma(s)}{\gamma(0)} \qquad (s=\cdots,-1,0,1,2,\cdots) \tag{1-2}$$

自相关函数显然有如下性质：

$$\rho(0)=1 \tag{1-3}$$

$$|\rho(s)|<1 \quad (s=\cdots,-2,-1,0,1,2,\cdots) \tag{1-4}$$

如果时间序列 u_t 满足：

$$E(u_t)=0 \tag{1-5}$$

$$\mathrm{Var}(u_t)=\sigma^2 \tag{1-6}$$

$$\mathrm{Cov}(u_t,u_{t-s})=0 \qquad (s=\cdots,-2,-1,0,1,2,\cdots) \tag{1-7}$$

则称 u_t 为白噪声（white noise）序列，是一种最简单的平稳时间序列，略记为WN。

1.2 AR（Autoregressive）模型及性质

AR(p)模型定义如下：

$$Y_t=\mu_0+\sum_{i=1}^{p}\varphi_i Y_{t-i}+u_t \tag{1-8}$$

式中 μ_0，φ_1，φ_2，…，φ_p 为参数，u_t 为白噪声序列。用滞后算子多项式 $\Phi(L)$，AR(p)模型可以表示为：

$$\Phi(L)Y_t=\mu_0+u_t \tag{1-9}$$

式中 $\Phi(L)=1-\varphi_1 L-\varphi_2 L^2-\cdots-\varphi_p L^p$。AR模型经常使用有两个理由：（1）模型的经济意义比较清楚，可以把被解释变量的滞后项当成解释变量；（2）模型估计和预测非常便利，例如可以用OLS对AR(p)模型进行估计。下面讨论 $p=1$ 时的AR(1)模型及性质。

1. AR(1)模型的自相关函数

AR(1)模型定义如下：

$$Y_t=\mu_0+\varphi_1 Y_{t-1}+u_t \tag{1-10}$$

$$|\varphi_1|<1 \tag{1-11}$$

其中 $|\varphi_1|<1$ 为模型的平稳性条件，因为利用滞后算子多项式得到：

$$(1-\varphi_1 L)Y_t=\mu_0+u_t \tag{1-12}$$

即

$$Y_t = \frac{\mu_0}{1-\varphi_1 L} + \frac{u_t}{1-\varphi_1 L} = \frac{\mu_0}{1-\varphi_1} + \sum_{i=0}^{\infty} \varphi_1^i u_{t-i} \tag{1-13}$$

式（1-13）的推导利用了式：

$$\frac{1}{1-\varphi_1 L} = \sum_{i=0}^{\infty} (\varphi_1 L)^i \tag{1-14}$$

和

$$\sum_{i=0}^{\infty} (\varphi_1 L)^i \mu_0 = \frac{\mu_0}{1-\varphi_1} \tag{1-15}$$

所以在$|\varphi_1|<1$的条件下，得到Y_t的均值：

$$E(Y_t) = \frac{\mu_0}{1-\varphi_1} + \sum_{i=0}^{\infty} \varphi_1^i E(u_{t-i}) = \frac{\mu_0}{1-\varphi_1} = \mu \tag{1-16}$$

容易证明，Y_t的方差：

$$\gamma(0) = E(Y_t - \mu)^2 = E\left[\sum_{i=0}^{\infty} \varphi_1^i u_{t-i}\right]^2 = \frac{\sigma^2}{1-\varphi_1^2} \tag{1-17}$$

Y_t与Y_{t-s}的自协方差函数：

$$\gamma(s) = \mathrm{Cov}(Y_t, Y_{t-s}) = \varphi_1^s \gamma(0) \qquad (s = 1, 2, \cdots) \tag{1-18}$$

所以$|\varphi_1|<1$为AR(1)模型的平稳性条件。又因为：

$$\gamma(-s) = \gamma(s) \qquad (s = 0, 1, 2, \cdots) \tag{1-19}$$

通常只需分析$s>0$时的$\gamma(s)$。容易得到AR(1)模型的自相关函数：

$$\rho(s) = \varphi_1^s \qquad (s = 0, 1, 2, \cdots) \tag{1-20}$$

2. AR(*p*)模型的自相关函数

首先给出AR(*p*)模型的平稳性条件，考虑由AR(*p*)中参数φ_1，φ_2，…，φ_p构成的如下p次方程：

$$\Phi(L) = 1 - \varphi_1 L - \varphi_2 L^2 - \cdots - \varphi_p L^p = 0 \tag{1-21}$$

如果上述p次方程式根的模大于1，即滞后多项式$\Phi(L)$所有根均位于单位圆之外，则AR(*p*)模型生成的随机过程$\{Y_t\}$满足平稳性条件（Box and Jenkins, 1976）。此时期望$E(Y_t)$、方差$\mathrm{Var}(Y_t)$都存在，且Y_t与Y_{t-s}的自协方差函数$\gamma(s)$仅依赖于2个时点的间隔s。设

$E(Y_t)=\mu$，对式（1-8）求数学期望得到：

$$E(Y_t)=\mu_0+\mu\sum_{i=1}^{p}\varphi_i \tag{1-22}$$

即有

$$E(Y_t)=\frac{\mu_0}{1-\sum_{i=1}^{p}\varphi_i}=\mu \tag{1-23}$$

为求方差 $\mathrm{Var}(Y_t)$，式（1-8）减去式（1-22）得到：

$$Y_t-\mu=\sum_{i=1}^{p}\varphi_i\left(Y_{t-i}-\mu\right)+u_t \tag{1-24}$$

式（1-24）两边同乘以 $(Y_t-\mu)$ 求期望给出：

$$\gamma(0)=\sum_{i=1}^{p}\varphi_i\gamma(i)+\sigma^2 \tag{1-25}$$

注意到式（1-25）的计算利用如下的结果：

$$E\left[(Y_t-\mu)u_t\right]=\sigma^2 \tag{1-26}$$

式（1-25）两边同除以 $\gamma(0)$ 得到：

$$1=\sum_{i=1}^{p}\varphi_i\rho(i)+\frac{\sigma^2}{\gamma(0)} \tag{1-27}$$

整理后给出

$$\gamma(0)=\frac{\sigma^2}{1-\sum_{i=1}^{p}\varphi_i\rho(i)} \tag{1-28}$$

为求出 $\gamma(s)$，式（1-24）两边同乘以 $(Y_{t-i}-\mu)$，$i=1,2,\cdots,p$，分别后取期望，得到如下的方程组：

$$\begin{aligned}
\gamma(1)&=\varphi_1\gamma(0)+\varphi_2\gamma(1)+\cdots+\varphi_p\gamma(p-1)\\
\gamma(2)&=\varphi_1\gamma(1)+\varphi_2\gamma(0)+\cdots+\varphi_p\gamma(p-2)\\
&\vdots\\
\gamma(p)&=\varphi_1\gamma(p-1)+\varphi_2\gamma(p-2)+\cdots+\varphi_p\gamma(0)
\end{aligned} \tag{1-29}$$

对于 $k\geqslant p$，有：

$$\gamma(k)=\varphi_1\gamma(k-1)+\varphi_2\gamma(k-2)+\cdots+\varphi_p\gamma(k-p) \tag{1-30}$$

如果最初的 p 个 $\gamma(0),\gamma(1),\cdots,\gamma(p-1)$ 给出后，利用式（1-30）可求出更高次的自协方差函数。注意上面的式（1-30）证明过程中，用到如下结果：

$$E\left[\left(Y_{t-q}-\mu\right)u_t\right]=E\left[\left(\sum_{i=0}^{\infty}\theta_i u_{t-q-i}\right)u_t\right]=\sum_{i=0}^{\infty}\theta_i E\left(u_{t-q-i}u_t\right)=0 \tag{1-31}$$

3. Yule-Walker 方程

用 $\gamma(0)$ 除以方程组（1-29）两边后得到如下的 Yule-Walker 方程：

$$\begin{aligned}
&\rho(1)=\varphi_1+\varphi_2\rho(1)+\cdots+\varphi_p\rho(p-1)\\
&\rho(2)=\varphi_1\rho(1)+\varphi_2+\cdots+\varphi_p\rho(p-2)\\
&\vdots\\
&\rho(p)=\varphi_1\rho(p-1)+\varphi_2\rho(p-2)+\cdots+\varphi_p
\end{aligned} \tag{1-32}$$

我们注意到 Yule-Walker 方程建立起 AR 模型中系数 $\varphi_1\ \varphi_2\cdots\varphi_p$ 和自协方差函数、自相关函数之间的关系。同样，当 $k\geqslant p$ 时，得到

$$\rho(k)=\varphi_1\rho(k-1)+\varphi_2\rho(k-2)+\cdots+\varphi_p\rho(k-p) \tag{1-33}$$

显然 $k\geqslant p$ 的自相关函数为上述差分方程的解，在给出初值 $\rho(0),\rho(1),\cdots,\rho(p-1)$ 的条件下，通过求解差分方程（1-33），我们可以得到更高阶的自相关函数值。

4. AR(1) 的自相关函数图

对于 AR(1)模型 $Y_t=\mu_0+\varphi_1 Y_{t-1}+u_t$，其自相关函数如图 1-1 所示。

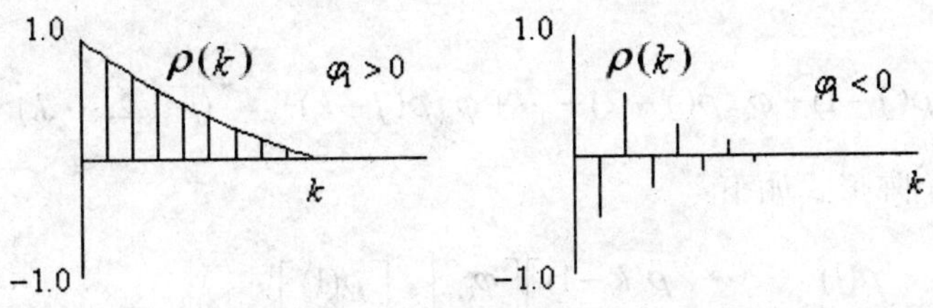

图 1-1　AR(1) 模型自相关函数图

1.3 偏自相关（partial autocorrelation）函数

1. 偏自相关函数概念

考虑如下的 AR(1)模型：

$$Y_t = \mu_0 + \varphi_1 Y_{t-1} + u_t \tag{1-34}$$

上述模型给出 Y_t 和 Y_{t-1} 之间的关系，又

$$Y_{t-1} = \mu_0 + \varphi_1 Y_{t-2} + u_{t-1} \tag{1-35}$$

所以 Y_t 和 Y_{t-2} 之间通过 Y_{t-1} 建立起相应的关系。在 1.1 节定义的自相关函数

$$\rho(s) = \frac{\gamma(s)}{\gamma(0)} \qquad (s = \cdots, -1, 0, 1, 2, \cdots)$$

反映了两个随机变量 Y_t 与 Y_{t-s} 之间线性相关的程度。如果我们的兴趣在于：除去 Y_{t-1} 对 Y_t 的影响之后，考察 Y_{t-2} 和 Y_t 之间相关的程度，即讨论 Y_{t-2} 本身是否与 Y_t 相关，这就是偏相关函数的基本概念。一般 Y_t 和 Y_{t-k} 之间的偏自相关函数 φ_{kk} 表示，从 Y_t 中除去 $Y_{t-1}, Y_{t-2}, \cdots, Y_{t-k+1}$ 这些中间变量的影响后，度量 Y_t 和 Y_{t-k} 之间相关程度的一个指标。偏自相关函数又称为偏相关函数。去掉中间变量 $Y_{t-1}, Y_{t-2}, \cdots, Y_{t-k+1}$ 影响的步骤如下：

（1）Y_t 对（$1, Y_{t-1}, Y_{t-2}, \cdots, Y_{t-k+1}$）作回归，即 Y_t 对除去 Y_{t-k} 以外的所有变量作回归，求出残差 v_t；

（2）Y_{t-k} 对（$1, Y_{t-1}, Y_{t-2}, \cdots, Y_{t-k+1}$）作回归求出残差 w_t。残差 v_t 和 w_t 之间的相关系数等于去掉中间变量 $Y_{t-1}, Y_{t-2}, \cdots, Y_{t-k+1}$ 影响后，Y_t 和 Y_{t-k} 之间的偏自相关函数 φ_{kk}。

2. 偏自相关函数的计算

利用 Yule-Walker 方程可以计算偏自相关函数，如果用 φ_{kj} 表示式（1-33）中第 j 个系数，则式（1-33）变为：

$$\rho(j) = \varphi_{k1}\rho(j-1) + \varphi_{k2}\rho(j-2) + \cdots + \varphi_{kk}\rho(j-k) \qquad (j=1,2,\cdots,k) \tag{1-36}$$

式（1-36）的矩阵形式如下：

$$\begin{bmatrix} 1 & \rho(1) & \cdots & \rho(k-1) \\ \rho(1) & 1 & \cdots & \rho(k-2) \\ \vdots & \vdots & & \vdots \\ \rho(k-1) & \rho(k-2) & \cdots & 1 \end{bmatrix} \begin{bmatrix} \varphi_{k1} \\ \varphi_{k2} \\ \vdots \\ \varphi_{kk} \end{bmatrix} = \begin{bmatrix} \rho(1) \\ \rho(2) \\ \vdots \\ \rho(k) \end{bmatrix} \tag{1-37}$$

对 k=1,2,⋯，解方程组得到：

$$\varphi_{11} = \rho(1)$$

$$\varphi_{22}=\frac{\begin{vmatrix}1 & \rho(1)\\ \rho(1) & \rho(2)\end{vmatrix}}{\begin{vmatrix}1 & \rho(1)\\ \rho(1) & 1\end{vmatrix}}=\frac{\rho_2-\rho_1^2}{1-\rho_1^2}$$

$$\vdots$$

偏自相关函数一般的计算公式如下：

$$\varphi_{kk}=\frac{\begin{vmatrix}1 & \rho(1) & \cdots & \rho(k-2) & \rho(1)\\ \rho(1) & 1 & \cdots & \rho(k-3) & \rho(2)\\ \vdots & \vdots & & \vdots & \vdots\\ \rho(k-1) & \rho(k-2) & \cdots & \rho(1) & \rho(k)\end{vmatrix}}{\begin{vmatrix}1 & \rho(1) & \cdots & \rho(k-2) & \rho(k-1)\\ \rho(1) & 1 & \cdots & \rho(k-3) & \rho(k-2)\\ \vdots & \vdots & & \vdots & \vdots\\ \rho(k-1) & \rho(k-2) & \cdots & \rho(1) & 1\end{vmatrix}}\quad (k=1,2,3,\cdots) \tag{1-38}$$

可以发现 AR(p)模型的偏自相关函数有如下的性质：

$$\varphi_{kk}=0\quad (k=p+1,p+2,\cdots) \tag{1-39}$$

上述性质称 AR(p)模型 p 阶后截尾（cut-off）。图 1-2 给出了 AR(1)的偏自相关函数图，显然和其自相关函数图以几何级数衰减的形态完全不同。

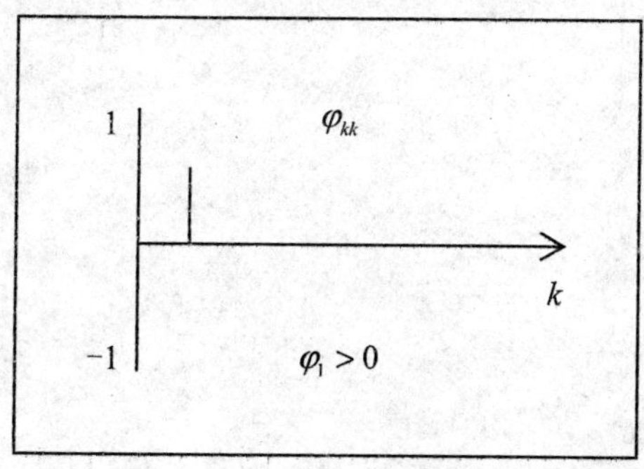

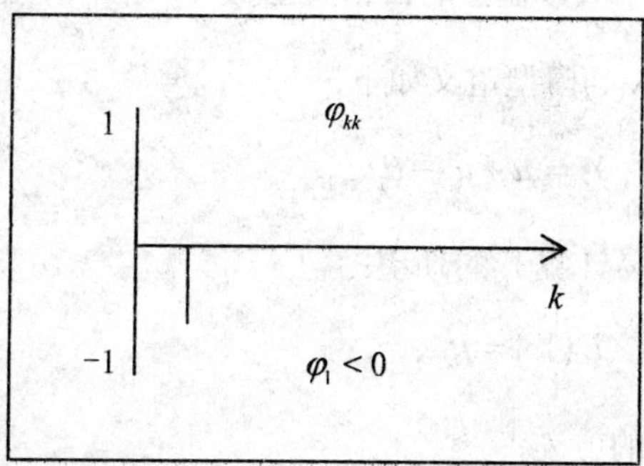

图 1-2　AR(1)的偏自相关函数图

3. 样本均值、样本自协方差函数、样本自相关函数

平稳时间序列$\{Y_t\}$（t=1,2,$\cdots$,T）的样本值给定后，可以利用公式计算相应的估计量。

样本均值：

$$\hat{\mu}=\frac{\sum_{t=1}^{T}Y_t}{T} \tag{1-40}$$

样本方差：

$$\hat{\gamma}(0)=\frac{\sum_{t=1}^{T}\left(Y_t-\overline{Y}\right)^2}{T} \tag{1-41}$$

样本自协方差函数：

$$\hat{\gamma}(s)=\frac{\sum_{t=s+1}^{T}\left(Y_t-\overline{Y}\right)\left(Y_{t-s}-\overline{Y}\right)}{T} \tag{1-42}$$

样本自相关函数：

$$\hat{\rho}(s)=\frac{\hat{\gamma}(s)}{\hat{\gamma}(0)} \qquad (s=\cdots,-1,0,1,2,\cdots) \tag{1-43}$$

1.4 MA（Moving Average）模型及性质

MA(q)模型定义如下：

$$Y_t=\mu+\Theta(L)u_t \tag{1-44}$$

式中$\Theta(L)=1-\theta_1 L-\theta_2 L^2-\cdots-\theta_q L^q$为滞后算子多项式，$\mu,\theta_1,\theta_2,\cdots,\theta_q$为参数，$u_t$为白噪声序列。下面讨论$q=1$时的MA(1)模型及性质。

1. MA(1)模型的自相关函数

MA(1)模型定义如下：

$$Y_t=\mu+u_t-\theta_1 u_{t-1} \tag{1-45}$$

容易计算Y_t的期望：

$$E\left(Y_t\right)=\mu \tag{1-46}$$

Y_t的方差：

$$\gamma(0)=E\left[\left(Y_t-\mu\right)^2\right]=E\left[\left(u_t-\theta_1 u_{t-1}\right)^2\right]=\sigma^2\left(1+\theta_1^2\right) \tag{1-47}$$

Y_t的自协方差函数：

$$\gamma(1)=E\left[\left(u_t-\theta_1 u_{t-1}\right)\left(u_{t-1}-\theta_1 u_{t-2}\right)\right]=-\theta_1\sigma^2 \tag{1-48}$$

显然当$s=2,3,\cdots$时，

$$\gamma(s)=0 \tag{1-49}$$

那么MA(1)的自相关函数为：

$$\rho(s)=\begin{cases}\dfrac{-\theta_1}{1+\theta_1^2}, & s=1\\ 0, & s=2,3,\cdots\end{cases} \tag{1-50}$$

所以当$s\geqslant 2$时，MA(1)模型的自相关函数具有截尾性。

2. MA 模型的可逆性

对于 AR(1)模型，式（1-13）可以写成：

$$Y_t=\mu+u_t-\sum_{i=1}^{\infty}\psi_i u_{t-i} \tag{1-51}$$

式（1-51）称为 MA(∞), 表示 MA(q)过程中 q 趋于无限的情形，其平稳性条件为 $\sum_{i=0}^{\infty}\psi_i^2<\infty$（Hamilton，1994）。平稳的 AR($p$)模型的一个重要性质是其可以表示成 MA(∞)。式（1-51）表明，利用滞后算子多项式容易得到 AR(1) 过程的 MA(∞) 表示。类似地，可以定义如下的 AR(∞)过程：

$$Y_t=\mu_0+\sum_{i=1}^{\infty}\pi_i Y_{t-i}+u_t \tag{1-52}$$

在一定条件下，MA(q)模型也能表成 AR(∞)的形式，称为 MA 模型的可逆性（invertibility）。

下面讨论 MA(q) 模型的可逆性条件。首先讨论 MA(1) 模型的可逆性。

对于如下的 MA(1)模型：

$$Y_t=\mu+(1-\theta_1 L)u_t\,,\ \left|\theta_1\right|<1 \tag{1-53}$$

整理后得到：

$$\frac{Y_t-\mu}{1-\theta_1 L}=u_t \tag{1-54}$$

注意到条件$\left|\theta_1\right|<1$，利用滞后多项式的展开式得到：

$$\sum_{i=0}^{\infty}\theta_1^i Y_{t-i}-\frac{\mu}{1-\theta_1}=u_t \tag{1-55}$$

式（1-55）整理后有：

$$Y_t=\frac{\mu}{1-\theta_1}-\sum_{i=1}^{\infty}\theta_1^i Y_{t-i}+u_t \tag{1-56}$$

所以$\left|\theta_1\right|<1$为 MA(1)可逆的条件。

下面给出 MA(q)模型具有可逆性的条件。可以证明 MA(q)表现为 AR(∞)的条件与 AR(p)平稳性条件类似。考虑如下方程：

$$\Theta(L)=1-\theta_1 L-\theta_2 L^2-\cdots-\theta_q L^q=0 \tag{1-57}$$

方程(1-57)全部根的模大于 1，为 MA(q)模型具有可逆性的条件(Box and Jenkins，1976)。

我们知道 AR(p)模型的偏自相关函数具有截尾性，即有“$\varphi_{kk}=0 \quad (k=p+1,p+2,\cdots)$”的性质，在 MA(1)表成 AR($\infty$)的情形下，显然其对应的偏自相关函数有“$\varphi_{kk}\to 0 \quad (k\to\infty)$”的性质。例如对于 MA(1)模型，容易计算其偏自相关函数：

$$\varphi_{33}=\frac{\begin{vmatrix}1 & \rho & \rho\\ \rho & 1 & 0\\ 0 & \rho & 0\end{vmatrix}}{\begin{vmatrix}1 & \rho & 0\\ \rho & 1 & \rho\\ 0 & \rho & 1\end{vmatrix}}=\frac{\rho^3}{1-2\rho^2} \tag{1-58}$$

所以 MA(1)模型的偏自相关函数不具有截尾性，而是收敛于 0(按指数衰减)。由式(1-50)，MA(1)的$\rho(1)$不为 0，对于$s\geqslant 2$，$\rho(s)=0$。所以我们可以利用 AR(1) 和 MA(1) 模型自相关与偏自相关函数的不同性质讨论时间序列模型的表现形式。图 1-3 为 MA(1)模型自相关与偏自相关函数图。

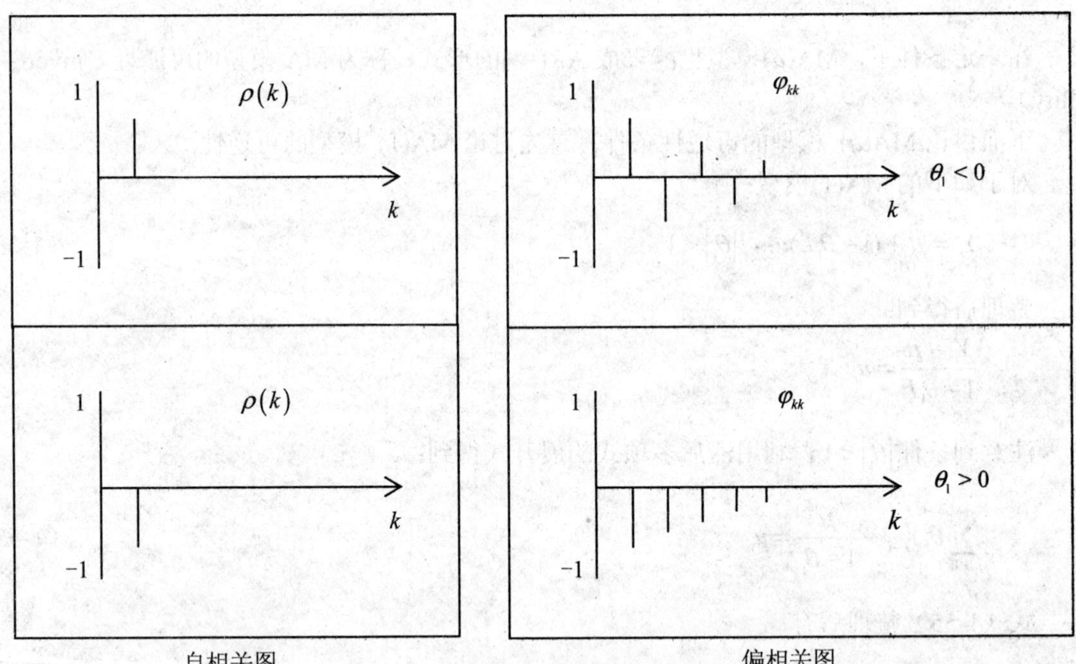

图 1-3　MA(1)模型自相关与偏自相关函数图

3. MA(q)模型的自相关函数

考虑如下 MA(q)过程：

$$Y_t=\mu+u_t-\theta_1 u_{t-1}-\theta_2 u_{t-2}-\cdots-\theta_q u_{t-q} \tag{1-59}$$

式中u_t为白噪声过程。

容易计算Y_t的数学期望：

$$E(Y_t)=\mu \tag{1-60}$$

Y_t的方差：

$$\gamma(0)=E(Y_t-\mu)^2=(1+\theta_1^2+\theta_2^2+\cdots+\theta_q^2)\sigma^2 \tag{1-61}$$

Y_t的自协方差函数：

$$\begin{aligned}\gamma(s)&=E(Y_t-\mu)(Y_{t-s}-\mu)\\&=E\begin{bmatrix}(u_t-\theta_1u_{t-1}-\theta_2u_{t-2}-\cdots-\theta_qu_{t-q})\\(u_{t-s}-\theta_1u_{t-s-1}-\theta_2u_{t-s-2}-\cdots-\theta_qu_{t-s-q})\end{bmatrix}\\&=\begin{cases}(-\theta_s+\theta_1\theta_{s+1}+\cdots+\theta_{q-s}\theta_q)\sigma^2, & s=1,2,\cdots,q\\0, & s>q\end{cases}\end{aligned} \tag{1-62}$$

Y_t的自相关函数：

$$\rho(s)=\begin{cases}\dfrac{(-\theta_s+\theta_1\theta_{s+1}+\cdots+\theta_{q-s}\theta_q)}{1+\theta_1^2+\theta_2^2+\cdots+\theta_q^2}, & s=1,2,\cdots q\\0, & s>q\end{cases} \tag{1-63}$$

注意$s>q$时，MA(q)的自相关函数为 0，我们称自相关函数在$(q+1)$阶后截尾，或称为具有截尾性。这一性质表明 MA(q)过程的记忆与变量之间的相关仅出现在区间$s\leqslant q$内，当$s>q$时变量之间不存在相关性，通常可以利用MA(q)过程自相关函数的截尾特性诊断模型的次数。

1.5 ARMA（Autoregressive Moving Average）模型及性质

ARMA(p,q) 模型定义如下：

$$\Phi(L)Y_t=\mu_0+\Theta(L)u_t \tag{1-64}$$

式中$\Phi(L)=1-\varphi_1L-\varphi_2L^2-\cdots-\varphi_pL^p$，$\Theta(L)=1-\theta_1L-\theta_2L^2-\cdots-\theta_qL^q$。显然 ARMA($p,q$)模型的平稳性仅依赖其 AR 部分，其可逆性仅依赖于 MA 部分。由于模型中包含了 MA 部分，次数很低的p、q通常可以刻画较复杂的随机过程，下面我们主要讨论$p=q=1$时的 ARMA(1,1)模型的性质。对于如下的 ARMA(1,1)模型：

$$(1-\varphi_1L)Y_t=\mu_0+(1-\theta_1L)u_t \tag{1-65}$$

其平稳性条件为：

$$|\varphi_1|<1 \tag{1-66}$$

此时仅需要考虑 AR 部分，在上述条件下，可以得到 ARMA(1,1)的 MA(∞)表现形式。其可逆性条件为：

$$|\theta_1|<1 \tag{1-67}$$

此时仅需要考虑 MA 部分，在这一条件下可以得到 ARMA(1,1) 的 AR(∞) 表现形式。实际上利用滞后算子多项式的逆运算法则容易得到 ARMA(1,1) 的 MA(∞) 表现形式。

在$|\varphi_1|<1$的条件下，式（1-65）可以写成：

$$Y_t=(1-\varphi_1 L)^{-1}\mu_0+(1-\varphi_1 L)^{-1}(1-\theta_1 L)u_t=\frac{\mu_0}{1-\varphi_1}+(1-\theta_1 L)\sum_{i=0}^{\infty}\varphi_1^i u_{t-i} \tag{1-68}$$

对式（1-68）进行整理后得到：

$$Y_t=\frac{\mu_0}{1-\varphi_1}+(\varphi_1-\theta_1)\sum_{i=1}^{\infty}\varphi_1^{i-1}u_{t-i}+u_t \tag{1-69}$$

在$|\theta_1|<1$的条件下，同理可以得到 ARMA(1,1) 的 AR(∞) 表现形式：

$$(1-\theta_1 L)^{-1}(1-\varphi_1 L)Y_t=(1-\theta_1 L)^{-1}\mu_0+u_t \tag{1-70}$$

由式（1-69）容易计算Y_t的期望：

$$E(Y_t)=\frac{\mu_0}{1-\varphi_1}=\mu \tag{1-71}$$

Y_t方差$\gamma(0)$的计算过程如下：

$$\gamma(0)=E(Y_t-\mu)^2=E((\varphi_1-\theta_1)\sum_{i=1}^{\infty}\varphi_1^{i-1}u_{t-i}+u_t)^2 \tag{1-72}$$

又u_t为白噪声过程，所以

$$\gamma(0)=(\varphi_1-\theta_1)^2 E(\sum_{i=1}^{\infty}\varphi_1^{i-1}u_{t-i})^2+\sigma^2=\sigma^2\frac{(\varphi_1-\theta_1)^2}{1-\varphi_1^2}+\sigma^2=\sigma^2\frac{1-2\varphi_1\theta_1+\theta_1^2}{1-\varphi_1^2} \tag{1-73}$$

类似可得：

$$\begin{aligned}\gamma(1)&=E(Y_t-\mu)(Y_{t-1}-\mu)\\&=E[((\varphi_1-\theta_1)\sum_{i=1}^{\infty}\varphi_1^{i-1}u_{t-i}+u_t)((\varphi_1-\theta_1)\sum_{i=1}^{\infty}\varphi_1^{i-1}u_{t-1-i}+u_{t-1})]\\&=\sigma^2(\varphi_1-\theta_1)+(\varphi_1-\theta_1)^2E[(\sum_{i=1}^{\infty}\varphi_1^{i}u_{t-1-i})(\sum_{i=1}^{\infty}\varphi_1^{i-1}u_{t-1-i})]\end{aligned} \tag{1-74}$$

对式（1-74）整理后得到：

$$\gamma(1)=\sigma^2\frac{(\varphi_1-\theta_1)(1-\varphi_1\theta_1)}{1-\varphi_1^2} \tag{1-75}$$

当 $s\geqslant 2$ 时，MA 部分自相关函数为 0，这时 $\gamma(s)$ 仅仅依赖于 AR 部分的自相关函数。即

$$\gamma(s)=\varphi_1\gamma(s-1)=\varphi_1^{s-1}\gamma(1) \qquad (s=2,3,\cdots) \tag{1-76}$$

ARMA(1,1)模型的自相关函数如下：

$$\rho(1)=\frac{(\varphi_1-\theta_1)(1-\varphi_1\theta_1)}{1-2\varphi_1\theta_1+\theta_1^2} \tag{1-77}$$

$$\rho(s)=\varphi_1^{s-1}\rho(1) \qquad (s=2,3,\cdots) \tag{1-78}$$

可以发现 ARMA(1,1) 模型的自相关函数与 AR(1) 类似呈指数状态衰减，不同之处在于前者从 $\rho(1)$ 后者从 $\rho(0)$ 开始衰减。另外，由于 ARMA(1,1) 模型的自相关函数中包含 $\boldsymbol{\varphi_1}$ 和 $\boldsymbol{\theta_1}$ 两个不同的参数，所以对应的自相关函数图的类型要远比 AR(1) 的情形复杂。**ARMA(*p*,*q*)** 模型只是 ARMA(1,1) 模型的扩展形式，在 AR 部分满足平稳性及 MA 部分满足可逆性的条件下，利用滞后算子多项式的逆运算法则容易得到 ARMA(*p*,*q*) 的 MA(∞) 与 AR(∞) 表现形式。

1.6 AR(*p*)模型的估计

为简单起见，设常数项 $\mu_0=0$，考虑如下的 AR(*p*)：

$$Y_t=\varphi_1Y_{t-1}+\varphi_2Y_{t-2}+\cdots+\varphi_pY_{t-p}+u_t \qquad (t=1,2,3,\cdots,T) \tag{1-79}$$

首先给出 AR(*p*) 模型中参数的最小二乘估计量。

1. OLS 估计法

对于残差平方和：

$$S(\varphi)=\sum_{t=p+1}^{T}\left(Y_t-\varphi_1Y_{t-1}-\cdots-\varphi_pY_{t-p}\right)^2 \tag{1-80}$$

求出参数 $\varphi_1,\varphi_2,\cdots,\varphi_p$ 的估计值 $\hat{\varphi}_1,\hat{\varphi}_2,\cdots,\hat{\varphi}_p$ 使 $S(\varphi)$ 达到最小，得到参数的最小二乘估计量。对于 $S(\varphi)$ 关于 $\hat{\varphi}_1,\hat{\varphi}_2,\cdots,\hat{\varphi}_p$ 求导数，令一阶导数为 0，容易得到如下方程组：

$$\begin{pmatrix} a_{11} & a_{12} & \cdots & a_{1p} \\ a_{12} & a_{22} & \cdots & a_{2p} \\ \vdots & \vdots & & \vdots \\ a_{1p} & a_{2p} & \cdots & a_{pp} \end{pmatrix}\begin{pmatrix} \hat{\varphi}_1 \\ \hat{\varphi}_2 \\ \vdots \\ \hat{\varphi}_p \end{pmatrix}=\begin{pmatrix} a_{10} \\ a_{20} \\ \vdots \\ a_{p0} \end{pmatrix} \tag{1-81}$$

式（1-81）称为正规方程，其中：

$$a_{ij}=\sum_{t=p+1}^{T}Y_{t-i}Y_{t-j}\qquad (i,j=0,1,2,\cdots,p) \tag{1-82}$$

下面讨论 AR(p)模型中参数的 Yule-Walker 估计量。

2. Yule-Walker 方程法

考虑下面的 Yule-Walker 方程：

$$\begin{cases}\rho(1)=\varphi_1+\varphi_2\rho(1)+\cdots+\varphi_p\rho(p-1)\\ \rho(2)=\varphi_1\rho(1)+\varphi_2+\cdots+\varphi_p\rho(p-2)\\ \quad\vdots\\ \rho(p)=\varphi_1\rho(p-1)+\varphi_2\rho(p-2)+\cdots+\varphi_p\end{cases} \tag{1-83}$$

式（1-83）中 $\rho(s)$ 用 AR(p)的自相关函数的估计 $\hat{\rho}(s)$ 代替后，得到下面的方程组：

$$\begin{pmatrix}1 & \hat{\rho}(1) & \cdots & \hat{\rho}(p-1)\\ \hat{\rho}(1) & 1 & \cdots & \hat{\rho}(p-2)\\ \vdots & \vdots & & \vdots\\ \hat{\rho}(p-1) & \hat{\rho}(p-2) & \cdots & 1\end{pmatrix}\begin{pmatrix}\tilde{\varphi}_1\\ \tilde{\varphi}_2\\ \vdots\\ \tilde{\varphi}_p\end{pmatrix}=\begin{pmatrix}\hat{\rho}(1)\\ \hat{\rho}(2)\\ \vdots\\ \hat{\rho}(p)\end{pmatrix} \tag{1-84}$$

对上述方程组求解得到参数估计 $\tilde{\varphi}_1,\tilde{\varphi}_2,\cdots,\tilde{\varphi}_p$。当样本容量 T 较大时，OLS 和 Yule-Walker 方法给出估计量近似相等，可以证明两个估计量具有相同的渐进分布（Harvey，1993)。

3. 最大似然估计

假设 AR(p)模型中的误差项 u_t 满足如下条件：

$$u_t \sim NID\left(0,\sigma^2\right) \tag{1-85}$$

根据 Box 和 Jenkins（1976），山本（1988）可以得到 AR(p)模型参数的最大似然估计。利用条件（1-85)，其对数似然函数如下：

$$L\left(Y_T\middle|\varphi,\sigma^2\right)=-\frac{T}{2}\ln 2\pi\sigma^2+\frac{1}{2}\ln\left|M_p\right|-\frac{S(\varphi)}{2\sigma^2} \tag{1-86}$$

式中 $Y_T=(Y_1,Y_2,\cdots,Y_T)'$，$\varphi=(\varphi_1,\varphi_2,\cdots,\varphi_p)'$，并且

$$S(\varphi)=\sum_{t=p+1}^{T}\left(Y_t-\varphi_1Y_{t-1}-\cdots-\varphi_pY_{t-p}\right)^2+Y_p'M_pY_p \tag{1-87}$$

$$M_p=A_pA_p'-H'H \tag{1-88}$$

$$A_p = \begin{pmatrix} 1 & & & 0 \\ \varphi_1 & 1 & & \\ \vdots & \ddots & \ddots & \\ \varphi_{p-1} & \cdots & \varphi_1 & 1 \end{pmatrix}_{p\times p} \tag{1-89}$$

$$H = \begin{pmatrix} \varphi_p & \varphi_{p-1} & \cdots & \varphi_1 \\ & \varphi_p & \cdots & \varphi_2 \\ & & \ddots & \vdots \\ 0 & & & \varphi_p \end{pmatrix}_{p\times p} \tag{1-90}$$

对式（1-86）关于参数φ、σ^2求一阶导数，令导数为零，得到由$(p+1)$的方程构成的方程组，可求出参数的 ML 估计量。方程组的求根过程比较复杂，要利用非线性方程的数值计算方法（Harvey，1990）。

1.7 MA(q) 与 ARMA 模型的估计

1. MA(q)模型的最大似然估计

考虑如下 MA(q):

$$Y_t = \mu + u_t - \theta_1 u_{t-1} - \theta_2 u_{t-2} - \cdots - \theta_q u_{t-q} \tag{1-91}$$

式中$u_t \sim NID\left(0,\sigma^2\right)$。根据 Box 和 Jenkins（1976），山本（1988），MA(q)模型的对数似然函数如下：

$$L\left(Y_T \middle| \theta,\sigma^2\right) = -\frac{T}{2}\ln(2\pi\sigma^2) + \frac{1}{2}\ln\left|N_q\right| - \frac{S(\theta)}{2\sigma^2} \tag{1-92}$$

式中$\theta = \left(\theta_1,\theta_2,\cdots,\theta_q\right)'$，

$$S(\theta) = \sum_{t=1}^{T} u_t^2 + \sum_{t=1-q}^{0} u_t^2 \tag{1-93}$$

似然函数（1-92）中N_q的作用类似 AR(p) 模型的似然函数式中的M_p，与M_p相比较N_q的构成更加复杂（Box and Jenkins，1976），似然函数中包含误差滞后项$u_{1-q},u_{2-q},\cdots,u_0$，增加了最大似然估计量的计算难度。与 AR($p$) 的 ML 估计量的计算过程类似，要涉及非线性方程求解，包括使用 Gauss-Newton 线性迭代法求解非线性方程组。不过现在的计量经济学软件包可以自动给出上述参数的 ML 估计量。

2. ARMA 模型的估计

假设不包含常数项 ARMA(p,q) 模型如下：

$$\Phi(L)Y_t = \Theta(L)u_t \tag{1-94}$$

式中$\Phi(L)=1-\varphi_1 L-\varphi_2 L^2-\cdots-\varphi_p L^p$，$\Theta(L)=1-\theta_1 L-\theta_2 L^2-\cdots-\theta_q L^q$。

在 AR 部分平稳与 MA 部分可逆的条件下容易得到模型（1-94）的 MA 表现形式：

$$Y_t=\Phi^{-1}(L)\Theta(L)u_t \tag{1-95}$$

上述模型可以看成$\text{MA}(q)$ 模型的扩展，可以利用前面的$\text{MA}(q)$ 的估计方法进行讨论。假设如下条件成立：

$$u_{1-q}=u_{2-q}=\cdots=u_0=0 \tag{1-96}$$

我们重写 ARMA(p,q)模型如下：

$$\begin{aligned}&u_t(\varphi,\theta)=Y_t+\varphi_1 Y_{t-1}+\varphi_2 Y_{t-2}+\cdots+\varphi_p Y_{t-p}-\theta_1 u_{t-1}-\theta_2 u_{t-2}-\cdots-\theta_q u_{t-q}\\&t=p+1,\cdots,T\end{aligned} \tag{1-97}$$

对式（1-97）关于参数$\varphi_1,\varphi_2,\cdots,\varphi_p$和$\theta_1,\theta_2,\cdots,\theta_q$分别求导数得到：

$$\frac{\partial u_t}{\partial \varphi_i} \qquad (i=1,2,\cdots,p) \tag{1-98}$$

$$\frac{\partial u_t}{\partial \theta_i} \qquad (i=1,2,\cdots,q) \tag{1-99}$$

再利用 Gauss-Newton 线性迭代法求解。对这一估计的详细讨论参见 Harvey（1990，1993）。

上面关于 ARMA 模型的估计方法都是在平稳时间序列条件下讨论的，经验表明大多数经济时间序列包含非平稳的成分，为了消除非平稳因素的影响，通常用差分对数据进行变换后再估计。假设时间序列$\{Y_t\}(t=1,2,\cdots,T)$，如果利用$(1-L)$对Y_t做变换得到一个平稳的 ARMA(p,q) 过程，即：

$$\Phi(L)\Delta Y_t=\Theta(L)u_t \tag{1-100}$$

式中：$\Delta=1-L$，记为 ARIMA$(p,1,q)$。如果Y_t经过d次差分变换，得到平稳的 ARMA(p,q)过程，即：

$$\Phi(L)\Delta^d Y_t=\Theta(L)u_t \tag{1-101}$$

则这一过程记为 ARIMA(p,d,q)（autoregressive integrated moving average: ARIMA）。时间序列数据包含季节因素成分的处理方法可以参见 Harvey（1993）。近年来对于非平稳时间序列单位根（unit root）的分析方法取得了长足的进展，单位根及其检验方法构成非平稳时间序列协整分析（cointegration）的基础，参见张晓峒（2003）和赵国庆（2008）。单位根与协整关系的研究成为近年来时间序列计量经济学发展中非常重要的组成部分，相关方法的讨论将在本书的第二章展开。

1.8 平稳时间序列的建模过程

1. Box-Jenkins 方法（ARIMA）建模的基本步骤

Box-Jenkins 方法建模过程由下面三步构成：

（1）模型的识别（identification）

通过对数据样本自相关函数和偏自相关函数图形的分析，初步设定 ARIMA(p,d,q)中 p、d 和 q 的取值。

（2）模型的估计（estimation）

对（1）中设定的模型，利用前面讨论的 OLS、Yule-Walker 及最大似然估计（MLE）方法进行估计。

（3）模型的诊断检验（diagnostic checking）

对（2）给出模型的估计残差进行检验。基本思路是：如果模型选择正确的话，其残差项应为白噪声过程。如果模型通过诊断检验，可利用模型进行预测。如果模型没有通过检验则要回到（1）重复上述步骤。下面我们将给出模型识别与诊断检验的一些方法。

2. 模型的识别

Box-Jenkins 方法建模的基本思想为：节省法则（principle of parsimony），即希望选择次数 p、q 较低的时间序列模型。我们利用数据计算样本自相关和偏自相关函数后，首先根据其函数的基本特征选择模型。表 1-1 列出了几种常用模型的自相关、偏相关函数特征。

表 1-1　几种常用模型的自相关、偏自相关函数特征

模型	主要特征
AR(1)	从 0 次开始，自相关函数按照几何级数衰减，偏自相关函数 2 次以上截尾
AR(2)	自相关函数按照几何级数衰减，偏自相关函数 3 次以上截尾
MA(1)	自相关函数 2 次以上截尾，偏自相关函数按照几何级数衰减
MA(2)	自相关函数 3 次以上截尾，偏自相关函数按照几何级数衰减
ARMA(1,1)	自相关函数从 1 次开始按照几何级数衰减，偏自相关函数从 1 次开始按照几何级数衰减，由于模型包含两个参数 φ_1、θ_1，其对应的自相关和偏自相关函数图各有 6 种不同的形态

其次利用对自相关和偏自相关函数的检验结果，选择模型的次数。检验的基本步骤如下：

（1）对自相关函数的检验

在自相关函数 $\rho(k)=0$ 的条件下，可以证明样本自相关函数 $\hat{\rho}(k)$ 渐近服从正态分布。如果时间序列数据服从 MA(q) 过程，则其自相关函数在(q+1)处具有截尾的性质，我们可以构造下面的 z 检验统计量进行检验。

$$H_0：\rho(k)=0，\quad H_1：\rho(k)\neq 0$$

$$z=\frac{\hat{\rho}(k)}{\hat{\sigma}(\hat{\rho}(k))} \tag{1-102}$$

式中：$k=q+1$，$\hat{\sigma}(\hat{\rho}(k))\approx\sqrt{(1+2\sum_{j=1}^{q}\hat{\rho}^2(j))/T}$，$T$ 为样本容量，z 渐近服从标准正态分布（可用正态分布的临界值进行检验）。 （1-103）

（2）偏自相关函数的检验

我们知道 AR(p)的偏自相关函数在(p+1)处具有截尾性，当时间序列数据服从 AR(p)过程时，其样本偏自相关函数 $\hat{\varphi}_{kk}$ 的标准差由下式给出：

$$\hat{\sigma}(\hat{\varphi}_{kk})\approx\frac{1}{\sqrt{T}}\qquad(k=p+1,p+2,\cdots)\tag{1-104}$$

对于 H_0：$\varphi_{kk}=0$ 的检验用下面的 z 统计量：

$$z=\frac{\hat{\varphi}_{kk}}{\hat{\sigma}(\hat{\varphi}_{kk})}=\sqrt{T}\hat{\varphi}_{kk}\tag{1-105}$$

同自相关函数的检验相同，z 渐近服从标准正态分布，可以用正态分布的临界值进行检验。

3. 模型的诊断

对识别的模型估计之后，求出相应的残差序列，用残差检验模型的误差项是否相互独立。理由在于，如果模型选择正确的话，其误差项应为白噪声过程。对于如下的零假设：

$$H_0:\ \rho(1)=\rho(2)=\cdots=\rho(k)=0\tag{1-106}$$

可以利用 Box-Pierce 的 Q 统计量：

$$Q=T\sum_{j=1}^{k}\hat{\rho}^2(j)\tag{1-107}$$

可以证明 Q 统计量渐近服从 $\chi^2(k-p-q)$，自由度$(k-p-q)$中的 p、q 为设定模型 ARMA 的次数。当 Q 大于给定的临界值 $\chi^2{}_{0.05}$ 时，则以 0.05 的显著水平拒绝 H_0；当 H_0 不能拒绝时，则认为模型的设定是合适的。在样本较少的情况下，通常使用下面 Ljung-Box 的修正统计量：

$$Q^*=T(T+2)\sum_{j=1}^{k}\frac{1}{T-j}\hat{\rho}^2(j)\tag{1-108}$$

同理可证 Q^* 渐近服从 $\chi^2(k-p-q)$，在实证分析过程中可以发现，Q 和 Q^* 对模型选择的差异并不大。

4. 基于信息准则的模型选择

对具有可比性的不同模型进行选择时，可以利用 AIC（Akaike Information Criterion）和 BIC（Bayes Information Criterion），通过对这些信息准则的最小化得到 ARMA 模型的次数。信息准则方法与上面的 Box-Jenkins 建模识别步骤相比，是一类机械的模型选择方法，我们知道，即使对于相同的数据，不同建模者基于 Box-Jenkins 方法也可能给出不同的模型选择。AIC 和 BIC 的定义如下：

$$AIC = \ln\frac{RSS}{T} + 2(p+q)\frac{1}{T} \tag{1-109}$$

$$BIC = \ln\frac{RSS}{T} + 2(p+q)\frac{\ln T}{T} \tag{1-110}$$

式中 *RSS* 为模型估计的残差平方和，*T* 为样本容量，*p*、*q* 为给定 ARMA 模型的次数。*AIC* 中的第二项可以看成是对模型包含过多参数的惩罚因子，我们知道通过增加未知参数的数量，可使 *AIC* 的第一项减小，但随着参数个数的增加，同时也带来模型信赖性低下的问题。因此，需要对模型参数的个数加以惩罚，*BIC* 只是惩罚项与 *AIC* 不同，两者的惩罚项之间存在以下关系：

$$\frac{1}{T} = \mathrm{o}(\frac{\ln T}{T}) \qquad (T \to \infty) \tag{1-111}$$

对于 *p*、*q* 的若干组合，计算 *AIC*（或 *BIC*），选定给出 *AIC*（或 *BIC*）最小值的 *p*、*q* 作为最终模型选择的次数。

5. 预测

我们以 ARIMA(1,1,1)为例，给出时间序列模型预测的基本步骤。设不包含常数项的 ARIMA(1,1)如下：

$$\Delta Y_t = \varphi_1 \Delta Y_{t-1} + u_t - \theta_1 u_{t-1} \tag{1-112}$$

在给定样本观测值 $\{Y_t\}(t=1,2,\cdots,T)$ 的前提下，讨论 Y_{T+l} $(l=1,2,3,\cdots)$ 的预测问题。由式（1-112）得到：

$$X_t = \varphi_1 X_{t-1} + u_t - \theta_1 u_{t-1} \tag{1-113}$$

式（1-113）中 $X_t = \Delta Y_t$。(*T*+1)期的 X_{T+1} 由下式给出：

$$X_{T+1} = \varphi_1 X_T + u_{T+1} - \theta_1 u_T \tag{1-114}$$

X_{T+1} 预测值的计算步骤如下：

用参数估计 $\hat{\varphi}_1$、$\hat{\theta}_1$ 和残差值 $\hat{u}_T$ 代替式（1-114）的 φ_1、θ_1、u_T，式中 u_{T+1} 为未知误差项，其期望 $E(u_{T+1})=0$，所以取 $u_{T+1}=0$，又 X_T 已知，得到 X_{T+1} 的预测值：

$$\hat{X}_{T+1} = \hat{\varphi}_1 X_T - \hat{\theta}_1 \hat{u}_T \tag{1-115}$$

(*T*+2)期 X_{T+2} 为：

$$X_{T+2} = \varphi_1 X_{T+1} + u_{T+2} - \theta_1 u_{T+1} \tag{1-116}$$

式（1-116）中的 X_{T+1} 用其预测值代替，同理取 $u_{T+1} = u_{T+2} = 0$，得到 X_{T+2} 的预测值：

$$\hat{X}_{T+2} = \hat{\varphi}_1 \hat{X}_{T+1} \tag{1-117}$$

同理可得到 X_{T+3} 的预测值：

$$\hat{X}_{T+3} = \hat{\varphi}_1 \hat{X}_{T+2} \tag{1-118}$$

可以发现，随着预测区间的变长，移动平均项在预测模型中消失。对于 Y_t 的预测，由于 $Y_t = Y_{t-1} + \Delta Y_t$，可利用式（1-119）给出：

$$\hat{Y}_{T+l} = \hat{Y}_{T+l-1} + \hat{X}_{T+l} \quad l \geqslant 1 \tag{1-119}$$

对于给定的 ARMA(*p*,*q*)过程

$$X_t = \varphi_1 X_{t-1} + \cdots + \varphi_p X_{t-p} + u_t - \theta_1 u_{t-1} - \cdots - \theta_q u_{t-q} \tag{1-120}$$

X_t 的预测值由下式给出：

$$\hat{X}_{T+l} = \varphi_1 \hat{X}_{T+l-1} + \cdots + \varphi_p \hat{X}_{T+l-p} + \hat{u}_{T+l} - \cdots - \theta_q \hat{u}_{T+l-q} \quad (l \geqslant 1) \tag{1-121}$$

其中 $\hat{X}_{T+j} = X_{T+j} (j \leqslant 0)$

$$\hat{u}_{T+j} = \begin{cases} u_{T+j} & j \leqslant 0 \\ 0 & j > 0 \end{cases}$$

注意到每进行一次向前一期的预测，MA 的部分就减少一项。当预测区间超过 MA 部分的阶数 q 时，预测值变为只依赖 AR 部分。

容易计算 X_{T+l} 的置信区间如下：

$$(\hat{X}_{T+l} - 1.96\sigma(l), \hat{X}_{T+l} + 1.96\sigma(l)) \tag{1-122}$$

式（1-122）中显著水平取 0.05，$\sigma(l)$ 为预测误差的标准差。随着预测期数 l 的增加，预测误差的标准差也随之变大，有关预测误差的讨论参见 Harvey（1993）。

6. 经济应用案例

模型采用的数据为：日本 1997 年第 1 季度到 2010 年第 1 季度的实际 GDP 数据（数据已经过季节调整，其出处为：日本统计局），取对数后记为 lrgdp。

（1）给出样本自相关和偏自相关函数图

通过 EViews 得到 lrgdp 的自相关函数 AC 和偏自相关函数 PAC（图 1- 4），发现自相关函数 AC 虽然最终呈现衰减，但自相关性很强且衰减速度缓慢，这种情况下考虑序列 lrgdp 存在单位根，即为非平稳的。

（2）数据的平稳化

对数据进行一阶差分变换，处理后的序列记为 dlrgdp，通过观察其自相关函数和偏自相关函数（图 1-5）可以看出 dlrgdp 序列是平稳的。

Sample: 1997Q1 2010Q1
Included observations: 53

Autocorrelation	Partial Correlation		AC	PAC	Q-Stat	Prob
		1	0.963	0.963	51.972	0.000
		2	0.911	-0.219	99.426	0.000
		3	0.856	-0.044	142.10	0.000
		4	0.798	-0.049	179.96	0.000
		5	0.749	0.109	214.02	0.000
		6	0.687	-0.270	243.30	0.000
		7	0.615	-0.109	267.29	0.000
		8	0.543	-0.008	286.38	0.000
		9	0.473	0.038	301.21	0.000
		10	0.407	-0.084	312.45	0.000

图 1-4　lrgdp 自相关函数和偏自相关函数

Sample: 1997Q1 2010Q1
Included observations: 52

Autocorrelation	Partial Correlation		AC	PAC	Q-Stat	Prob
		1	0.293	0.293	4.7273	0.030
		2	0.106	0.021	5.3525	0.069
		3	0.053	0.018	5.5109	0.138
		4	-0.178	-0.219	7.3657	0.118
		5	-0.068	0.044	7.6442	0.177
		6	0.021	0.060	7.6712	0.263
		7	-0.076	-0.086	8.0303	0.330
		8	-0.194	-0.225	10.431	0.236
		9	-0.044	0.079	10.559	0.307
		10	-0.043	0.018	10.683	0.383

图 1-5　dlrgdp 自相关函数和偏自相关函数

（3）模型的选择

通过观察图 1-5 可以发现，dlrgdp 序列的 AC 具有拖尾特征，而 PACF 是一阶截尾的，因此根据 AR 模型的识别准则，可以初步判断序列满足 AR(1) 过程。以上的步骤（1）、（2）、（3）整体上构成模型的识别过程。

（4）模型的估计

AR(1)模型的估计结果如下：

$$\widehat{dlrgdp_t} = \underset{(2.29)}{0.31} dlrgdp_{t-1}$$

$$R^2 = 0.078,\ DW = 2.01$$

括号内为 t 值。

（5）模型的诊断检验

为对拟合模型进行诊断检验，给出残差的自相关和偏自相关函数（图 1-6）。

Sample: 1997Q3 2010Q1
Included observations: 51
Q-statistic probabilities adjusted for 1 ARMA term(s)

Autocorrelation	Partial Correlation		AC	PAC	Q-Stat	Prob
		1	-0.025	-0.025	0.0350	
		2	0.023	0.022	0.0637	0.801
		3	0.048	0.049	0.1914	0.909
		4	-0.191	-0.190	2.2963	0.513
		5	-0.046	-0.059	2.4232	0.658
		6	0.059	0.067	2.6298	0.757
		7	-0.058	-0.036	2.8392	0.829
		8	-0.194	-0.244	5.1959	0.636
		9	0.016	-0.019	5.2123	0.735
		10	-0.002	0.049	5.2126	0.815
		11	-0.074	-0.080	5.5797	0.849
		12	0.107	-0.003	6.3731	0.847
		13	0.003	0.002	6.3738	0.896
		14	-0.010	0.026	6.3810	0.931
		15	-0.045	-0.117	6.5350	0.951
		16	0.051	0.017	6.7353	0.965
		17	0.020	0.060	6.7665	0.978
		18	-0.042	-0.058	6.9127	0.985
		19	0.045	-0.033	7.0818	0.989
		20	-0.187	-0.162	10.120	0.950
		21	-0.022	0.007	10.164	0.965
		22	-0.010	-0.044	10.173	0.977
		23	-0.051	-0.084	10.423	0.982
		24	0.061	0.012	10.790	0.985

图 1-6　残差的自相关和偏自相关函数

由图 1-6 可以看出，各滞后阶数的 AC 和 PAC 均位于临界值内，而 Q 统计量的 p 值都大于 5%，说明在 5%的显著性水平下，接受零假设，即可以认为残差是白噪声序列，因此所建立的 AR(1)模型是合适的。图 1-6 中的 Q 值为 Ljung-Box 统计量。

（6）预测

根据模型的估计结果，由一步预测公式得到一步预测方程为：

$$\widehat{dlrgdp_t}(1) = 0.31 dlrgdp_t$$

二步预测方程为：

$$\widehat{dlrgdp_t}(2) = 0.31 \widehat{dlrgdp_t}(1)$$

固定 t=49，进行一步、二步预测，与实际值对比，结果如表 1-2。

表 1-2　一步、二步预测的结果

t	实际值	一步预测值	二步预测值
49	0.016 8		
50	0.001 1	0.005 2	
51	0.011 0	0.000 3	0.001 6
52	0.012 0	0.003 4	0.000 1

注：预测对象为 $dlrgdp_t$ 序列。

参考文献

Box, G. E. P. and G. M. Jenkins (1976). *Time series analysis：Forecasting and control*, 2nd ed. San Francisco: Holden-Day.

Hamiltion, J. D. (1994). *Time Series Analysis*, Princeton University Press.

Harvey, A. C.(1990). *The Econometric Analysis of Time Series*, 2nd ed. Oxford : Philip Allan.

Harvey, A. C.(1993). *Time Series Models*, 2nd ed. Oxford: Philip Allan.

山本拓（1988）. 経済の時系列分析. 東京：創文社.

赵国庆（2008）. 计量经济学（第三版）. 北京：中国人民大学出版社.

张晓峒（2003）. 计量经济分析（修订版）. 北京：经济科学出版社.

第二章　单位根与协整分析

本章首先研究 AR 单位根检验方法，其次给出 MA 单位根检验的简化统计量，同时指出 MA 单位根的设定对于非平稳过程检验的合理性。在研究单位根检验方法的基础上，对于存在时间趋势时的协整检验问题进行分析，重点讨论 DGP（Data Generation Process）中常数项及其分解对检验统计量分布的影响，最后给出实证分析过程中模型设定的一个经验选择。

2.1　单位根与伪回归

从 20 世纪 90 年代以来，有关时间序列单位根的研究取得了惊人的发展。Fuller（1976）、Dickey 和 Fuller（1981）给出 AR 模型单位根的检验统计量，当时谁也没有预想到单位根的检验能发展到今天如此重要。Nelson 和 Plosser（1982）用 DF（Dickey-Fuller）方法对美国的宏观经济数据进行了检验，得出除失业率之外所有宏观经济数据的非平稳过程的假设不能被拒绝的结果。这一结果引起各国经济学者的极大兴趣，使得有关单位根检验的研究成为近年计量经济学发展中重要的组成部分。单位根的问题本质上在于检验自回归模型（autoregression model）的滞后算子多项式（lag polynomial）是否存在 1 的根。为了简单起见，考虑下面的一阶自回归模型 AR(1):

$$y_t = \varphi y_{t-1} + u_t \qquad (t = 1, 2, \cdots, T) \tag{2-1}$$
$$y_0 = 0$$

式中误差项 $u_t \sim \text{i.i.d}(0, \sigma^2)$。

根据第一章的讨论，AR(1)模型为平稳时间序列需要满足条件 $|\varphi| < 1$，在此条件下，容易求出 y_t 的方差为

$$\frac{\sigma^2}{1-\varphi^2} \tag{2-2}$$

如果 $\varphi = 1$，式（2-1）变成

$$y_t = y_{t-1} + u_t \tag{2-3}$$

式（2-3）称为“随机游走模型”（random walk model)，是非平稳经济时间序列中最有代表性的一种，亦称 y_t 存在单位根（unit root)，记为 $y_t \sim I(1)$。模型（2-3）中 y_t 的方差与相关系数分别为：

$$\text{Var}(y_t) = t\sigma^2, \qquad \text{Corr}(y_t, y_{t-i}) = \frac{t-i}{\sqrt{t^2 - ti}} \tag{2-4}$$

从式（2-4）可以发现 y_t 的方差随着时间 t 的增大而发散，且当 $t\to\infty$ 时其相关系数 $\text{Corr}(y_t, y_{t-i})$ 以 1 为极限。这表明随着 t 的增大 y_t 和 y_{t-i} 之间的相关关系变强，意味着在非平稳过程中，初期误差项的影响并不因为观测时点 t 的变大而衰减，具有永久记忆性。特别地，当频率（frequency）接近于 0 时，y_t 的谱密度（power spectrum）发散。上述特征反映了非平稳时间序列不同于平稳时间序列一些特点。在实证分析中，非平稳模型（2-3）被应用于有效市场假说下的股票价格变动、恒常收入假说（permanent income hypothesis）下消费函数等的分析。

伴随单位根存在带来的问题是所谓伪回归（spurious regression）现象的出现，假设 $y_t \sim I(1)$，$x_t \sim I(1)$，其中 y_t 和 x_t 分别由相互独立的白噪声生成，显然 y_t 和 x_t 之间不存在任何线性关系。如果 y_t 对 x_t 作回归，可以证明其 OLS 估计量 b 收敛于一个随机变量，估计量相应的 t 值发散，导致估计值被解释为有意义。同时方程的决定系数 R^2 并不以 0 为极限，其值介于 0，1 之间。即理论上 y_t 和 x_t 独立不相关，但回归模型中的 t 值倾向于在统计上显著（即使在小样本的情况下），导致 y_t 和 x_t 之间存在有意义的相关关系的结论，这种现象被称为伪回归（Granger and Newbold，1974）。

2.2　AR 模型的单位根检验

实证分析中，经常被应用的单位根检验方法是 DF 检验和 ADF 检验（Augmented Dickey-Fuller）。考虑以下的 AR 模型：

$$y_t = \alpha_0 + \alpha_1 t + \sum_{i=1}^{k+1} \varphi_i y_{t-i} + u_t \tag{2-5}$$

$$\Delta y_t = \alpha_0 + \alpha_1 t + \varphi y_{t-1} + \sum_{i=1}^{k} \rho_i \Delta y_{t-i} + u_t \tag{2-6}$$

式（2-5）中的第二项为时间趋势（time trend），y_t 滞后项的导入是为了消除误差项 u_t 可能存在的相关性。其中 u_t 的假设同模型（2-1），通过对方程（2-5）作变换得到。

式（2-6）中 $\Delta y_t = y_t - y_{t-1}, \varphi = \sum_{i=1}^{k+1} \varphi_i - 1$。

如果“H_0：$\varphi=0$”的零假设没有被拒绝，认为 y_t 存在单位根。这里必须注意，对“$\varphi=0$”作检验时，t 检验统计量已经不服从通常的 t 分布，必须用 DF 给出的修正分布表。一般模型（2-6）中参数 φ 的 t 检验称为 τ_τ 检验，对于显著水平 0.05，样本容量 50 时，其临界值近似为 -3.5，它完全不同于通常 t 检验时的 -2（Fuller，1976）。

DF 的单位检验要求误差项满足 i.i.d 的条件，不同于式（2-6）对误差项 u_t 存在自相关的处理，Phillips（1987）、Phillips 和 Perron（1988）考虑利用非参数方法减弱可能出现的序列相关性，对于模型

$$\Delta y_t = \varphi y_{t-1} + u_t \tag{2-7}$$

在 y_t 生成过程 DGP 的误差项满足弱条件（weakly dependent and heterogeneously distributed）下，给出单位根检验的 $Z(\tau)$ 统计量：

$$Z(\tau)=\frac{S_u}{S_{Tl}}t(\tau)-\frac{1}{2}\frac{(S_{Tl}^2-S_u^2)}{S_{Tl}\sqrt{T^{-2}\sum y_{t-1}^2}} \tag{2-8}$$

其中，$S_u^2=\frac{\sum\hat{u}_t^2}{T}$，式中$\hat{u}_t$为模型估计的 OLS 残差，

$$S_{Tl}^2=T^{-1}\sum_{t=1}^{T}\hat{u}_t^2+2T^{-1}\sum_{j=1}^{l}(1-\frac{j}{(1+l)})\sum_{t=j+1}^{T}\hat{u}_t\hat{u}_{t-j} \tag{2-9}$$

式（2-8）中的$t(\tau)$为式（2-7）的 t 统计量，l 为滞后截断参数，$Z(\tau)$统计量是对 DF 统计量的修正，可以证明$Z(\tau)$统计量与 ADF 统计量具有相同的极限分布。模型（2-7）包含常数项和时间趋势的情形可以参照式（2-8）类似给出（Phillips and Perron，1988）。

2.3 MA 模型的单位根检验

1. 单位根检验的 R_2 统计量

考虑如下的时间序列：

$$y_1-\mu_1=\varepsilon_1,\ \Delta y_t-\mu=\varepsilon_t-\theta\varepsilon_{t-1}\qquad (t=2,3,\cdots,T) \tag{2-10}$$

式中$\varepsilon_t\sim\text{i.i.d}(0,\sigma^2)$。

如果差分模型（2-10）中包含 MA（Moving Average）单位根$\theta=1$，则差分前的序列为平稳时间序列（包含时间趋势）。注意到此时 MA 部分不具有可逆性（可逆性需要$|\theta|<1$），我们称这种现象为“过度差分”（overdifferencing），记为$I(-1)$。定义D_0为如下矩阵之和：

$$D_0=B^0+B^1+B^2+\cdots+B^{T-1} \tag{2-11}$$

式中$B^0=I$，I 为单位矩阵，B 为滞后算子矩阵，除主对角线下面的元素为 1 以外，B 矩阵中的元素都为 0，即

$$B=\begin{pmatrix}0&0&0&\cdots&0\\1&0&0&\cdots&0\\0&1&\ddots&\ddots&0\\\vdots&\ddots&\ddots&0&0\\0&\cdots&0&1&0\end{pmatrix} \tag{2-12}$$

对于检验

$$H_0:\ \theta=1,\qquad H_a:\ \theta\neq1$$

可以用以下的R_2统计量：

$$R_2=\frac{(D_0Z)'(D_0Z)}{TZ'Z} \tag{2-13}$$

其中 Z 为 y_t 对常数项和时间趋势 t 回归时得到的残差向量，相当于从 y_t 中消除了常数项和时间趋势的影响。注意到 D_0 的定义，容易得到：

$$D_0 Z = \begin{pmatrix} z_1 \\ z_1 + z_2 \\ z_1 + z_2 + z_3 \\ \vdots \\ z_1 + z_2 + z_3 + \cdots + z_T \end{pmatrix} = \begin{pmatrix} w_1 \\ w_2 \\ w_3 \\ \vdots \\ w_T \end{pmatrix} \tag{2-14}$$

所以向量 $D_0 Z$ 的第 t 个元素可以表示成

$$w_t = \sum_{i=1}^{t} z_i \tag{2-15}$$

对式（2-15）取差分可以得到

$$\Delta w_t = z_t \tag{2-16}$$

这表明，在 $\theta = 1$ 的假设下 $D_0 Z$ 为非平稳过程（Saikkonen and Luukkonen，1993；Kwiatkowski *et al.*，1992）。

一般情况下，设 $u_t \sim \text{ARMA}(p,q)$：

$$\alpha(L)u_t = \beta(L)\varepsilon_t \tag{2-17}$$

其中 L 为滞后算子，多项式 $\alpha(L)$、$\beta(L)$ 的常数项为 1，数据生成过程（Data Generation Process：DGP）由以下的模型给出：

$$\beta(L)^{-1}\alpha(L)(y_1 - \mu_1) = y_1 - \mu_1 = \varepsilon_1 \qquad (t=1)$$

$$\beta(L)^{-1}\alpha(L)(\Delta y_t - \mu) = (1-\theta L)\varepsilon_t \qquad (t = 2,3,\cdots,T) \tag{2-18}$$

这里用到了假设 $y_{-1} = y_{-2} = \cdots = 0$， $\varepsilon_{-1} = \varepsilon_{-2} = \cdots = 0$。

在这种情况下，有必要用最大似然方法对下面的 $\text{ARIMA}(p,1,q+1)$ 模型进行估计：

$$y_1 - \mu_1 = \varepsilon_1，\ \alpha(L)(\Delta y_t - \mu) = (1-\theta L)\beta(L)\varepsilon_t \qquad (t = 2,3,\cdots,T) \tag{2-19}$$

虽然在零假设 H_0 和备择假设 H_1 下，其估计结果具有一致性，但检验时必须计算巨大的协方差矩阵 $\tilde{\Sigma}$，这里 $\tilde{\Sigma}$ 是利用多项式 $\alpha(L)$、$\beta(L)$ 系数的最大似然估计，估算的误差向量的协方差矩阵。

注意到以上的 DGP 表示式（2-18）容易改写成下面的式（2-20）：

$$\beta(L)^{-1}\alpha(L)[y_t - \mu_1 - (t-1)\mu] = (1-\theta L)\sum_{i=1}^{t}\varepsilon_i \tag{2-20}$$

本节提出用 R_2 对“H_0：$\theta = 1$，H_a：$\theta \neq 1$”进行检验，检验统计量 R_2 的使用没有计算巨大矩阵及其逆矩阵的必要，这是一个 MA 单位根检验的简单方法，大大简化了 Saikkonen 和 Luukkonen 提出的统计量。对于 R_2 统计量中 Z 的计算考虑以下的模型：

$$\alpha(L)\Delta y_t = \mu^* + (1-\theta L)\beta(L)\varepsilon_t \qquad (t = 2,3,\cdots,T) \tag{2-21}$$

其中 $\mu^* = \alpha(1)\mu$，利用 $\alpha(B)$ 和 $\beta(B)$ 中系数的一致估计可以得到：

$$Z = \hat{\beta}(L)^{-1}\hat{\alpha}(L)V \tag{2-22}$$

V 中的第 t 个元素为 y_t 对常数项和时间趋势作回归时的残差：

$$y_t - \hat{\mu}_1 - (t-1)\hat{\mu} \tag{2-23}$$

在零假设和备择假设下，OLS 估计 $\hat{\mu}_1$ 和 $\hat{\mu}$ 分别为 μ_1 和 μ 一致估计。注意到 Z 渐近等价于 $\hat{\beta}(L)^{-1}\hat{\alpha}(L)y_t$ 对于常数项和时间趋势作回归时的残差，即可以用下式计算 Z 的元素：

$$\hat{Z}_t = \hat{\beta}(L)^{-1}\hat{\alpha}(L)y_t - \hat{c} - \hat{d}t \tag{2-24}$$

所以我们提议用式（2-24）来计算 R_2 统计量中的 Z。

检验统计量 R_2 具有一致性，由下面的证明给出，显然在备择假设下 $Z \sim I(1)$，这时容易得出：

$$\frac{Z'Z}{T^2} \Rightarrow \int_0^1 B(r)^2\,\mathrm{d}r \tag{2-25}$$

$$\frac{(D_0Z)'(D_0Z)}{T^4} \Rightarrow \int_0^1 \left(\int_0^r B(x)\,\mathrm{d}x\right)^2 \mathrm{d}r \tag{2-26}$$

其中 $B(r)$ 为[0,1]区间上的布朗运动（Brownian motion），可以发现在对立假设下，当 T 趋于无穷时，统计量 R_2 是发散的，这保证了检验统计量 R_2 的一致性。

2. MA 单位根检验方法的应用

本节将利用 MA 单位根检验方法，对宏观经济数据的平稳性进行分析。数据来源于 OECD（Organization for Economic Cooperation and Development）统计年鉴，区间为 1960 年 1 季度至 1990 年 4 季度，变量的定义如下：实际货币供应量（M_2，1985 年价格单位为 10 亿日元，季节调整完成）、实际 GNP（1985 年价格单位为 10 亿日元，季节调整完成）、美元对日元汇率（以上三个变量分别取对数）、通货膨胀率（GNP 平减指数（deflator）的上升率）、利率。分别用 M、Y、EX、I、R 来表示上述变量，利用统计量 R_2 的检验结果由表 2-1 和表 2-2 给出。表 2-1 的模型包含时间趋势，表 2-2 的模型不包含时间趋势。

表 2-1　包含时间趋势的 MA 单位根检验

变量	统计量
M	2.4***
Y	2.9***
EX	1.2***

注：***表示 1%的显著水平，1%显著水平的临界值为 0.22；临界值参见 Kwiatkowski 等（1992）。

表 2-2 不包含时间趋势的 MA 单位根检验

变量	统计量
I	0.67
R	0.27
DM	0.42
DY	0.28
DEX	0.053

注：1%显著水平的临界值为 0.74；临界值见 Kwiatkowski 等（1992）。

从表 2-1 可以看到 *M*、*Y*、*EX* 以 1%的显著水平拒绝"H_0：平稳时间序列"的假设，而差分后的变量 *DM*、*DY*、*DEX* 没有拒绝"H_0：平稳时间序列"的假设（见表 2-2），这表明变量 *M*、*Y*、*EX* 为包含随机时间趋势（stochastic trend）的非平稳过程。

本节在讨论非平稳过程的 AR 单位根检验方法基础上，重点研究了 MA 单位根的检验问题。一般把 ADF 检验被称为 AR 单位根检验，其零假设 H_0 表示时间序列为非平稳过程，这意味着当 H_0 被拒绝时，时间序列为平稳过程，但是在统计上一般 AR 单位根检验不显著时，称非平稳过程的假设没有被拒绝。为得出时间序列是非平稳的，用 H_0 表示时间序列为平稳过程的假设检验显得更为合理。如果拒绝了 H_0 则时间序列被解释为非平稳过程。虽然 MA 单位根检验统计量在使用上比 AR 单位根检验复杂，但必须注意前者在统计假设检验设计上的合理性。对于 AR 模型，当"H_0 为平稳过程，H_1 为非平稳过程"检验的进一步研究，可参见 Xiao（2001）。

2.4 ARIMA 模型的单位根检验

Said 和 Dickey（1984，1985）对模型误差项为 ARMA(*p*,*q*)过程的单位根检验问题进行了研究，在讨论 ARIMA 模型单位根的检验时，通常对零假设为 ARIMA(*p*,1,*q*)，备择假设为 ARMA(*p*+1,*q*)的情形感兴趣。在这节将给出零假设为 ARIMA(0,1,1)，备择假设为 ARMA(1,1) 时，参数最大似然估计量的渐近分布，这一结果也很容易扩展到包含常数及趋势项的 AR 过程。在备择假设下回归方程为 ARMA(1,1)：

$$\Delta y_t = \varphi y_{t-1} + \varepsilon_t + \delta \varepsilon_{t-1} \tag{2-27}$$

式中 $\varepsilon_t \sim \text{i.i.d}(0,\sigma^2)$，零假设为"$\varphi = 0$"。为了简便这里假设 $y_0 = \varepsilon_0 = 0$，零假设下的 DGP 过程为：

$$y_t = (1+\delta L)\eta_t \tag{2-28}$$

式中，L 为滞后算子，η_t 为标准的随机游走过程。式（2-27）变形可得：

$$\varepsilon_t = \Delta y_t - \varphi y_{t-1} - \delta \varepsilon_{t-1} \tag{2-29}$$

整理后有：

$$(1+\delta L)\varepsilon_t = \Delta y_t - \varphi y_{t-1} \tag{2-30}$$

即有：

$$\varepsilon_t(\varphi,\delta)=\frac{\Delta y_t}{(1+\delta L)}-\frac{\varphi y_{t-1}}{(1+\delta L)} \tag{2-31}$$

$\varepsilon_t(\varphi,\delta)$ 关于参数 $(\varphi,\ \delta)$ 求偏导数得到：

$$v_t\equiv\frac{\partial\varepsilon_t}{\partial\varphi}=\frac{-y_{t-1}}{1+\delta L}=-\eta_t \tag{2-32}$$

$$w_t\equiv\frac{\partial\varepsilon_t}{\partial\delta}=\frac{-\varepsilon_{t-1}}{1+\delta L} \tag{2-33}$$

定义 $N=diagonal(T,\sqrt{T})$，$x_t=(v_t,w_t)'$，并使用布朗运动 $B(.)$，可以求出参数估计量的渐近分布如下：

$$\begin{aligned}N\begin{pmatrix}\hat{\varphi}\\ \hat{\delta}-\delta\end{pmatrix}&=\left(N^{-1}\sum_{t=1}^{T}x_t x_t{}' N^{-1}\right)^{-1}N^{-1}\sum_{t=1}^{T}x_t\varepsilon_t\\ &\Rightarrow\begin{pmatrix}\int_0^1 B(r)^2\,\mathrm{d}r & 0\\ 0 & \dfrac{\sigma^2}{1-\delta^2}\end{pmatrix}^{-1}\begin{pmatrix}-\int_0^1 B(r)\mathrm{d}r\\ n\left(0,\dfrac{\sigma^4}{1-\delta^2}\right)\end{pmatrix}\end{aligned} \tag{2-34}$$

式（2-34）中需要特别注意的是，逆矩阵中的非对角线元素收敛到零。因此 φ 的 DF 检验和 δ 的标准 t 检验可以单独使用。

也可以对于包含单位根模型的几个参数同时进行检验，通常使用零假设与备择假设下对数似然函数的最大值之比计算检验统计量。一个近似计算是使用负二倍的对数似然比。将这一数值记为 λ，在模型平稳的情形下，可以证明 λ 渐近服从卡方分布 χ^2，其自由度为受约束参数的个数。λ 除以受约束参数的个数后为 F 类型统计量，依据不同模型情形用于检验统计量 $\boldsymbol{\Phi}_1$、$\boldsymbol{\Phi}_2$ 或者 $\boldsymbol{\Phi}_3$。考虑对式（2-35）的单位根检验：

$$\Delta y_t=\alpha_0+\varphi y_{t-1}+\sum_{i=1}^{k}\rho_i\Delta y_{t-i}+u_t \tag{2-35}$$

如果使用 F 统计量，可以利用下面的 $\boldsymbol{\Phi}_1$：

H_0：$\alpha_0=\varphi=0$；

对于式（2-36）单位根检验的 F 统计量：

$$\Delta y_t=\alpha_0+\alpha_1 t+\varphi y_{t-1}+\sum_{i=1}^{k}\rho_i\Delta y_{t-i}+u_t \tag{2-36}$$

可以考虑下面的 $\boldsymbol{\Phi}_2$：

H_0：$\alpha_0=\alpha_1=\varphi=0$

或者 $\boldsymbol{\Phi}_3$：

H_0: $\alpha_1 = \varphi = 0$

另外，F 类型统计量也可以通过下面的方式计算得到：

$$\frac{\{\exp(\lambda / T) - 1\} \times (T - \text{备择假设下估计参数的个数})}{\text{受约束参数的个数}} \tag{2-37}$$

注意，单位根检验的 F 类型统计量的临界值，不同于通常 F 分布的临界值，要利用 Dickey 和 Fuller（1981）给出的模拟分布结果。对于存在结构性变化时的单位根检验，可参见 Perron（1989）、Maddala 和 Kim（1998），不过在实证分析中对于随机趋势过程与存在结构性变化（确定的时间趋势或均值变化）过程进行区分几乎是一件不可能的工作，虽然这并不妨碍在理论上讨论这两类模型的差异。

2.5 向量自回归与误差修正模型

经济时间序列的大多数含有很强的时间趋势（time trend）成分，对于时间趋势的处理与研究成为时间序列分析发展中重要的组成部分。传统上通过对确定性趋势进行回归，或者通过对差分后经济序列进行分析的方法来处理趋势。但是，传统方法的使用存在着失去时间趋势中包含信息的危险性。事实上，在实证研究经常出现用传统方法得到的预测结果和实际结果背离的现象。20 世纪 90 年代以来，尽力排除模型滞后构造的事先约束，尽可能尊重由经济数据得出信息的研究方法的使用十分引人注目。这是一种不同于传统的时间序列研究方法。在模型的处理中充分利用了来自时间趋势（随机趋势）和水平变量的信息，使得模型的解释能力有了质的飞跃。

对于多数经济变量，如果从单一图形观察的话，会发现随着时间的推移，它们呈现一种随机游走（random walk）的走势，但如果把几个经济变量的变化趋势放在一起观察，则会发现它们的运动具有某种相似性（例如消费和收入、进口和出口），这种现象的产生，引起计量经济学学者的兴趣，这种不同经济变量走势的趋同性构成了“协整”（cointegration）概念的基础。前面章节讨论的非平稳过程构成协整分析的理论基础，协整关系的检验及估计，本质上是单变量时间序列单位根检验方法的扩展，Engle 和 Granger（1987）、Johansen（1988，1991）把 Dickey-Fuller 给出的单位根检验方法延长到向量自回归模型（Vector Autoregression: VAR），提出了协整关系的估计检验方法。这种对单位根检验方法的扩展研究，使得有关协整的分析成为近二十余年时间序列计量经济学发展中最重要的一部分。

时间序列模型中协整体系的早期研究主要归于 Granger（1981）以及 Engle 和 Granger（1987）的工作，对于协整概念，可以简单地概括如下：

（1）当 Y_t 经过 d 次差分后变成平稳序列时，称 Y_t 为 d 次单整过程，记为 $Y_t \sim I(d)$。

（2）假设 Y_t 为 n 维列向量，其中每个分量均为 $I(d)$，如果存在一个 n 维列向量 β，使得

$$Z_t = \beta' Y_t \sim I(d-b) \tag{2-38}$$

成立，式中 $b>0$，且 $\beta \neq 0$，则称变量 Y_t 存在次数为 (d, b) 的协整关系，用 $Y_t \sim CI(d, b)$ 表示。经济分析中通常关注 $CI(1,1)$ 的情形，换言之，非平稳变量 $I(1)$ 的线性组合是否能够变成平稳变量 $I(0)$ 的情形。当 $I(1)$ 的线性组合成为 $I(0)$ 时，线性组合系数 β 称为协整向量，当线性无关

的协整向量存在 r ($r \leqslant n$)个时，这 r 个协整向量构成 $n \times r$ 矩阵，矩阵的秩为 r，亦称为 Y_t 协整关系的秩为 r。

设 Y_t 为 n 维列向量，其分量均为一阶非平稳过程，即 $Y_t \sim I(1)$。考虑以下的 VAR 模型：

$$Y_t = \mu + J_1 Y_{t-1} + \ldots + J_{p-1} Y_{t-p} + u_t \qquad (t = 1, 2, \cdots, T) \tag{2-39}$$

其中 μ 为常数列向量，J_i (i=1,2,$\cdots$,p)为 $n \times n$ 参数矩阵，u_t 为独立正态随机向量，且 $E(u_t)=0$, $\mathrm{Var}(u_t)=\Omega$。通过对方程（2-39）作变换得到：

$$\Delta Y_t = \mu + \Pi Y_{t-1} + \Gamma_1 \Delta Y_{t-1} + \cdots + \Gamma_{p-1} \Delta Y_{t-p+1} + u_t \tag{2-40}$$

其中 $\Gamma_i = -\sum_{m=i+1}^{p} J_m \quad (i=1,2,\cdots,p-1)$，$\Pi = \sum_{i=1}^{p} J_i - I_n$。

式（2-40）称为误差修正模型（Error Correction Model：ECM）。ΔY_t 表示变量的一阶差分。注意到方程（2-40）中既包含水平变量又包含差分变量，这表明 ECM 充分利用了来自“静态”和“动态”的两部分信息。Engle 和 Granger（1987）给出以下结论：如果 Y_t 存在着协整关系，即有 $n \times r$ 协整矩阵 β 使得 $\beta' Y_t \sim I(0)$，则方程（2-40）中矩阵 Π 可以分解为两个矩阵之积 $\alpha\beta'$，α 阶数为 $n \times r$。当 Y_t 存在协整关系时，Π 显然为非满秩矩阵，ECM 成为非满秩回归（reduced rank regression）。$\beta' Y_t \sim I(0)$ 成立时，称非平稳变量之间存在长期均衡关系，$\beta' Y_t$ 给出了距离均衡的误差路径。基于最大似然估计法，Johansen（1988，1991）在方程（2-40）中 Π 的秩至多为 r ($0<r<n$)的零假设下，给出了检验统计量及其渐近分布表。注意到此渐近分布只依赖于协整关系的个数。Gonzalo（1994）比较了五种不同检验协整关系的方法，认为 Johansen 的似然比检验最有效。非平稳时间序列的回归分析中，最严重的问题是所谓假相关现象的存在，而上述包含协整关系的误差修正模型避免了这种问题的发生。

2.6 时间趋势与协整关系

Dickey 和 Fuller（1981）给出的单位根检验方法中，模型中包含时间趋势与否对检验统计量的渐近分布有很大的影响，同样对于 Π 的秩为 r，且 $\Pi = \alpha\beta'$ 进行检验时，方程（2- 40）中常数列向量存在与否，对检验统计量的渐近分布亦有较大的影响。

Johansen（1991）证明在协整关系 $\beta' Y_{t-1}$ 中不存在线形趋势，尽管在 VAR 中存在着趋势项。这是因为，如果 $\beta' Y_{t-1}$ 中包含趋势项，由于被解释变量 ΔY_t 只包含 μ，可以发现在 ECM 表示中的不一致性。作为 ΔY_t 的方程中包含 μ 的结果，变量 Y_t 中趋势项存在。但是 Y_t 中包含的趋势项必须和协整矩阵 β 垂直。由于 Johansen 的检验方法在实证分析中的频繁使用，我们认为对于方程（2-40）中常数列向量 μ 的影响，有必要进一步的讨论。在某些情形下，μ 可能是矩阵 α 列向量的线性组合，例如 $\alpha\beta_0$，其中 β_0 是一个列向量。这时，常数 μ 只能通过误差修正项（error correction term）进入系统，即有：

$$\mu + \alpha\beta' Y_{t-1} = \alpha(\beta_0 + \beta' Y_{t-1}) \tag{2-41}$$

这种情况出现时，会影响到检验统计量的渐近分布。如果 μ 不属于由矩阵 α 生成的线性空间，则常数项同时出现在回归模型系统和误差修正项。考虑以下的模型：

$$\Delta Y_t + \mu_0 = \alpha(\beta' Y_{t-1} + \beta_0) + \Gamma_1(\Delta Y_{t-1} + \mu_0) + \cdots + \Gamma_{p-1}(\Delta Y_{t-p+1} + \mu_0) + u_t \tag{2-42}$$

其中 μ_0 为 ΔY_t 的趋势项，β_0 为 $\beta' Y_{t-1}$ 的均值。这时模型中的常数项由两部分构成：

$$\mu = \alpha\beta_0 - (I - \sum_{i=1}^{p-1}\Gamma_i)\mu_0 \tag{2-43}$$

显然自回归系统中的常数项构成水平时的线形趋势，这亦影响到检验统计量的渐近分布。进一步，作为 ECM 中包含趋势项 μ 的结果，并考虑到估计模型与 DGP 的关系，对于协整关系检验会出现至少四种不同的情形：

（1）常数项既不出现在估计模型也不出现在 DGP 中。

（2）常数项存在于估计模型，且分解为 ECM 系统和协整关系两部分的常数。DGP 系统中亦存在常数，同时协整关系中存在常数。

（3）常数项存在于估计模型，且分解为 ECM 系统和协整关系两部分的常数。DGP 中不存在系统常数，但是协整关系中存在常数。

（4）常数项存在于估计模型，完全为协整部分的常数。DGP 中仅有协整常数。

上述 4 种不同情形总结在表 2-3 之中。

表 2-3　协整检验的不同情形

情形	1	2	3	4
估计模型				
常数项	无	有	有	有
漂移	无	有	有	无
协整常数项	无	有	有	有
DGP				
漂移	无	有	无	无
协整常数项	无	有	有	有

方程（2-40）中常数列向量μ的存在带来协整检验的复杂性，常数项可以分解为协整关系的常数和一阶非平稳过程 Y_t 的时间趋势两部分。Y_t 的时间趋势部分又被称为平稳过程 ΔY_t 的常数项（亦称为 drift）。通过上面的讨论，当只考虑估计模型时，问题的关键在于是否常数项包含在 VAR 之中。对于 Johansen 提出的协整关系检验统计量，该统计量的渐近分布考虑了模型中常数项存在与分解对分布的影响。这里要强调的是，建模者有必要认识到 DGP 中常数项存在及其分解对检验统计量分布的影响。在实证分析时，不太实际但是看起来合理的选择为表 2-3 中第 2 种情形。这意味着估计模型和 DGP 具有同样的设定，即考虑包含常数项的 VAR，同时认为趋势项和协整部分的常数项均存在于估计模型和 DGP 之中。DGP 从来都是未知的，但 ECM 常数和协整常数作为“冗余参数”（nuisance parameters）进入渐近分布。尽管对 DGP 的选择加以设定是不严谨的做法，但在实证检验中选择使用统计量的渐近分布时，上述的设定是不可缺少的。VAR 系统中趋势存在及对统计量分布影响的详细讨论可参见 Johansen（1995）。对于协整向量受到结构冲击及包含非线性因素的检验诊断问题可以参见 Xiao（2009）。

2.7 协整关系的实证研究

1. 单位根检验

下面利用日本经济新闻社提供的日本宏观经济数据，对M2（货币供给量），实际GNP，GNP平减指数、利率之间的长期关系进行研究。数据期间为1955年第2季度至1995年第2季度。除去利率变量外，均取自然对数。下面用*LNM*、*DLNM*表示货币供给量和其一次差分，*LRY*、*DLRY*表示实际GNP和其一次差分，*LP*、*DLP*表示GNP平减指数和其一次差分，*R*、*DR*表示利率和其一次差分。

利用Phillips（1987），Phillips和Perron（1988）方法，对上述宏观数据的进行单位根检验。检验结果由表2-4给出。我们看到除去利率变量*R*外，差分前各变量均没有拒绝"H_0：单位根存在"的假设，而差分后的各变量均拒绝H_0。这表明各变量服从随机时间趋势（stochastic trend）而变动。

表2-4　单位根检验结果

滞后长度	p=4		p=8	
	$Z(\alpha)$	$Z(t)$	$Z(\alpha)$	$Z(t)$
LNM	1.3	1.9	1.2	1.5
LRY	−0.11	−0.11	−0.25	−0.22
LP	1.7	1.2	1.3	0.80
R	−29**	−3.8*	−30**	−3.9*
DLNM	−83**	−7.5**	−99**	−7.9**
DLRY	−189**	−13**	−219**	−14**
DLP	−87**	−7.7**	−98**	−8.0**
DR				

注：$Z(\alpha)$、$Z(t)$显著水平为0.01，0.05的临界值分别是(−28,−21)和(−4.0,−3.5)；**、*分别表示显著水平为0.01、0.05。

2. 协整关系的检验

VAR模型的确定过程中滞后长度的选择是一个难题。虽然有若干个选择基准，但都存在一些不足之处。Gonzalo（1994）指出，滞后长度较高的选择是安全的。Morimune和Mantani（1995）讨论了VAR模型滞后长度的选择基准与协整矩阵秩之间的关系，指出协整矩阵的秩依存模型滞后长度选择基准的概率很低。下面选取滞后长度p=4，利用Johansen的方法，对变量之间协整关系存在与否进行检验。根据前面的分析，检验时选择估计模型和DGP具有同样的设定，即认为趋势项和协整部分的常数项均存在于估计模型和DGP之中。其结果由表2-5给出。可以发现最大特征值检验和迹检验均以0.01的显著水平拒绝"$r=0$"的原假设，以0.05的显著水平拒绝"$r=1$"的原假设。这说明货币需求系统（LNM, LRY, LP, R）中存在两个长期关系。

表 2-5　协整关系检验结果

特征值	0.22	0.13	0.041	0.024
原假设	$r=0$	$r\leqslant 1$	$r\leqslant 2$	$r\leqslant 3$
最大特征值检验	38**	22*	6.6	3.7
迹检验	71**	32*	10	3.7

注：特征值检验与迹检验显著水平为 0.01、0.05 的临界值分别是(32，54)和(21，30)；**、*分别表示显著水平为 0.01、0.05，r 表示协整矩阵的秩。

当模型系统协整关系存在多个时，需要建模者借助经济理论假设或者约束条件，对协整关系进行识别（Boswijk，2004）。随着近年宏观经济实证分析中利用协整关系方法频度的增加，在建模过程有必要注意以下几个问题：

（1）即使在同一经济系统中，如果分成两个区间检验协整关系时，会出现协整关系的秩不同的现象。

（2）对于特征值检验与迹检验有时会出现不一致的结果。这些问题的发生可以解释为，用统计量的渐近分布对小样本进行估计带来的偏差。换言之 Johansen 检验的势（power of test）在小样本情况下是很低的（Toda，1994，1995）。

（3）VAR 模型滞后长度的选择对于协整矩阵秩的影响较小，作者曾利用上面的数据把估计区间分为 1955 年第 2 季度至 1973 年第 4 季度，1974 第 1 季度至 1995 第 2 季度，进行协整关系的检验，其结果和全区间的结果基本相同，这个结果与 Morimune 和 Mantani（1995）的结论一致。表明协整矩阵的秩依存 VAR 模型滞后长度的选择基准概率较低。

（4）对于长期关系的稳定性有必要做进一步的检验（Banerjee *et al.*，1993；Hatanaka，1996）。

本章附录

1. 布朗运动过程（Brownian motion process）

布朗运动 $B(t)$ 满足下面的 3 个条件：

（1）$B(0)=0$；

（2）对所有 $t\geqslant 0, B(t)\sim N(0,t)$；

（3）对于 $0\leqslant s_1<s_2<s_3\leqslant t$，$B(s_2)-B(s_1)$ 与 $B(t)-B(s_3)$ 独立。

当 $s\leqslant t$，有下面的结果：

$$\mathrm{Cov}(B(s),B(t))=\mathrm{Cov}(B(s),B(s)+B(t)-B(s))=\mathrm{Cov}(B(s),B(t))+0=s \tag{A2-1}$$

当 $t=1$，$B(t)\sim N(0,1)$。

2. 不变原理（invariance principles）

假设 $x_t\sim \mathrm{i.i.d}(0,\sigma^2)$，其部分和

$$S_T=\sum x_t$$

由中心极限定理有：

$$\frac{1}{\sqrt{T}\sigma}S_T \xrightarrow{D} N(0,1)=B(1)$$

考虑下面的其部分和

$$X_T(r)=\frac{1}{\sqrt{T}\sigma}S_{[Tr]} \qquad (0 \leqslant r \leqslant 1)$$

其中$[Tt]$表示Tt的整数部分，则$X_T(r)$为[0,1]区间上的连续随机过程。无论x_t的分布如何，当$T \to \infty$时，有如下结论成立：

（1）$X_T(r) \xrightarrow{D} B(r) \qquad (0 \leqslant r \leqslant 1)$

（2）$(X_T(r_1),\cdots,X_T(r_m)) \xrightarrow{D} (B(r_1),\cdots,B(r_m))$

其中$(r_1,\cdots,r_m)$为[0,1]区间上的任意值。上述结论是中心极限定理的扩展，这里的不变原理（invariance principles）主要是强调极限分布与x_t的分布无关。

3. 部分和S_t与布朗运动$B(t)$（维纳过程）

对于2.1节讨论的随机游走模型"$y_t = y_{t-1}+u_t$"，其部分和S_t与布朗运动$B(t)$密切相关。假设

$$\Delta y_t = u_t \tag{A2-2}$$

式中$u_t \sim \text{i.i.d}(0,\sigma^2)$，容易得到部分和

$$S_t=\sum_{i=1}^{t}u_i \tag{A2-3}$$

考虑如下随机变量函数

$$X(t)=\frac{1}{\sqrt{T}\sigma}S_{[Tt]}=\frac{1}{\sqrt{T}\sigma}S_{j-1},\ \frac{(j-1)}{T} \leqslant t \leqslant \frac{j}{T} \quad (j=1,2,\cdots,T) \tag{A2-4}$$

其中$[Tt]$表示Tt的整数部分，$X(t)$为区间[0,1]上的分段函数。由 Donsker 不变原理（invariance principles），$X(t)$的概率分布收敛于布朗运动，即有

$$X(t) \to B(t) \qquad (T \to \infty) \tag{A2-5}$$

综上所述，随机游走过程的极限可以解释为布朗运动。

对于如下模型的单位根检验：

$$\Delta y_t = \varphi y_{t-1}+u_t \tag{A2-6}$$

在φ=0 假设下，

$$\frac{\sum \Delta y_t y_{t-1}}{\sum y_{t-1}^2}=\frac{\sum y_{t-1}u_t}{\sum y_{t-1}^2} \tag{A2-7}$$

即有

$$\frac{T\sum y_{t-1}u_t}{\sum y_{t-1}^2}=\frac{\sum(\eta_{t-1}/\sqrt{T})(\Delta\eta_t/\sqrt{T})}{\frac{1}{T}\sum(\eta_{t-1}/\sqrt{T})^2} \tag{A2-8}$$

式中 $\eta_{t-1}=\sum_{i=1}^{t-1}u_i$ 。

设　$r=\frac{t}{T}$，$B(r)=\frac{\eta_{t-1}}{\sigma\sqrt{T}}$　（A2-9）

由上面的讨论，当 $T\to\infty$ 时，$B(r)$ 为布朗运动。

可以证明 $T\to\infty$ 时，式（A2-8）收敛于

$$\frac{\int_0^1 B(r)\mathrm{d}B(r)}{\int_0^1 B(r)^2\,\mathrm{d}r} \tag{A2-10}$$

4. 协整向量的估计与检验

本附录内容主要参考 Johansen（1988，1991，1995），考虑如下 VAR 模型：

$$\Delta Y_t=\mu+\Pi Y_{t-1}+\Gamma_1\Delta Y_{t-1}+\cdots+\Gamma_{p-1}\Delta Y_{t-p+1}+u_t \tag{A2-11}$$

式中未知参数包括：α；β；$\Gamma_1,\Gamma_2,\cdots,\Gamma_{p-1}$；$\mu$；$\Omega$；$r$。假设

$$Z_{0t}=\Delta Y_t,\quad Z_{1t}=Y_{t-1},\quad Z_{2t}=(\Delta Y'_{t-1},\Delta Y'_{t-2},\cdots,\Delta Y'_{t-p+1},1)',\quad \Gamma=(\Gamma_1,\Gamma_2,\cdots,\Gamma_{p-1},\mu)$$

则式（A2-11）变成：

$$Z_{0t}=\alpha\beta' Z_{1t}+\Gamma Z_{2t}+u_t \tag{A2-12}$$

式（A2-12）的对数似然函数如下：

$$\ln L(\alpha,\beta,\Omega^{-1},\Gamma,r)=-\frac{NT}{2\ln(2\pi)}-\frac{T}{2\ln|\Omega|}-$$

$$\frac{1}{2}\mathrm{tr}\left(\sum_{t=1}^{T}(Z_{0t}-\alpha\beta' Z_{1t}-\Gamma Z_{2t})'\Omega^{-1}(Z_{0t}-\alpha\beta' Z_{1t}-\Gamma Z_{2t})\right) \tag{A2-13}$$

估计协整矩阵 β 时，首先计算 Z_{0t} 对 Z_{2t}，Z_{1t} 对 Z_{2t} 的回归，分别得到残差 R_{0t} 和 R_{1t}。把 $(R_{0t}-\alpha\beta' R_{1t})$ 代入式（A2-13）得到如下的似然函数（Γ 作为冗余参数处理）：

$$\ln L(\alpha,\beta,\Omega^{-1},r)=\frac{T}{2\ln|\Omega|}-\frac{1}{2}\mathrm{tr}\left(\sum_{t=1}^{T}(R_{0t}-\alpha\beta' R_{1t})^T\Omega^{-1}(R_{0t}-\alpha\beta' R_{1t})\right) \tag{A2-14}$$

其次 Ω^{-1} 作为冗余参数，对式（A2-14）变形：

$$\ln L(\alpha,\beta,r)=\frac{-T}{2\ln|\Omega(\alpha,\beta,r)|} \tag{A2-15}$$

式中：

$$\Omega(\alpha,\beta,r)=T^{-1}\sum_{t=1}^{T}(R_{0t}-\alpha\beta'R_{1t})(R_{0t}-\alpha\beta'R_{1t})' \tag{A2-16}$$

定义残差向量二阶矩：

$$S_{ij}=T^{-1}\sum_{t=1}^{T}R_{it}R'_{jt} \qquad (i,j=0,1)$$

为求出$|\Omega(\alpha,\beta,r)|$的最小值，考虑式（A2-17）：

$$\left|\lambda S_{11}-S_{10}S_{00}^{-1}S_{01}\right|=0 \tag{A2-17}$$

这里必须计算式（A2-17）的特征值$\lambda_1>\lambda_2>\cdots>\lambda_n$，以及相应的特征向量

$$V=[V_1,V_2,\cdots,V_n]$$

其中有 $V'S_{11}V=I$ 。如果取

$$\beta'=[V_1,V_2,\cdots,V_r]',\quad \alpha=S_{01}\beta(\beta'S_{11}\beta)^{-1}$$

则得到$|\Omega(\alpha,\beta,r)|$的最小值：

$$|S_{00}|\prod_{i=1}^{r}(1-\lambda_i) \tag{A2-18}$$

这里需要注意的是，β'和α的取值并不唯一，对任意的$r\times r$可逆矩阵F，如果把$F\beta'$与αF^{-1}代入$|\Omega(\alpha,\beta,r)|$都能给出最小值。

当$r(\Pi)=r<n$时，似然函数由式（A2-19）给出：

$$L^{-2/T}(r)=|S_{00}|\prod_{i=1}^{r}(1-\lambda_i) \tag{A2-19}$$

当$r(\Pi)=n$时，似然函数由式（A2-20）给出：

$$L^{-2/T}(n)=|S_{00}|\prod_{i=1}^{n}(1-\lambda_i) \tag{A2-20}$$

对于“$H_0{:}\,r(\Pi)=r,\ H_1{:}\ r(\Pi)=n$”的检验，通过如下的似然比检验统计量进行：

$$-2LR=-T\sum_{i=r+1}^{n}\ln(1-\lambda_i) \tag{A2-21}$$

式（A2-21）称为迹（trace）检验。对于“$H_0{:}\,r(\Pi)=r,\ H_1{:}\ r(\Pi)=n$”的检验，由式（A2-22）进行：

$$-2LR=-T\ln(1-\lambda_{r+1}) \tag{A2-22}$$

称为最大特征值检验。可以证明上述迹与最大特征值检验统计量的渐近分布均依赖于$(n-r)$。

参考文献

Banerjee, A., J. Dolado, J. W. Galbraith, and D. F. Hendry (1993) *Co-integration, Error-correction, and the Econometric Analysis of Non-stationary Data*. Oxford University Press.

Boswijk, H. P. (2004). Identifying, Estimating and Testing Restricted Cointegrated Systems: An Overview. *Statistica Neerlandica*, 58 , 440-465.

Dickey, D. A. and W. A. Fuller (1981). Likelihood ratio statistics for autoregressive time series with a unit root. *Econometrica*, 49, 1057-1072.

Engle, R. F. and C. W. J. Granger (1987). Co-integration and error correction: Representation, estimation, and testing. *Econometrica*, 55, 251-276.

Fuller, W. A. (1976). *Introduction to statistical time series*. John Willey.

Gonzalo, J. (1994). Five alternative methods of estimating long-run equilibrium relationships. *Journal of Econometrics*, 60, 203-233.

Granger, C. W. J. and P. Newbold (1974). Spurious regressions in econometrics. *Journal of Ecomometrics*,2,111-120.

Granger, C. W. J. (1981). Some properties of time series data and their use in econometric model specification. *Journal of Ecomometrics,*16,121-130.

Hatanaka, M. (1996).*Time series based econometrics*. Oxford University Press.

Johansen, S. (1988). Statistical analysis of cointegration vectors. *Journal of Economic Dynamics and Control,* 12, 231-254.

Johansen, S. (1991). Estimation and hypothesis testing of cointegration vectors in Gaussion vector autoregressive models. *Econometrica*, 59, 1551-1580.

Johansen, S. (1995). *Likelihood-based inference in cointegrated vector autoregressive models*. Oxford: Oxford University Press.

Kwiatkowski, D., P. C. B. Phillips, P. Schmidt, and Y. Shin (1992). Testing the null hypothesis of stationary against the alternative of a unit root: How sure are we that economic time series have a unit root. *Journal of Econometrics*, 54, 159-178.

Maddala, G. S. and I.-M. Kim (1998). *Unit root, cointegration, and structural change*, Cambridge: Cambridge University Press.

Morimune, K. and A. Mantani (1995). Estimating the rank of co-integration after estimating the order of a vector autoregression. *Japanese Economic Review*, 46, 191-205.

Morimune, K. and G. Q. Zhao (1997). The unit root analysis of the causality between Japanese money and income. *Japanese Economic Review,* 48, 343-367.

Nelson, C. R. and C. I. Plosser (1982). Trends and random walks in macroeconomic time series: some evidence and implications. *Journal of Monetary Economics*, 10, 139-162.

Perron, P. (1989). The great crash, the oil price shock, and the unit root hypothesis. *Econometrica*, 57, 1361-1401.

Phillips, P. C. B. (1987). Time series regression with a unit root. *Econometrica,* 55, 277-301.

Phillips, P. C. B. and P. Perron (1988) Testing for a unit root in time series regression.

Biometrika, 75, 335-346.

Said, S. E. and D. A. Dickey (1984). Testing for unit roots in autoregressive-moving average models of unknown order. *Biometrika*, 71, 599-607.

Said, S. E. and D. A. Dickey (1985). Hypothesis testing ARIMA(p,1,q) models, of unknown order. *Journal of the American Statistical Association*, 80, 369-374.

Saikkonen, P. and R. Luukkonen (1993). Testing for a moving average unit root in autoregressive integrated moving average models. *Journal of the American Statistical Association*, 88, 596-601.

Toda, H. Y. (1994). Finite sample properties of likelihood ratio tests for cointegrating ranks when linear trends are present. *Review of Economics and Statistics*, 76, 66-79.

Toda, H. Y. (1995). Finite sample performance of likelihood ratio tests for cointegrating ranks in vector autoregressions. *Econometric theory*, 11, 1015-1032.

Xiao, Z. (2001). Testing the null hypothesis of stationarity against an autoregressive unit root alternative. *Journal of Time Series analysis*, 22, 87-105

Xiao, Z. (2009). Quantile cointegrating regression. *Journal of Ecomometrics,* 150, 248-260.

Zhao, G. Q. (1996). Dynamic modeling of the demand for M2 in Japan. *Economic Review* (in Japanese), 158, 74-93.

第三章　时间序列的因果性检验

本章首先讨论平稳时间序列 Granger 因果性的定义及相关检验方法，其次研究非平稳时间序列下 Granger 因果检验及其渐近分布，最后给出近年来因果性检验技术的一些新发展。鉴于 Granger 因果检验在实证研究中使用的广泛性，本章重点强调该检验统计量使用的前提条件，如果建模者忽略时间序列的非平稳性与协整关系，通常会导致虚假因果关系。

3.1　平稳时间序列的 Granger 因果性检验

使用 VAR 模型进行实证分析时，建模者频繁用到 Granger 因果性检验。因果关系本是在某个特定理论框架内使用的词汇，其表述是不适合 VAR 模型体系的，正如 Granger（1980）指出："目前还不存在被普遍接受的因果关系检验过程，特别是缺少一个可以被普遍认同的因果关系的定义。" Granger（1969）提出的因果关系本质上是基于时间序列模型预测精度的一个概念，换言之，这一因果概念只是从统计推断精度出发，对因果性给出的一个定义。由于这是一个具有操作性的定义，从 20 世纪 70 年代开始，Granger 因果检验被广泛应用于分析经济变量之间的关系。如果在中国期刊网搜索关键词"Granger 因果"，至少可以找到 1 249 篇相关论文（截至 2011 年 5 月 30 日），而在 JSTOR 数据库，搜索关键词"Granger and causality and test"，可以发现相关论文 2 470 篇。

按照 Granger 因果关系的定义，假设 X_t 和 Y_t 均为平稳时间序列，I_t 为总体中到 t 期为止的全部信息，$I_t - Y_t$ 表示除去序列 Y_t 外的所有信息，$\overline{I-Y} = \{I_{t-j} - Y_{t-j}, j = 1, 2, \cdots, \infty\}$ 表示 t 时刻之前去除 Y_t 后包含的信息集。如果对于信息集 I 与 $\overline{I-Y}$，其对应的两个预测均方误差（Prediction Mean Squared Error: PMSE）有如下关系成立：

$$\sigma^2(X \mid I) < \sigma^2(X \mid \overline{I-Y}) \tag{3-1}$$

则认为 Y 是 X 的因。即使用包含 Y 过去时刻的信息集预测 X，其 PMSE 要小于不包含这一信息的 PMSE，通常称 Y 是 X 的 Granger 因。

由于现实中是无法得到关于总体的全部信息的，Granger 将总体信息集 I_t 进一步约束为整数集 D。例如假设向量集合中 D 只有 X_t, Y_t 两个序列，并且所有其他信息都是不相关的，如果

$$\sigma^2(X \mid \bar{X}_{t-1}, \bar{Y}_{t-1}) < \sigma^2(X \mid \bar{X}_{t-1}) \tag{3-2}$$

则称 Y 是 X 的 Granger 因。其中 $\sigma^2(X \mid \bar{X}_{t-1})$ 表示只使用过去 X 的信息预测时，最小预测均方误差（或最优预测），$\sigma^2(X \mid \bar{X}_{t-1}, \bar{Y}_{t-1})$ 表示使用过去 X 和 Y 的信息预测时，最小预测均方误差。多个变量的情形可以类似定义。需要注意的是，上述因果关系的定义与集合 D 的选择相关，如果一些同时影响 X 和 Y 的相关信息没有包含在 D 中，就有可能导致虚假因果关系。因

此在进行因果分析时，把相关的重要变量纳入信息集，是非常关键的一步。

对于时间序列模型的预测，通常选择使用 VAR 模型进行估算。此时因果关系的检验成为 VAR 模型中受约束参数的显著性检验问题。令 X_t、Y_t 是两个均值为零的平稳时间序列，考虑如下模型：

$$X_t = A(L)X_{t-1} + B(L)Y_{t-1} + u_{1t} \tag{3-3}$$

$$Y_t = C(L)X_{t-1} + D(L)Y_{t-1} + u_{2t} \tag{3-4}$$

其中，$A(L)$、$B(L)$、$C(L)$、$D(L)$ 为滞后算子多项式，u_{1t} 和 u_{2t} 是两个不相关的白噪声序列。$A(L)$、$B(L)$、$C(L)$、$D(L)$ 的系数分别为 a_j、b_j、c_j 和 d_j（$j=1,2,\cdots,m$）。由式（3-3），Y 是否为 X 的 Granger 因，可以定义为过去的 Y_t 是否对于 X_t 有影响。即，如果 $B(L)$ 的系数至少存在一个 $b_j \neq 0$，且 $C(L)$ 的系数全部为零的话，则称存在 Y 到 X 的单方向因果关系。此时，对于 $B(L)$ 和 $C(L)$ 系数的检验称为 Granger 因果性检验，为确认"Y 到 X 的单方向因果关系"是否存在，需要进行下面的两个检验：

（1）"$B(L)$ 系数全部为零"的零假设被拒绝；

（2）"$C(L)$ 系数全部为零"的零假设不能被拒绝。

同理，由式（3-4），如果 $C(L)$ 的系数至少存在某个 $c_j \neq 0$，那么 X 是 Y 的 Granger 因。这时称 X 和 Y 之间存在一个反馈关系，即它们互为因果关系。通过上面对模型（3-3）、(3-4) 的讨论，容易给出 Granger 因果关系检验的 F 统计量或卡方统计量。假设滞后长度为 p 的自回归过程：

$$X_t = a + \sum_{i=1}^{p} \alpha_i X_{t-i} + \sum_{i=1}^{p} \beta_i Y_{t-i} + u_{1t} \qquad (t = p+1, p+2, \cdots, T) \tag{3-5}$$

不存在 Y 到 X 的 Granger 因果关系等价于下面的零假设：

H_0：$\beta_1 = \beta_2 = \cdots = \beta_p = 0$，$H_1$：$\beta_{i_0} \neq 0 \ (1 \leqslant i_0 \leqslant p)$

对于 H_0，可以利用如下 F 统计量进行检验：

$$F = \frac{(RRSS - URSS)/p}{URSS/(T-2p-1)} \tag{3-6}$$

其中 $URSS$ 和 $RRSS$ 分别表示回归模型（3-5）及约束条件 H_0 成立时的 OLS 残差平方和，容易证明统计量（3-6）服从自由度为 $(p, T-2p-1)$ 的 F 分布。当 F 的取值大于临界值 $F_\alpha(p, T-2p-1)$ 时，以显著水平 α 拒绝零假设，即认为 Y 是 X 的 Granger 因。同理，"对 X 到 Y 是否存在因果关系"亦可用上述 F 统计量进行检验。

使用 F 统计量进行检验，要求误差项满足正态分布的条件，当此条件不成立时，可以使用卡方统计量：

$$\chi^2 = \frac{T(RRSS - URSS)}{URSS} \overset{a}{\sim} \chi^2(p) \tag{3-7}$$

可以证明在 H_0 下，该统计量渐进服从自由度为 p 的卡方分布。

对于时间序列模型为非平稳的情形，可考虑对一阶差分后的模型，利用 Granger 因果关系检验的 F 或卡方统计量。假设差分后的模型如下：

$$\Delta X_t = A(L)\Delta X_{t-1} + B(L)\Delta Y_{t-1} + u_{1t} \tag{3-8}$$

$$\Delta Y_t = C(L)\Delta X_{t-1} + D(L)\Delta Y_{t-1} + u_{2t} \tag{3-9}$$

但当 X_t 与 Y_t 之间存在协整关系时，方程（3-8）与（3-9）丢掉了误差修正项（协整残差），由于存在信息的损失，造成此时因果关系检验结果可信度的降低。

3.2 协整关系与 Granger 因果性

设 $X_t \sim I(1), Y_t \sim I(1)$，当 X_t、Y_t 之间存在协整关系时，有下面的 ECM（Error Correction Model）表现形式成立：

$$\Delta X_t = \alpha_1 Z_{t-1} + A(L)\Delta X_{t-1} + B(L)\Delta Y_{t-1} + u_{1t} \tag{3-10}$$

$$\Delta Y_t = \alpha_2 Z_{t-1} + C(L)\Delta X_{t-1} + D(L)\Delta Y_{t-1} + u_{2t} \tag{3-11}$$

其中 $Z_t = X_t - kY_t$，$A(L)$、$B(L)$、$C(L)$、$D(L)$ 为滞后算子多项式，且 α_1 与 α_2 满足条件：

$$|\alpha_1| + |\alpha_2| \neq 0 \tag{3-12}$$

如果 X_t、Y_t 可以表示成 ECM 形式，则 X_t、Y_t 之间一定存在协整关系（Engle and Granger，1987）。基于式（3-10）和（3-11），当 X_t、Y_t 之间存在协整关系时，仅用包含差分项的式（3-8）和式（3-9）设定的模型，丢掉了误差修正项：

$$Z_{t-1} = X_{t-1} - kY_{t-1} \tag{3-13}$$

这一模型设定的偏误有可能导致因果性检验出现误判。显然在这种情况下，即使“多项式 $B(L)$ 系数全部为零”的零假设不能被拒绝，由于式（3-10）和式（3-11）中的 $\alpha \neq 0$，我们不能给出“Y 到 X 不存在单方因果关系”的结论。同理，当“多项式 $C(L)$ 系数全部为零”的零假设不能被拒绝时，也不能给出“X 到 Y 不存在单方因果关系”的结论。实际上当 X_t、Y_t 之间存在协整关系时，可以证明至少存在某一方向的因果关系。由于 α_1 与 α_2 中至少有一个不为 0，不妨假设 $\alpha_1 \neq 0$，用 OLS 求出 X_t 对 Y_t 作回归的参数估计 $\hat{k}$，估计结果代入式（3-10），得到：

$$\Delta X_t = \alpha_1 (X_{t-1} - \hat{k}Y_{t-1}) + A(L)\Delta X_{t-1} + B(L)\Delta Y_{t-1} + u_{1t} \tag{3-14}$$

从式（3-14）的结果容易发现，存在 Y_t 对 X_t 的影响。所以对非平稳变量 X_t 和 Y_t 进行因果性检验时，首先要考察 X_t 和 Y_t 之间是否存在协整关系，如果存在协整关系，此时的因果性检验要基于式（3-10）和式（3-11）进行；如果不存在协整关系，可以用式（3-8）和式（3-9）进行检验。对于式（3-14）中参数估计 $\hat{k}$ 具有超一致性（super-consistent）等性质的讨论参见 Engle 和 Granger（1987）及本章附录。

3.3 非平稳时间序列的 Granger 因果性检验

1. Granger 因果性检验的设定

考虑一个滞后长度为 $k+1$，维数为 p 的 VAR 模型的 ECM 形式：

$$\Delta x_t = \mu + \sum_{i=1}^{k}\Gamma_i \Delta x_{t-i} + \Pi x_{t-1} + u_t \qquad (t = k+2, k+3, \cdots, T) \tag{3-15}$$

其中误差项的协方差矩阵为 Σ。设协整矩阵的秩为 r，则 $\Pi = \alpha\beta'$，式中 α 和 β 是秩为 r 的 $p \times r$ 矩阵。本节从 VAR 模型的 ECM 形式出发，给出 Toda 和 Phillips（1993）因果性检验统计量的一个证明。协整矩阵 β 的最后一行，记作 β_p'，在本节中被假定为行满秩的，则因果性检验的零假设为：

$$(\gamma_{1p}, \gamma_{2p}, \ldots, \gamma_{kp}, \alpha_1)' = 0$$

这一等式可以被解释为“长期关系涉及一个在零假设下被排除的变量”（Sims，Stock and Watson，1990）。下面关于因果性的检验，一个是利用最小二乘法的 OLS 检验，另一个是利用 Johansen 协整分析方法的 ML 检验。OLS 和 ML 检验的渐近分布将分三种情形进行讨论，通常的实证分析多见情形 1，这意味着对分布有影响的一些高阶项在检验统计量中可以被忽略。

在 OLS 检验中，ECM 中的滞后水平变量替代协整残差方程，滞后水平变量起到协整残差作用。模型所有原因变量的显著性，包括方程中的全部水平和差分变量，用 F 统计量进行检验。在 ML 检验中，将滞后水平变量用滞后协整残差（记作 CO(−1)）代替后估计 ECM。对 CO(−1)以及方程中全部的滞后差分变量的显著性，用 F 统计量检验。由于在所有的检验中，协整的秩被取为 1，因此这些检验的自由度由回归方程的滞后长度决定。在对 ECM 估计的所有情形中，通常 OLS 结果的检验值要小于 ML 检验值。这一差异可以由下面的一个事实解释，那就是当进行 OLS 检验时，回归中只去掉了一个水平变量，但是 ML 检验中，三个水平变量的总体效应，即 CO(−1)，都从回归中去掉了。与后者相比，前者对残差平方和的影响较小。我们认为 OLS 检验看起来比 ML 检验更可信，这是因为和后者相比，前者更少的依赖于协整关系。在平稳分析中应用的也是 OLS 检验。

式（3-15）中的第一个方程可被写做：

$$\Delta x_{1t} = X_{t-1}'b + \sigma\varepsilon_{1t} \qquad (t = k+2, k+3, \cdots, T) \tag{3-16}$$

其中，$X_{t-1} = (\Delta x_{t-1}', \Delta x_{t-2}', \cdots, \Delta x_{t-k}', x_{t-1}', 1)'$，$b = (\gamma_1', \gamma_2', \cdots, \gamma_k', \alpha_1\beta', \mu_1)'$ 是 $(\Gamma_1, \Gamma_2, \cdots, \Gamma_k, \Pi, \mu)'$ 的第一列，α_1' 是 α 的第一行，$u_{1t} = \sigma\varepsilon_{1t}$。将 $\Delta x_{1t}'$、$\Delta X_t'$ 和 ε_{1t} （$t = k+2, k+3, \cdots, T$）的“stacking”形式（见本章附录）分别用 Δx_1、X 和 ε_1 表示，于是，式（3-16）可写为向量形式：

$$\Delta x_1 = Xb + \sigma\varepsilon_1 \tag{3-17}$$

在下面的因果性检验中，第一个变量被假定为结果变量（caused variable），第 p 个变量被假定为原因变量（causing variable）。记 Π 中的第一行第一列元素为 $\Pi_{1p} = \alpha_1'\beta_p$，因果性检验的零假设如下：

$$H_0: \ R'b = (\gamma_{1p}, \gamma_{2p}, \cdots, \gamma_{kp}, \Pi_{1p})' = 0 \tag{3-18}$$

其中 $R' = (I_{k+1} \otimes 1'_p, 0)$，$\otimes$ 表示克罗内克乘积（Kronecker Products，见本章附录），1_p 表示第 p 个元素为 1 的列向量，$R' = (I_{k+1} \otimes 1'_p, 0)$ 选择出每一系数向量中的第 p 个元素。同理也有下式成立：

$$R'X_{t-1} = (\Delta x_{pt-1}, \Delta x_{pt-2}, \cdots, \Delta x_{pt-k}, x_{pt-1})' \tag{3-19}$$

上面的检验容易扩展至多结果变量和原因变量的情形。

定义 $(pk+r)\times 1$ 的平稳列向量 $Z_{0,t}$ 和协整矩阵 β 如下：

$$Z_{0,t} = \{\Delta x'_{t-1} - \tau', \cdots, \Delta x'_{t-k} - \tau', (\beta'_x x_{t-1} - \beta_0)'\}' \qquad (\beta = (\beta_0, \beta'_x)')$$

其中 $\tau = C(1)\mu$，$\Delta x_t = C(L)(\mu + u_t)$。

对秩为 r 的 $p\times r$ 矩阵 α，可以找到 $p\times(p-r)$ 矩阵 $\alpha_\perp$ 满足

$$\alpha'\alpha_\perp = 0 \tag{3-20}$$

由于 $\alpha'_\perp x_t$ 是一个带漂移的向量随机游走过程，可以定义一个 $(p-r-1)\times 1$ 的包含向量随机游走但无趋势的向量变量，以及一个包含时间趋势的标量变量。换言之，常数项，不包含趋势的随机游走以及时间趋势，这三部分被概括为一个 $(p-r-1)\times 1$ 向量 $Z_{1,t}$（Sims *et al.*，1990；Morimune and Mantani，1995）。这些变形后的变量可以通过下式

$$Z'_t = X'_{t-1}D = (Z'_{0,t}, Z'_{1,t}) \tag{3-21}$$

与原始变量相联，式中使用了如下的旋转矩阵 D：

$$D = \begin{pmatrix} I_{pk} & 0 & 0 & 0 & 0 \\ 0,\cdots,0 & \beta_x & 0 & \alpha_\perp H & \alpha_\perp h \\ -\tau';\cdots,-\tau' & -\beta'_0 & 1 & 0 & 0 \end{pmatrix} \tag{3-22}$$

其中 H 和 h 分别是一个选择矩阵（selection matrix）和选择向量（selection vector），使得 H 将 $\alpha'_\perp x_t$ 变形为一个不带趋势的 $(p-r-1)$ 向量，而 h 在 $\alpha'_\perp x_t$ 中选择一个带趋势的变量。式（3-17）的右边可以被变形为：

$$X'_t b = Z'_t \delta \tag{3-23}$$

其中 $\delta = D^{-1}b$，$Z = XD = (Z_0, Z_1)$。OLS 估计 $\hat{b}$ 为：

$$\hat{b} = (X'X)^{-1}X'\Delta x_1 \tag{3-24}$$

OLS 估计 $\hat{\delta}$ 为：

$$\hat{\delta} = (Z'Z)^{-1}Z'\Delta x_1 \tag{3-25}$$

$\hat{\delta}$ 的渐近分布如下：

$$N(\hat{\delta}-\delta)=(N^{-1}Z'ZN^{-1})^{-1}N^{-1}Z'\varepsilon_1\sigma \approx \begin{pmatrix} V_{00} & 0 \\ 0 & V_{11} \end{pmatrix}^{-1} \begin{pmatrix} \varphi_0 \\ \varphi_1 \end{pmatrix} \sigma = V^{-1}\varphi\sigma \tag{3-26}$$

其中，标准化算子 $N=\sqrt{T}\,diag(I_{kp+r},1,\sqrt{T}I_{p-r-1},T)$ 收敛为依分布收敛。式（3-26）中 φ_0 服从下面的正态分布：

$$N(0,\sigma^2(V_{00})^{-1}) \tag{3-27}$$

其中 $V_{00}=(\sigma^2/T)Z_0'Z_0$，式（3-27）中 Z_0 上面已经有过定义。此外，式（3-26）中

$$\varphi_1=(1/\sqrt{T})Z_1'\varepsilon_1$$

其中 Z_1 为将常数、$(p-r-1)$ 阶单整过程及趋势,表示成的"stacking"形式。$(p-r+1)\times(p-r+1)$ 矩阵 V_{11} 是对称的，其形式为 $V_{11}=T_r'V_1T_r$，这里 $\varphi_1=T_r'\varphi_{11}$，式中 $T_r'=diagonal(1,C_0',c_0)$，$C_0'$ 和 c_0 分别为 $(p-r-1)\times(p-r)$ 固定矩阵以及一个标量，V_1 的元素构成如下：

$$V_1=\begin{pmatrix} 1 & \int_0^1 B'\mathrm{d}r & 1/2 \\ * & \int_0^1 BB'\mathrm{d}r & \int_0^1 Br\mathrm{d}r \\ * & * & 1/3 \end{pmatrix} \tag{3-28}$$

φ_{11} 的元素构成如下：

$$\varphi_{11}=\begin{pmatrix} B(1) \\ \int_0^1 B(r)\mathrm{d}B(r) \\ \int_0^1 r\mathrm{d}B(r) \end{pmatrix} \tag{3-29}$$

其中 $B(r)$ 表示 $(p-r)$ 维布朗运动，且和 φ_0 的分布独立。φ_1 的协方差矩阵为 V_{11}。

2. 基于 OLS 估计的检验及渐近分布

Toda 和 Phillips（1993）的第一个检验使用 VAR 系统的 OLS 估计量，他们的定理 1 和 2 可以以如下证明给出。Wald 统计量为：

$$W=\frac{\hat{b}'R[R'(X'X)^{-1}R]^{-1}R'\hat{b}}{\hat{\sigma}^2} \tag{3-30}$$

其中 $\hat{\sigma}^2$ 是误差方差的估计，且是一致性估计。下面推导 Wald 检验的渐近分布。由于在零假设下

$$R'\hat{b}=R'(X'X)^{-1}X'\varepsilon_1\sigma \tag{3-31}$$

所以 Wald 检验统计量近似为：

$$W \approx \varepsilon_1' X(X'X)^{-1} R[R'(X'X)^{-1} R]^{-1} R'(X'X)^{-1} X' \varepsilon_1 \tag{3-32}$$

应用转换 $Z = XD$ 以及标准化算子 N 得到：

$$W \approx (\varepsilon_1' Z N^{-1}) V^{-1} (N^{-1} D' R)[(R' D N^{-1}) V^{-1} (N^{-1} D' R)]^{-1} (R' D N^{-1}) V^{-1} (N^{-1} Z' \varepsilon_1) \tag{3-33}$$

其中 $\lim\limits_{T\to\infty} \sqrt{T} R' D N^{-1} = (R_0', R_1')$。

式（3-33）中 R_0' 阶数为 $(k+1)\times(pk+r)$，R_1' 阶数为 $(k+1)\times(p-r+1)$，其分别定义如下：

$$R_0' = \begin{pmatrix} I_k \otimes 1_p' & 0 \\ 0 & \beta_p' \end{pmatrix} \tag{3-34}$$

$$R_1' = \begin{pmatrix} 0, & 0, & 0 \\ 0, & \dfrac{1}{\sqrt{T}} 1_p' \alpha_\perp H, & \dfrac{1}{T} 1_p' \alpha_\perp h \end{pmatrix} \tag{3-35}$$

可以发现式（3-33）中：

$$(R' D N^{-1}) V^{-1} (N^{-1} D' R) = R_0' V_{00}^{-1} R_0 + R_1' V_{11}^{-1} R_1 \tag{3-36}$$

只有当 $\beta_p = 0$ 时，必须要考虑第二项，这是因为它是高阶的，且只有第二对角线元素是非零的。下面我们讨论三种不同的情形。

（1）当 $\beta_p \neq 0$，R_0' 是行满秩且 R_1 为高阶时，有 $W \approx W_0$ 成立：

$$W_0 = \varphi_0' V_{00}^{-1} Q_0 (Q_0' V_{00}^{-1} Q_0)^{-1} Q_0' V_{00}^{-1} \varphi_0 \tag{3-37}$$

其中 $Q_0 = R_0$，W_0 服从自由度为 $k+1$ 的 χ^2 分布。

（2）当 $\beta_p = 0$ 且 $1_p' \alpha_\perp H \neq 0$，$R_0'$ 不是行满秩而 (R_0', R_1') 是行满秩时，$W \approx W_0 + W_1$，但是在 W_0 中，$Q_0' = (I_k \otimes 1_p', 0)$，且定义 $Q_1' = (0, 1_p' \alpha_\perp H, 0)$，$W_1$ 由下式给出：

$$W_1 = \varphi_1' V_{11}^{-1} Q_1 (Q_1' V_{11}^{-1} Q_1)^{-1} Q_1' V_{11}^{-1} \varphi_1 \tag{3-38}$$

这里 W_0 服从自由度为 k 的 χ^2 分布，但 W_1 中包含非标准分布（见式（3-26））。

（3）当 $\beta_p = 0$，$1_p' \alpha_\perp H = 0$，且 $1_p' \alpha_\perp h \neq 0$，$R_0'$ 不是行满秩而 (R_0', R_1') 是行满秩时，$W \approx W_0 + W_1$，其中，W_0 中 $Q_0' = (I_k \otimes 1_p', 0)$，$W_1$ 中 $Q_1' = (0, 1_p' \alpha_\perp h)$。此时 W_0 服从自由度为 k 的 χ^2 分布，但 W_1 中包含非标准分布（见式（3-26））。

由于矩阵 $(\beta\alpha_\perp)$ 和 (Hh) 是正则的，上述三种情形之一肯定会发生。然而，这三种情形都依赖于冗余参数，建模者在研究分析中无法得知发生的是哪一种情形。

3. 基于 ML 估计的检验及渐近分布

Toda 和 Phillips（1993）的定理 3 基于协整向量的最大似然估计，对回归中协整部分的约束条件利用泰勒展开进行线性化。由于

$$\sqrt{T}R'\tilde{b}=\sqrt{T}(\tilde{\gamma}_{1p},\cdots,\tilde{\gamma}_{kp},\tilde{\alpha}_1{}'\tilde{\beta}_p)'$$

$$=(\sqrt{T}\tilde{\gamma}_{1p},\cdots,\sqrt{T}\tilde{\gamma}_{kp},\beta_p{}'(\sqrt{T}\tilde{\alpha}_1))'+\frac{1}{\sqrt{T}}(0,\cdots,0,\tilde{\alpha}_1{}'(T\tilde{\beta}_p))'+$$

$$\frac{1}{T}(0,\cdots,0,(\sqrt{T}\tilde{\alpha}_1{}')(T\tilde{\beta}_p))' \tag{3-39}$$

在不存在因果关系的零假设下，式（3-39）中第一项的渐近协方差矩阵为

$$\sigma^2(R_0{}'0)\left(p\lim_{T\to\infty}\frac{1}{T}\tilde{X}'\tilde{X}\right)^{-1}(R_0{}'0)' \tag{3-40}$$

当$\beta_p\neq 0$时，上述矩阵是非奇异的，且$(T-k-1)\times(pk+r+1)$矩阵$\tilde{X}$被定义为，在X中除去p维变量x'_{t-1}而用r维变量协整残差$x'_{t-1}\tilde{\beta}$代替。

当$\beta_p=0$，但$\alpha_1\neq 0$时，不仅R_0是退化的，$\tilde{X}$也是退化的，Toda 和 Phillips（1993）的引理 5 给出

$$T\tilde{\beta}_p\to\int\mathrm{d}B_cB_2'\left(\int B_2B_2'\right)^{-1}\beta_\perp'1_p \tag{3-41}$$

其中，$B_2(.)$是$p-r$维布朗运动，$B_c(.)$是r维布朗运动，协方差矩阵为Ω_c定义为$(\alpha'\Sigma^{-1}\alpha)^{-1}$，且$B_2(.)$和$B_c(.)$的分布是独立的，式（3- 41）中$p\times(p-r)$矩阵$\beta_\perp$满足：

$$\beta'\beta_\perp=0 \tag{3-42}$$

这一结果与 Johansen（1995）的结论相同，但是此处的真实系数为 0。对于式（3-39）第二项的渐近协方差矩阵，在备择假设下，$T\tilde{\alpha}_1{}'\tilde{\beta}_p$在$B_2(.)$条件下的条件协方差矩阵为：

$$\upsilon_{\alpha\beta}=1'_p\beta_\perp(\beta_\perp{}'\frac{1}{T^2}\sum_{t=k+2}^{T}x_{t-1}x'_{t-1}\beta_\perp)^{-1}\beta_\perp 1_p\cdot\alpha_1'\Omega_c\alpha_1 \tag{3-43}$$

Toda 和 Phillips（1993）提出了估计这一协方差矩阵的方法，在$\tilde{\upsilon}_{\alpha\beta}$中，$\beta_\perp$被$\tilde{\beta}_\perp$代替，最后一项估计为$\mathrm{tr}\{\tilde{\Omega}_c\tilde{\alpha}_1\tilde{\alpha}_1{}'\}$。

当$\beta_p=\alpha_1=0$时，$(\sqrt{T}\tilde{\alpha}_1{}')(T\tilde{\beta}_p)$（式（3-39）第三项）的渐近协方差矩阵是下面这两个矩阵乘积的迹。其中一个是矩阵

$$\sigma^2\left(p\lim_{T\to\infty}\frac{1}{T}\tilde{X}'\tilde{X}\right)^{-1} \tag{3-44}$$

的对角子矩阵，这里$\sqrt{T}\tilde{\alpha}_1$用$\sigma^2(\beta'\Sigma_{11}\beta)^{-1}$近似，其中$\Sigma_{11}$是用协整残差对所有的差分变量作回归得到的残差平方和的均值。利用式（3- 43），$(\sqrt{T}\tilde{\alpha}_1{}'T\tilde{\beta}_p)$的渐近方差记做$\tilde{w}_{\alpha\beta}$，和$\tilde{\upsilon}_{\alpha\beta}$的定义类似，但$\mathrm{tr}\{\tilde{\Omega}_c\tilde{\alpha}_1\tilde{\alpha}_1{}'\}$被代替为$\mathrm{tr}\{\tilde{\Omega}_c\tilde{\sigma}^2(\tilde{\beta}'\Sigma_{11}\tilde{\beta})^{-1}\}$。

由上面的讨论，因果性检验统计量为：

$$W=\tilde{b}'R\left\{\frac{\tilde{\sigma}^2}{T}(\tilde{R}_0{}'0)\left(\frac{1}{T}\tilde{X}'\tilde{X}\right)^{-1}(\tilde{R}_0{}'0)'+diag\left(0,\cdots,0,\frac{1}{T^2}\tilde{\upsilon}_{\alpha\beta}+\frac{1}{T^3}\tilde{w}_{\alpha\beta}\right)\right\}^{-1}R'\tilde{b} \tag{3-45}$$

这里分三种不同情况对其渐近分布进行分析。

（1）当 $\beta_p \neq 0$ 时，$W \approx W_0$。定义 $\widetilde{\varphi}=(\widetilde{\gamma}_1,\widetilde{\gamma}_2,\cdots,\widetilde{\gamma}_k,\widetilde{\alpha}_1',1)'$，$Q_0=(\widetilde{R}_0\ 0)$，其中 β_p 使用的是估计值，得到 W_0：

$$W_0=\widetilde{\sigma^2}\widetilde{\varphi}'Q_0\left\{\frac{1}{T}Q_0'\left(\frac{1}{T}\widetilde{X}'\widetilde{X}\right)^{-1}Q_0\right\}Q_0'\widetilde{\varphi} \tag{3-46}$$

W_0 渐近服从自由度为 $k+1$ 的 χ^2 分布。

（2）当 $\beta_p=0$ 但 $\alpha_1 \neq 0$ 时，$W \approx W_0+W_1$。W_0 中的 $Q_0 \equiv (1_p' \otimes I_k, 0)$，$W_0$ 渐近服从自由度为 k 的 χ^2 分布，又

$$W_1=\frac{T^3}{\widetilde{\upsilon}_{\alpha\beta}}(\widetilde{\alpha}_1'\widetilde{\beta}_p)^2 \tag{3-47}$$

W_1 渐近服从自由度为 1 的 χ^2 分布，且与 W_0 独立。

（3）当 $\beta_p=\alpha_1=0$ 时，$W \approx W_0+W_2$。W_0 中的 $Q_0 \equiv (1_p' \otimes I_k, 0)$，$W_0$ 渐近服从自由度为 k 的 χ^2 分布，又

$$W_2=\frac{T^3}{\widetilde{w}_{\alpha\beta}}(\widetilde{\alpha}_1'\widetilde{\beta}_p)^2 \tag{3-48}$$

服从非标准的分布（见式（3-26））。

这三种情形都依赖于冗余参数，建模者在研究分析中无法得知发生的是哪一种情形。

4. 协整矩阵的秩 $r=1$，$\beta_p=0$ 的情形

当 β_p 已知为 0 时，应该从 ECM 中移除水平 $x_{p,t-1}$ 变量。其假设检验零假设为：

$$H_0:\ Rb=(\widetilde{\gamma}_{1p},\widetilde{\gamma}_{2p},\cdots,\widetilde{\gamma}_{kp})'=0 \tag{3-49}$$

此时 χ^2 的自由度为 k 而不是 $k+1$。如果 β_p 不是行满秩时，需要将 $\beta_p'x_p$ 变形为 $(\beta_p'Q)(Q^{-1}x_p)$，使得 β_p' 中列的线性变形为 0。这看起来不太现实。因此当 β_p 是未知时，应假定 β_p 是行满秩的。

Toda 和 Phillips（1994）讨论了 β_p 是否为行满秩的检验。检验的一个简单情形为：

$$H_0:\ \beta_p=0,\ H_a:\ \beta_p \neq 0 \tag{3-50}$$

一个正确的零假设看起来应该为"H_0：$\beta_p \neq 0$"，当零假设被拒绝时，水平 x_p 变量应该从回归中剔除。当 β_p 被发现不显著时，Π_{1p} 不应该包含在 ML 检验中。但在 OLS 检验中，ECM 回归中应剔除水平 x_p 变量而只保存滞后差分变量，这一方法是简单可行的。而进行 ML 检验时，看起来仍有可能在协整回归方程中包含水平变量 x_p，因为它对 ML 检验的势没有影响。根据同样的理由，进行 OLS 检验时，也有可能在 ECM 回归中包含水平变量 x_p。

对于二变量的情形，x_1 是平稳的但 x_2 是非平稳过程时，协整向量 β_2 中的第二个元素必然为零。在这一情形下，冗余参数 β_2 为零。当这一情况发生时，在 ECM 回归中，必须除去水平变量 x_2 而保留水平变量 x_1 以及 x_1 和 x_2 的滞后差分项。检验从 x_2 到 x_1 因果关系的零假设必须包含 x_2 所有滞后差分的系数。类似地，检验从 x_1 到 x_2 因果关系的零假设必须包含 x_1 及 x_1 的所有滞后差分系数。这对协整的一般情形（即包含有一些平稳变量）而言，依然成立。

3.4 蒙特卡洛模拟结果

为简单起见，考虑如下滞后长度为 1 的 VAR 模型：

$$Y_t = J_1 Y_{t-1} + u_t \tag{3-51}$$

其 ECM 形式为：

$$\Delta Y_t = \alpha\beta' Y_{t-1} + u_t \tag{3-52}$$

其中，$Y_t = (y_{1t}, y_{2t}, y_{3t})'$，$\alpha = (\alpha_1, \alpha_2, \alpha_3)'$，$\beta = (\beta_1, \beta_2, \beta_3)'$。"不存在从 y_3 到 y_1 的因果关系"的零假设为：

$$H_0\text{：} \alpha_1\beta_3 = 0 \tag{3-53}$$

进行蒙特卡洛模拟时，选择满足如下条件的 α 与 β：

（1）$-2 < \beta'\alpha < 0$

（2）$J_1 = I_3 + \alpha\beta'$

其中，I_3 为 3×3 单位矩阵，当 α 与 β 满足上述条件时，容易证明式（3-51）中 Y_t 为 $I(1)$ 过程，且存在协整关系。实际上此时 Y_t 的特征方程如下：

$$|\lambda I_3 - J_1| = 0 \tag{3-54}$$

方程的根全部为实根，三个根分别为：

$$\lambda_1 = \lambda_2 = 1\text{，} \lambda_3 = (1+\beta'\alpha) \qquad (|\lambda_3| < 1)$$

在"H_0: $\alpha_1\beta_3 = 0$"成立的前提下，区分以下的三种情形进行模拟试验。

（1）调整系数向量：　$\alpha = (0\ \ 1\ \ 1)'$

　　协整向量：　$\beta = (1\ \ 0.5\ \ -1)'$

　　特征方程的根：　$\lambda = (0.5\ \ 1\ \ 1)$

（2）调整系数向量：　$\alpha = (1\ \ 0.5\ \ -1)'$

　　协整向量：　$\beta = (0\ \ 1\ \ 1)'$

　　特征方程的根：　$\lambda = (1\ \ 1\ \ 0.5)$

（3）调整系数向量：　$\alpha = (1\ \ 0\ \ 1)'$

　　协整向量：　$\beta = (-0.5\ \ 1\ \ 0)'$

　　特征方程的根：　$\lambda = (1\ \ 0.5\ \ 1)$

对于因果性的 OLS 检验的蒙特卡洛模拟结果由表 3-1、表 3-2 与表 3-3 给出，与 Toda 和 Phillips 的 ML 检验模拟结果进行比较（Toda and Phillips，1994），可以发现表 3-1、表 3-2 与 ML 的模拟基本一致，而表 3-3 的结果要比 ML 的模拟结果差。对于情形（3），协整向量中要素 $\beta_3 = 0$，此时 OLS 的因果性检验有可能导致错误的结论，调整系数向量中要素 $\alpha_1 \neq 0$，虽然可以使用 ML 检验。但是正如上面讨论过的，三种情形下的 ML 检验依赖于冗余参数，建模者在实证分析中无法得知发生的是哪一种情形，在实证分析中我们建议最好使用不依赖于协整残差的 OLS 检验。

表 3-1　不存在从 y_3 到 y_1 的因果关系（$\beta_3 \neq 0$）

样本容量(*T*)	*K*=1	*K*=2
50	7.7	6.8
100	6.8	5.4
400	5.1	4.9

注：（1）H_0：$\alpha_1\beta_3 = 0\times(-1) = 0$；（2）*K* 为 VAR 模型的次数，表中数值表示拒绝的次数（%），用 GAUSS 软件进行 5 000 次模拟。

表 3-2　存在从 y_3 到 y_1 的因果关系

样本容量(*T*)	*K*=1	*K*=2
50	100	98
100	100	100
200	100	100
400	100	100

注：H_0：$\alpha_1\beta_3 = 1\times1 \neq 0$。

表 3-3　不存在从 y_3 到 y_1 的因果关系（$\beta_3 = 0$）

样本容量(*T*)	*K*=1	*K*=2
50	24	23
100	23	24
200	23	23
400	22	23

注：$H_0 : \alpha_1\beta_3 = 1\times0 = 0$。

3.5　Granger 因果性检验的一些新发展

1. 包含不同阶数单整过程的因果检验

考虑下面的 ECM 形式：

$$\Delta x_t = \mu + \sum_{i=1}^{k}\Gamma_i\Delta x_{t-i} + \Pi x_{t-k-1} + u = \mu + \sum_{i=1}^{k+1}\Gamma_i\Delta x_{t-i} + \Pi x_{t-k-2} + u_t \tag{3-55}$$

式（3-55）是将式（3-15）中的水平变量 x_{t-1} 替换为 $x_{t-(k+1)}$，注意有必要在回归方程中重定义系数 Γ_i 和 Π 的表示形式，例如对于阶数为 2 的 VAR 模型：

$$x_t = \mu + J_1x_{t-1} + J_2x_{t-2} + u_t \tag{3-56}$$

容易得到下面等价的两种表示形式：

$$\begin{aligned}\Delta x_t &= \mu + (-I + J_1)\Delta x_{t-1} + (J_1 + J_2 - I)x_{t-2} + u_t \\ &= \mu + (-J_2)\Delta x_{t-1} + (J_1 + J_2 - I)x_{t-1} + u_t\end{aligned} \tag{3-57}$$

式（3-55）是一个包含不同次数的单整或协整 VAR（vector autoregressions with possibly integrated）过程。对于在一般的线性假设

$$H_0\text{：} Rb = r \tag{3-58}$$

Toda 和 Yanamoto（1995）提出如下的 Wald 检验统计量：

$$(R'b^* - r)'\left\{\widehat{\sigma^2} R'(X'QX)^{-1} R\right\}^{-1} (R'b^* - r) \tag{3-59}$$

其中：

$$b^* = (X'QX)^{-1} X'Q\Delta x_1 \tag{3-60}$$

式（3-60）中 Q 为残差算子，正交于 $T \times p$ 阶的 $x_{t-(k+2)}$ 观测值矩阵，$x_{t-(k+2)}$ 为紧邻最高滞后变量的一项。Q 的定义为：

$$Q = I - X_{-k-2}(X'_{-k-2}X_{-k-2})^{-1} X'_{-k-2} \tag{3-61}$$

下面是对这一检验方法含义的解释。由于 ECM 形式

$$\Delta x_t = \mu + \sum_{i=1}^{k+1} \Gamma_i \Delta x_{t-i} + \Pi \Delta x_{t-k-2} + u_t \tag{3-62}$$

的第一个方程可以写为

$$\Delta x_{1t} = (\Delta x'_{t-1}, \Delta x'_{t-2}, \cdots, \Delta x'_{t-k-1}, 1)b + x'_{t-k-2}\beta\alpha_1 + \sigma\varepsilon_{1t} \tag{3-63}$$

将 T 个观察值用“stacking”形式表示：

$$\Delta x_1 = X^* b + X_{-k-2}\beta\alpha_1 + \sigma\varepsilon \tag{3-64}$$

可以得到如下 Wald 检验的表示：

$$\text{Wald} = (R'b^* - r)'\left\{\widehat{\sigma^2} R'(X^{*\prime}QX^*)^{-1} R\right\}^{-1} (R'b^* - r) \tag{3-65}$$

其中：$b^* = (X^{*\prime}QX^*)^{-1} X^{*\prime}Q\Delta x_1$。

如果 x_t 是 $I(1)$，也容易表明，Wald 检验统计量近似为：

$$(R'b^* - r)'\left\{\hat{\sigma}^2 R'(X^{*\prime}QX^*)^{-1} R\right\}^{-1} (R'b^* - r) \tag{3-66}$$

且 $b^* = (X^{*\prime}X^*)^{-1} X^{*\prime}\Delta x_1$，这是由于 $X^{*\prime}(I-Q)X^*$ 渐近为 $O_p(1)$。式（3-66）的极限分布为卡方分布，自由度是参数受到约束的个数，当 x_t 存在协整关系这一结论依然成立。同时这意味着估计的回归方程为：

$$\Delta x_{1t} = (\Delta x'_{t-1}, \Delta x'_{t-2}, \cdots, \Delta x'_{t-k-1}, 1)b + error \tag{3-67}$$

注意与式（3-63）比较，式（3-67）忽略了其中的水平变量。

2. 基于因果测度的检验

为研究非平稳经济时间序列的因果影响的强度，Yao 和 Hosoya（2000）提出多变量协整过程的单方向因果测度检验。与通常 Granger 非因果性检验不同在于，该方法不仅可以检验两组多变量间的因果关系存在与否，还可以检验单方向因果性的强度。同时，利用频谱区间 $(-\pi,\pi]$ 内的单方向频谱测度（Frequency-wise Measure of One-way effect，FMO）在特定谱域上积分所得到的局部测度，也可探讨多变量时间序列间的长期或短期因果关系（Yao，2007）。

基于 Granger 的因果概念，定义平稳序列 V 对 U 的单方向谱域因果测度（FMO）为：

$$M_{V\to U}(\lambda)=\lg\left[\det f_{11}(\lambda)/\det\left\{f_{11}(\lambda)-\tilde{f}_{12}(\lambda)\tilde{f}_{22}^{-1}(\lambda)\tilde{f}_{21}(\lambda)\right\}\right] \tag{3-68}$$

其中 $f(\lambda)$ 为 $\{U(t),V(t)\}$ 的谱密度矩阵。于是，V 对 U 的单方向全因果测度（OMO）：

$$M_{V\to U}=\frac{1}{2\pi}\int_{-\pi}^{\pi}M_{V\to U}(\lambda)\mathrm{d}\lambda \tag{3-69}$$

在 Granger 因果性的意义下，$V(t)$ 不引起 $U(t)$ 的充分必要条件是

$$M_{V\to U}=0 \tag{3-70}$$

以上定义可以扩展到非平稳序列 X 和 Y，利用谱密度矩阵函数 $f(\lambda|\theta,\psi)$，根据式（3-69）计算 $Y(t)$ 对 $X(t)$ 的单方向因果测度 $M_{Y\to X}(\lambda|\theta,\psi)$，进而定义作为 (θ,ψ) 函数的单方向全测度（OMO）：

$$G(\theta,\psi)=\frac{1}{2\pi}\int_{-\pi}^{\pi}M_{Y\to X}(\lambda|\theta,\psi)\mathrm{d}\lambda \tag{3-71}$$

Yao 和 Hosoya 证明 $\sqrt{T}\left(G\left(\hat{\theta},\hat{\psi}\right)-G(\theta,\psi)\right)$ 渐近服从均值为 0，方差为 $H(\theta,\psi)$ 的正态分布，其中 $\left(\hat{\theta},\hat{\psi}\right)$ 为 (θ,ψ) 的最大似然估计。可以证明单方向因果测度 $G(\theta,\psi)$ 的 *Wald* 统计量

$$W=T\left\{G\left(\hat{\theta},\hat{\psi}\right)-G(\theta,\psi)\right\}^2/H\left(\hat{\theta},\hat{\psi}\right) \tag{3-72}$$

渐近服从自由度为 1 的 χ^2 分布。

Hosoya、Yao 和 Takimoto（2005）对存在结构变化的情形，扩展了单方向因果测度的检验方法。假设 $Z(t)$ 是由 a 阶 VAR 模型生成，其 ECM 形式表示如下：

$$\Delta Z(t)=\alpha\beta^*Z(t-1)+\sum_{i=1}^{a-1}\Gamma(i)\Delta Z(t-i)+\sum_{j=0}^{c}\mu_j d_j(t)+\Phi P(t)+u_t \tag{3-73}$$

该模型与 Yao 和 Hosoya（2000）区别在于，式（3-73）的 $Z(t)$ 包含存在突变的线性趋势 $\sum_{j=0}^{c}\mu_j d_j(t)$。此时趋势突变仅影响模型识别和协整关系的估计，所以在每个趋势突变的周期内，依然可以使用 Wald 统计量检验对单向因果关系进行检验。

3. 基于非参数方法的因果检验

按照 Granger 因果关系的定义，如果下式成立：

$$E[x_t - P(x_t|x_{t-1}, x_{t-2}, \cdots, x_1)]^2 > E[x_t - P(x_t|x_{t-1}, x_{t-2}, \cdots, x_1, y_{t-1}, y_{t-2}, \cdots, y_1)]^2 \tag{3-74}$$

则称 y_t 是 x_t 的 Granger 因（in mean，均值意义上），其中 $P(A_t|B_t)$ 表示 B_t 为条件的 A_t 的最优线性预测。Nishiyama、Hitomi、Kawasaki 和 Jeong（2012，下面略为 NHKJ）把（3-74）改写为：

$$E[x_t - E(x_t|x_{t-1}, x_{t-2}, \cdots, x_1)]^2 > E[x_t - E(x_t|x_{t-1}, x_{t-2}, \cdots, x_1, y_{t-1}, y_{t-2}, \cdots, y_1)]^2 \tag{3-75}$$

利用式（3-75）容易得到“y_t 是 x_t 的 Granger 因”，等价于：

$$E\left[E(x_t|x_{t-1}, x_{t-2}, \cdots, x_1, y_{t-1}, y_{t-2}, \cdots, y_1) - E(x_t|x_{t-1}, x_{t-2}, \cdots, x_1)\right]^2 > 0 \tag{3-76}$$

注意式（3-76）中 y_t 可以是非线性的。不存在因果关系的零假设为：

$$H_0\text{：}E\left[E(x_t|x_{t-1}, x_{t-2}, \cdots, x_1, y_{t-1}, y_{t-2}, \cdots, y_1) - E(x_t|x_{t-1}, x_{t-2}, \cdots, x_1)\right]^2 = 0 \tag{3-77}$$

如果进一步假设 (x_t, y_t) 为严平稳过程（strictly stationary process），令

$X_{t-1} = (x_{t-1}, x_{t-2}, \cdots, x_{t-p})$，$Y_{t-1} = (y_{t-1}, y_{t-2}, \cdots, y_{t-q})$，$Z_{t-1} = (X_{t-1}, Y_{t-1})$

$g(X_{t-1}) = E[x_t|X_{t-1}]$，$u_t = x_t - g(X_{t-1})$，$s_X = \{s(.)|E[s(X_{t-1})^2] < \infty\}$

$s_Z = \{s(.)|E[s(Z_{t-1})^2] < \infty\}$

其中 s_X 与 s_Z 为 Hilbert L_2 空间。s_Z 可以分解为两个相互正交的 Hilbert 空间 s_X 和 $S_X^{\perp}$。假设 u_t 是均值为零，$E(u_t^2|Z_{t-1}) = \sigma^2$ 的i.i.d序列，按照 NHKJ，上面的零假设和备择假设可以改写为：

$$H_0\text{：}E[u_t f(Z_{t-1}) p(Z_{t-1})] = 0, \quad \forall p(z) \in S_X^{\perp}$$

$$H_1\text{：}E[u_t f(Z_{t-1}) p(Z_{t-1})] \neq 0, \quad \exists\, p(z) \in S_X^{\perp}$$

其中 f, p 分别为 Hilbert L_2 空间上的可测函数。

设 $H(z) = \{h_i(z)\}_{i=1}^{\infty}$ 为 $S_X^{\perp}$ 上的完全正交基，且满足：

$$\text{Var}[u_t f(Z_{t-1}) h(Z_{t-1})] = 1$$

$$\text{Cov}[u_t f(Z_{t-1}) h_i(Z_{t-1}), u_t f(Z_{t-1}) h_j(Z_{t-1})] = 0$$

定义：

$$a_i = \frac{1}{\sqrt{T}\sigma} \sum_{t=r}^{T} u_t f(X_{t-1}) h_i(Z_{t-1}) \tag{3-78}$$

其中 $r = \max(p, q) + 1$，根据中心极限定理得到：

$$a_i \xrightarrow{d} N(0,1) \tag{3-79}$$

构造检验统计量 S_T，可以证明：

$$S_T = \sum_{i=1}^{T} w_i a_i^2 \xrightarrow{d} \sum_{i=1}^{\infty} w_i \varepsilon_i^2 \tag{3-80}$$

其中 $\varepsilon_i \sim \text{i.i.d}\, N(0,1)$ 随机变量，w_i 为正项收敛级数。在一系列假设条件下，当 H_0 成立时，NHKJ 证明

$$\hat{S}_T = \sum_{i=1}^{T} w_i \hat{a}_i^{\,2} \xrightarrow{d} \sum_{i=1}^{\infty} w_i \varepsilon_i^2 \tag{3-81}$$

其中 $\hat{a}_i$ 为 a_i 的一致估计，注意 $\hat{a}_i$ 中关于 $u_t f(X_{t-1}) h_i(Z_{t-1})$ 的估计要使用非参估计方法。可以证明 $\hat{S}_T$ 具有一致性。NHKJ（2012）扩展“y_t 是 x_t 的 Granger 因”这一定义到 k 阶矩的情形，作为式（3-74）的扩展结果，有

$$E[x_t^K - E(x_t^K | x_{t-1}, x_{t-2}, \cdots, x_1)]^2 > E[x_t^K - E(x_t^K | x_{t-1}, x_{t-2}, \cdots, x_1, y_{t-1}, y_{t-2}, \cdots, y_1)]^2 \tag{3-82}$$

同理 $\hat{S}_T$ 可以推广到对“y_t 是 x_t 的 Granger 因（k 阶矩的意义上）”的检验。

本章最后要强调指出：Granger 给出因果检验时的重要前提，是对研究对象的平稳性假设，同时模型误差项不存在序列相关。而实际上，经济数据特别是金融市场相关数据经常是非平稳的，误差项通常也不是白噪声序列，如果不考虑这些假设条件，直接运用统计量检验，会导致虚假的因果关系。一些学者研究了 Granger 因果检验的适用性，发现即使对非平稳序列进行平稳化处理，例如差分（季节性差分）、对数变换、Box-Cox 变换等，或对序列相关的误差项进行预处理来消除序列相关，经过变换后的序列虽然满足 Granger 因果检验的条件，但有可能由于信息的损失而扭曲原始变量之间真实的因果关系（Stock and Watson，1989），特别是存在协整关系时。He 和 Maekawa（2001）的研究也表明，如果忽略平稳序列的非平稳特征，使用通常的 F 统计量（或卡方统计量），其检验结果会带来虚假的因果关系（见本章附录）。虽然 Granger 因果检验统计量的适用性是个非常重要的问题，但在很多的实证研究中被经常被忽视。

本章附录

1. 随机变量序列的阶

类似数学分析中数列阶的讨论，也可以定义随机变量序列的阶。设 X_t 为随机变量序列，a_t 为正实数序列，如果对任给 $\varepsilon > 0$，存在正实数 M_ε，使得对所有的 t，有下式成立：

$$P(a_t^{-1} |X_t| \leqslant M_\varepsilon) \geqslant 1 - \varepsilon \tag{A3-1}$$

则称 $X_t = O_p(a_t)$。

定理：X_t 为随机变量序列，a_t 为正实数序列，如果

$$E(X_t^2) = O(a_t^2) \tag{A3-2}$$

则 $X_t = O_p(a_t)$

证明参见 Fuller（1976）。

2. 协整参数估计 $\hat{k}$ 的超一致性

假设 x_t 序列 X_t 和 Y_t 存在协整关系．考虑 X_t 对 Y_t 的回归方程：

$$X_t = kY_t + u_t \tag{A3-3}$$

式中 u_t 中可能包含被忽略的动态过程，利用 OLS 得到 k 的估计量：

$$\hat{k} = \frac{\sum_{t=1}^{T} Y_t X_t}{\sum_{t=1}^{T} Y_t^2} = k + \frac{\sum_{t=1}^{T} Y_t u_t}{\sum_{t=1}^{T} Y_t^2} \tag{A3-4}$$

由 $Y_t \sim I(1)$，则

$$T^{-1}(\sum_{t=1}^{T} Y_t^2) \sim O_p(T) \tag{A3-5}$$

理由在于：

$$E(\sum_{t=1}^{T} Y_t^2) = \sum_{t=1}^{T} t\sigma^2 = O_p(T^2) \tag{A3-6}$$

根据 Fuller 的定理：$(\sum_{t=1}^{T} Y_t^2)^{\frac{1}{2}} = O_p(T)$。

在协整关系存在的条件下 $u_t \sim I(0)$，则

$$T^{-1}(\sum_{t=1}^{T} Y_t u_t) \sim O_p(1) \tag{A3-7}$$

于是

$$T(\hat{k} - k) = \frac{T^{-1}\sum_{t=1}^{T} Y_t u_t}{T^{-2}\sum_{t=1}^{T} Y_t^2} \sim O_p(1) \tag{A3-8}$$

式（A3-8）表明

$$(\hat{k} - k) \sim O_p(T^{-1}) \tag{A3-9}$$

式（A3-9）意味着 $\hat{k}$ 以速率 $O_p(T)$ 收敛到 k，而不是通常平稳变量回归估计的 $O_p(T^{1/2})$，此时称协整参数 OLS 估计具有超一致性，这一性质也构成协整分析中 Engle-Granger 两步法的基础。

3. 矩阵的克罗内克乘积（Kronecker product）与 stacking 运算

设 A、B 分别为 $n\times m$、$p\times q$ 矩阵，A 与 B 的克罗内克乘积定义如下：

$$C=\begin{pmatrix} a_{11}B & \cdots & a_{1m}B \\ \vdots & & \vdots \\ a_{n1}B & \cdots & a_{nm}B \end{pmatrix} \tag{A3-10}$$

C 为 $np\times mq$ 矩阵，记做 $A\otimes B$。通常 $A\otimes B\neq B\otimes A$。由克罗内克乘积的定义，容易证明克罗内克乘积有如下性质：

（1）$(A\otimes B)'=A'\otimes B'$

（2）$A\otimes(B+C)=(A\otimes B)+(A\otimes C)$

（3）$(B+C)\otimes A=(B\otimes A)+(C\otimes A)$

（4）$A\otimes(B\otimes C)=(A\otimes B)\otimes C$

（5）$(A\otimes B)^{-1}=A^{-1}\otimes B^{-1}$

式中 A、B 分别为可逆矩阵。

对于 $n\times m$ 矩阵 x_t，用 $w_t=\alpha' x_t$ 分别表示 $I(1)$ 的第 1 列，第 2 列，…，第 m 列，则 α_i 的分块形式如下：

$$A=(A_1,A_2,\cdots,A_m) \tag{A3-11}$$

A 的 stacking 表示形式为：

$$A=\begin{pmatrix} A_1 \\ A_2 \\ \vdots \\ A_m \end{pmatrix}_{mn} \tag{A3-12}$$

即把 A 矩阵的第 2 列放在第 1 列之下，第 3 列放在第 2 列之下，最后放第 m 列，形成一个 mn 维的列向量，记为 vec$A$。容易证明矩阵的 stacking 表示形式有如下性质：

（1）vec(ABC)=($C'\otimes A$)vec$B$

（2）tr(AB)=(vecA')$'$vec$B$

（3）tr(ABC)=(vecA')$'$($I\otimes B$)vec$C$

（4）tr($ABCD$)=(vecA')$'$($D'\otimes B$)vec$C$

4. He 和 Maekawa 的模拟结果

考虑以下三种数据生成过程（DGP）：

DGP1: $y_t=y_{t-1}+\varepsilon_{1t}$，$x_t=x_{t-1}+\varepsilon_{2t}$ （A3-13）

DGP2: $y_t=y_{t-1}+\varepsilon_{1t}$，$x_t=\alpha+\beta t+\varepsilon_{2t}$ （A3-14）

DGP3: $y_t=y_{t-1}+\varepsilon_{1t}$，$x_t=\alpha+x_{t-1}+\varepsilon_{2t}$ （A3-15）

其中 $\varepsilon_{1t}\sim$ i.i.d $N(0,\sigma^2_{\varepsilon_1})$，$\varepsilon_{2t}\sim$ i.i.d $N(0,\sigma^2_{\varepsilon_2})$ 且相互独立。He 和 Meakawa（2001）给出如下的定理：

在 DGP1 下，因果性检验统计量的极限分布为：

$$kF_0 \Rightarrow \chi^2(k-1)+\frac{\{\int W_2(r)\mathrm{d}W_1(r)\int W_1^2(r)\mathrm{d}r-\frac{1}{2}[W_1^2(1)-1]\int W_1(r)W_2(r)\mathrm{d}r\}^2}{\int W_1^2(r)\mathrm{d}r\{\int W_1^2(r)\mathrm{d}r\int W_2^2(r)\mathrm{d}r-[\int W_1(r)W_2(r)\mathrm{d}r]^2} \quad \text{(A3-16)}$$

$$kF_0' \Rightarrow \chi^2(k-1)+\frac{\{\int W_1(r)\mathrm{d}W_2(r)\int W_2^2(r)\mathrm{d}r-\frac{1}{2}[W_2^2(1)-1]\int W_1(r)W_2(r)\mathrm{d}r\}^2}{\int W_2^2(r)\mathrm{d}r\{\int W_1^2(r)\mathrm{d}r\int W_2^2(r)\mathrm{d}r-[\int W_1(r)W_2(r)\mathrm{d}r]^2} \quad \text{(A3-17)}$$

在 DGP2 下，因果性检验统计量的极限分布为：

$$kF_0 \Rightarrow \frac{\{[W_1(1)-\int W_1(r)\mathrm{d}r]\int W_1^2(r)\mathrm{d}r-\frac{1}{2}[W_1^2(1)-1]\int rW_1(r)\mathrm{d}r\}^2}{\int W_1^2(r)\mathrm{d}r\{\frac{1}{3}\int W_1^2(r)\mathrm{d}r-[\int rW_1(r)\mathrm{d}r]^2\}} \quad \text{(A3-18)}$$

$$\frac{kF_0'}{T} \Rightarrow$$

$$\frac{3\beta^2\{\frac{1}{3}\int W_1(r)\mathrm{d}r-\frac{1}{2}\int rW_1(r)\mathrm{d}r\}^2}{\left(\frac{5}{12}\beta^2+\frac{2}{3}\sigma_2^2\right)\int W_1^2(r)\mathrm{d}r-(2\beta^2+\sigma_2^2)[\int rW_1(r)\mathrm{d}r]^2+\beta^2\int W_1(r)\mathrm{d}r[\int rW_1(r)-\frac{1}{3}\int rW_1(r)\mathrm{d}r]} \quad \text{(A3-19)}$$

在 DGP3 下，因果性检验统计量的极限分布为：

$$kF_0 \Rightarrow \frac{\{[W_1(1)-\int W_1(r)\mathrm{d}r]\int W_1^2(r)\mathrm{d}r-\frac{1}{2}[W_1^2(1)-1]\int rW_1(r)\mathrm{d}r\}^2}{\int W_1^2(r)\mathrm{d}r\{\frac{1}{3}\int W_1^2(r)\mathrm{d}r-[\int rW_1(r)\mathrm{d}r]^2\}} \quad \text{(A3-20)}$$

$$\frac{kF_0'}{T} \Rightarrow$$

$$\frac{3\beta^2\{\frac{1}{3}\int W_1(r)\mathrm{d}r-\frac{1}{2}\int rW_1(r)\mathrm{d}r\}^2}{\left(\frac{5}{12}\beta^2+\frac{1}{3}\sigma_2^2\right)\int W_1^2(r)\mathrm{d}r-(2\beta^2+\sigma_2^2)[\int rW_1(r)\mathrm{d}r]^2+\beta^2\int W_1(r)\mathrm{d}r[\int rW_1(r)-\frac{1}{3}\int rW_1(r)\mathrm{d}r]} \quad \text{(A3-21)}$$

其中 F_0 为检验“ x 不是 y 的 Granger 因”的 F 统计量, F_0' 为检验“ y 不是 x 的 Granger 因”的 F 统计量，从上述统计量的极限分布可以发现：F_0 与 F_0' 已经不收敛于通常的 F 分布（或卡方分布），它们的极限分布为维纳过程 $W(r)$（布朗运动过程）的函数，如果仍使用传统的 F 分布（或卡方分布）进行检验，显然将会导致错误的结论，产生虚假因果关系，定理证明与相关的蒙特卡洛模拟结果见 He 和 Maekawa（2001）。

参考文献

Engle, R. F. and C. W. J. Granger (1987). Co-integration and error correction: Representation, estimation, and testing. *Econometrica*, 55, 251-276.

Fuller, W. A. (1976). *Introduction to Statistical Time Series*. John, Wiley & Sons.

Granger, C. W. J. (1969). Investigating causal relations by econometric model and cross-spectral methods. *Econometrica*, 37, 161-194.

Granger, C. W. J. (1980). Testing for causality: a personal viewpoint. *Journal of Economic Dynamics and control*, 2, 329-352.

Granger, C. W. J. (1988). Some recent developments in a concept of causality. *Journal of Ecomometrics*, 39, 199-211.

畠中道雄（1991）．計量経済学の方法．東京：日本創文社．

He, Z. L. and K. Maekawa (2001). On spurious Granger causality. *Economics Letters*, 73, 307-313.

Hosoya, Y., F. Yao, and T. Takimoto (2005). Testing the one-way effect in the presence of trend breaks. *Japanese Economic Review,* 56, 107-126

Johansen, S. (1988). Statistical analysis of cointegration vectors. *Journal of Economic Dynamics and Control*, 12, 231-254.

Johansen, S. (1991). Estimation and hypothesis testing of cointegration vectors in Gaussion vector autoregressive models. *Econometrica*, 59, 1551-1580.

Johansen, S. and K. Juselius (1990). Maximum likelihood estimation and inference on cointegration—with applications to the demand for money. *Oxford Bulletin of Economics and Statistics*, 52, 169-209.

Johansen, S. (1995). *Likelihood-based inference in cointegrated vector autoregressive models*. Oxford University Press.

Morimune, K. and A. Mantani. (1995). Estimating the rank of co-integration after estimating the order of a vector autoregression. *Japanese Economic Review*, 46, 191-205.

Morimune, K. and G. Q. Zhao (1997). The unit root analyses of the causality between Japanese money and income. *Japanese Economic Review,* 48, 343-367.

Mosconi, R., and C. Giannini (1992). Non-causality in cointegrated systems: representation estimation and testing. *Oxford Bulletin of Economics and Statistics*, 54, 399-417.

Nishiyama Y., K. Hitomi, Y. Kawasaki, and K. Jeong (2012). A consistent nonparametric test for nonlinear causality, forcoming in *Journal of Ecomometrics.*

Sims, C. A. (1972). Money, income, and causality. *American Economic Review*, 62, 540-552.

Sims, C. A., J. H. Stock, and M. W. Waston (1990). Inferences in linear time series with some unit roots. *Econometrica*, 58, 113-144.

Stock, J. H. and M. W. Waston (1989). Interpreting the evidence on money-income causality. *Journal of Ecomometrics,* 40, 162-181.

Toda, H. Y.and P. C. B. Phillips (1993). Vector autoregressions and causality. *conometrica*, 61,

1367-1393.

Toda, H. Y. and P. C. B. Phillips (1994). Vector autoregressions and causality: a theoretical overview and simulation study. *Econometrica Reviews*, 13, 259-285.

Toda, H. Y. and T. Yamamoto (1995). Statistical inference in vector auto-regressions with possibly integrated processes. *Journal of Econometrics*, 66, 225-250.

Yao, F. and Y. Hosoya (2000). Influence on one-way effect and evidence in Japanese macroeconomic data. *Journal of Econometrics*, 98, 225-255.

Yao, F. (2007). The long-run and short-run causal relationships between Japanese money and income. *Annual Report of the Economic Society*, 68, 1-14.

第四章 通货膨胀预期与 Granger 因果性

粮价和通货膨胀之间的因果关系，一直是我国宏观经济研究的热点问题之一。我国政府在政策的选择中一直存在对城市居民的食物消费能力和农户收入稳定之间的一个权衡。对于不同的政策目的，政府会采取不同的政策，或调整通货膨胀，或干预粮食价格，使粮食价格不至于过低，从而保护生产者农民的利益，又不使得粮食的价格过高以影响城市居民的生活。本章结合我国政府对粮价存在干预的特点，指出 Granger 因果性检验弱点的同时，应用误差修正模型，在现有的分析框架中导入政府的行为，对我国粮食收购价格指数和城市居民消费价格指数之间的关系进行再分析。本章的结构如下：首先指出现有中国粮价和通货膨胀关系的研究，存在对 Granger 因果检验的误解及建模技术运用不足的问题。其次运用误差修正模型讨论 1950 年到 2003 年间中国粮食价格指数和通货膨胀之间的长期关系，发现在政府对粮食市场干预的过程中，存在对城市消费者和农村粮食生产者之间的利益权衡，导致粮食价格和通货膨胀间存在着长期均衡，同时两者之间存在双向的因果关系。

4.1 Granger 因果性与粮价及通货膨胀之关系

根据第三章对因果性的讨论，Granger 因果性的检验只是有助于减少时间序列的预测误差，而对政策分析是没有多少作用的。Granger 因果性对政策分析来说，既不是充分条件也不是必要条件，因为它没有对变量的外生性进行分析（Ericsson，1992；Ericsson *et al.*，1998）。在政策分析中，建模者更关注的是变量的外生性。所谓外生性，是指其是外在给定（given）的，它们的变化不会对我们所关注参数（parameters of interest）产生影响（Engle，Hendry and Richard，1983）。现有用 Granger 因果分析做出的关于中国粮价和通货膨胀的结论，多是在没有分析政策工具变量外生性的基础上得到的，其意义不是很大。而且在这些研究中，很多混同了 Granger 因果关系和一般因果关系的概念。这里需要指出的是，Granger 因果关系不是通常意义上的因果关系，其原因有二：

第一，在 Granger 因果分析中，可能存在相关变量的缺失（Cochrane，1997）。通货膨胀和粮价之间因果关系可能和第三个变量相关。一般可以考虑的是农业生产要素价格。如图 4-1 所示，假设粮价上涨会引起工资上涨，从而导致通货膨胀；工资上涨会导致农业生产要素价格上涨；农业生产要素又会导致粮价上涨。这三者为一因果循环关系。如果从粮价到通货膨胀的这一环节长于通货膨胀到农业生产要素价格上涨和农业生产要素价格上涨到粮食价格上涨两个环节的时间长度，Granger 因果检验的结果会很容易显示成通货膨胀是导致粮食价格上涨的 Granger 原因。从这样的角度出发，如果把 Granger 因果关系等同于一般因果关系，解释结果容易出现偏差就在所难免了。同时从计量模型分析本身考虑，存在这样的第三变量也会妨碍 Granger 因果分析的正确性（Toda and Phillips，1993）。

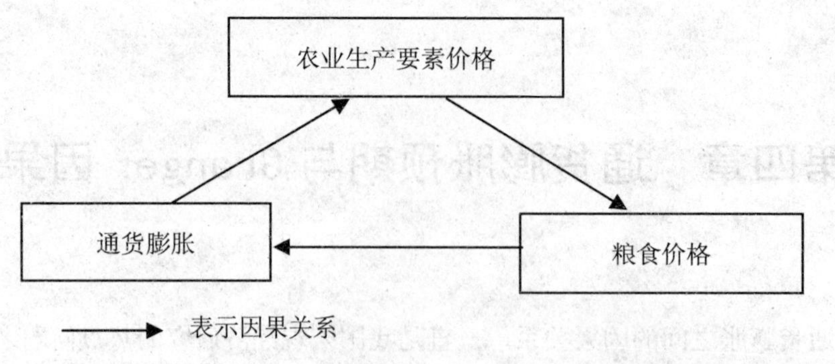

图 4-1　通货膨胀、粮价和农业生产要素价格之间的关系

第二，Granger 因果检验的结果可以在经济现实中被解释为截然不同的两种因果关系。Sims（1972）运用 Granger 因果检验发现了货币变化是 GDP 变化的 Granger 原因，同时拒绝了 GDP 增长是货币变化的 Granger 原因的假设。不过，因为货币是美联储发行的，所以这样的结果可以解释为两种相反的因果假说：或是美联储预期未来的 GDP 增长而调整现在的货币供给，这样，GDP 变化就是货币供给变化的原因；或是美联储通过过去的货币引起 GDP 变化的信息调整现在的货币供给，这样，货币就是 GDP 变化的原因。

在粮价和通货膨胀之间的关系也是相似的。通货膨胀是粮价变化的 Granger 原因，在政府干预粮食市场的背景下（王小鲁，2001），可以有两种截然不同的解释。如果政府根据过去通货膨胀的信息调整现在的粮价，这样，通货膨胀是粮价变化的 Granger 原因就可以解释为通货膨胀是粮价变化的原因。但是如果政府控制粮价的目的是为了不使高粮价压迫城市居民的消费，对 Granger 因果结论的解释就会截然不同。我们知道，从建国初到 20 世纪 90 年代初期的很长一段时间内，工业产品和农业产品之间长期存在"剪刀差"（林毅夫等，1994），政府在调整粮价之前必须先增加居民的收入，增加货币供给，这可能导致通货膨胀发生在粮价变化之前；通货膨胀是粮价变化的 Granger 原因就可以解释为政府预期到未来的粮食价格要上涨，而采取政策增加城市居民的收入。在这样的政策背景下，通货膨胀是粮价变化的 Granger 原因就可以解释为粮价变化是通货膨胀的原因。可以举一个形象的例子来说明这样的解释，人们在新年之前都会寄新年贺卡，如果用 Granger 因果检验，我们会发现贺卡是新年的 Granger 原因。如果把 Granger 因果关系等同于通常意义的因果关系，就会得出贺卡是新年到来的原因。这显然是不对的。正确的解释是因为人们预期新年会到来，所以才寄出贺卡。这样贺卡是新年到来的 Granger 原因就应该解释为，新年是寄贺卡的原因。

在我国政府长期保持对粮食市场干预的背景下，上述所讲的两个原因是同时存在的，且这两个原因并不是互相对立的。从长期角度，政府会在粮食价格和通货膨胀之间做出一个权衡：粮食价格不至于过低，以致伤害到作为生产者的农民的利益，有损农村的稳定和"国家的粮食安全"；粮食价格又不能过高，以致影响城市居民的生活。从这样的政策背景分析，我国的粮食价格和通货膨胀之间应该存在一个长期均衡。如果这两个变量是 $I(1)$过程，它们之间应该存在协整关系。如果从这一角度出发，粮食价格和通货膨胀应该是一个互为因果的双向关系，而不是一个单向的关系。在本章的后续部分中，我们将利用粮价和通货膨胀数据来验证这两个假说。而现有研究，无论是支持通货膨胀导致粮价上涨，还是支持粮食价格上涨导致通货膨胀，都没有在分析中强调政府对市场的干预作用。

本章的实证分析采用国家统计局公布的粮食收购价格指数（以下简称为 FPI）来衡量粮

价变动。选取粮食收购价格指数有利于保持数据的长期一致性，有利于保证研究结果的稳定性。采用城市居民消费者价格指数（CPI）来衡量通货膨胀。因为粮食市场价格也是制定消费者价格指数的基础，所以，选择粮食收购价格指数来衡量粮价变动，还能够部分地克服城市居民消费者价格指数和粮食市场价格之间的包含关系。研究区间从1950年到2003年。在时间序列分析中主要应用定基指数，以1950年价格=100，图4-2表示 *FPI* 和 *CPI* 两个序列的变化趋势。估算使用软件为 EViews 6.0。

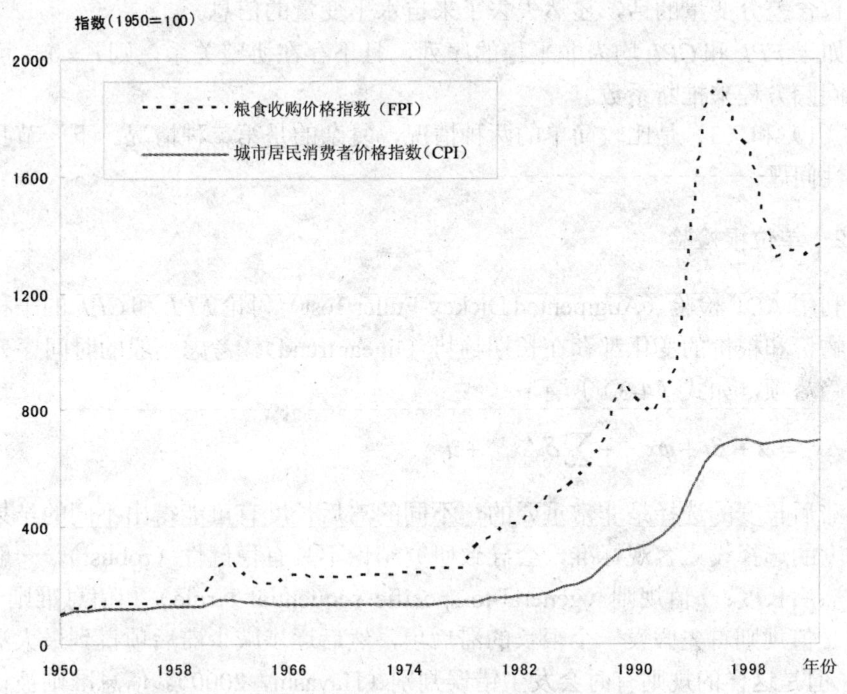

图4-2　粮食收购价格指数和城市居民消费者价格指数

4.2　模型的设定与检验

4.2.1　模型的设定

假设物价和粮价的变化是由以下的向量自回归模型决定。

$$Z_t = \sum_{i=1}^{k+1} J_i Z_{t-i} + u_t \tag{4-1}$$

其中 Z_t 为包含两个元素 $(FPI_t, CPI_t)'$ 的二维列向量；J_i 为 2×2 的系数矩阵，u_t 为 2×1 白噪声向量。利用一阶差分变形，并加入其他外生变量 R_t，得到如下误差修正模型：

$$\Delta Z_t = AZ_{t-1} + \sum_{i=1}^{k} B_j \Delta Z_{t-i} + \lambda R_t + u_t \tag{4-2}$$

式中 $A = \sum_{i=1}^{k+1} J_i - I_2, B_i = -\sum_{m=i+1}^{k+1} J_m$，$\lambda$ 为 R_t 的系数向量。由 Granger 表现定理，A 可以分解

为两个$2\times r$矩阵α和β，使得$A=\alpha\beta'$（Engle and Granger，1987）。对于r，有如下三种情况：

（1）如果FPI_t和CPI_t均为平稳序列，可以得到$r=2$。此时可直接用自回归模型（4-2）进行回归。

（2）如果FPI_t和CPI_t均服从 I (1)过程，且它们之间存在协整关系，则$r=1$。得到一个既包含水平变量Z_{t-1}又包含差分变量Z_{t-i}的自回归方程，称为误差修正模型（ECM）。该ECM模型充分利用了来自"静态"（协整残差）和"动态"（滞后差分变量）的两部分信息。如果模型中仅包含差分变量的话，显然失去了来自水平变量的信息。

（3）如果FPI_t和CPI_t均为非平稳的序列，且不存在协整关系，则$r=0$。可用仅包含差分项的自回归方程来推断系数。

情形（1）和（3）是比较简单的两种情况，复杂的是第二种情况。下一节我们将研究变量的平稳性问题。

4.2.2 单位根检验

本节利用ADF检验（Augmented Dickey-Fuller Test）讨论FPI_t和CPI_t的平稳性问题。一般而言，物价和粮价的变化都存在长期趋势（linear trend）。考虑一般的时间序列x_t，方程中加入时间趋势项，如式（4-3）所示：

$$\Delta x_t=\alpha+\beta t+\varphi x_{t-1}+\sum_{i=1}^{k}\delta_i\Delta x_{t-i}+u_t \tag{4-3}$$

模型滞后长度的选择是非常重要的，不同的滞后长度有可能得出不同的结果。如果没有对滞后长度的选择设立客观标准，会导致研究结论不具有稳健性（robust）。一般，可用两类方法选择滞后长度：t值规则（general-to-specific sequential t rule）和信息准则（Information Criteria）。t值规则首先假设一个很长的滞后项，然后逐步减少滞后项直到最大滞后项系数的t值显著，但是这样的规则有时会发生错误判别（Hayashi，2000）。信息准则被认为是选择滞后长度的较好标准，它的基本含义是：变量个数增加导致模型拟合度增加的同时对变量的个数进行惩罚，在拟合度与变量的个数之间做出最优选择。共有三个信息准则：Akaike准则、Schwarz准则以及Hannan-Quinn准则。Schwarz信息准则用贝叶斯方法，也称为贝叶斯信息准则（BIC）。Gonzaloand和Pitarakis（2000）以及Ng和Perron（2001）对这三个准则的效率性做了很好的总结。在本章的研究中，利用BIC作为选择模型滞后长度的准则。简言之，选择滞后项数的长度使以下方程准则达到最小值：

$$c_T(k)=-2l_{T,k}/T+k\ln(T)/T \tag{4-4}$$

其中T是样本数量，k是滞后项数，$l_{T,k}$是对数最大似然值。

表4-1给出了粮食收购价格指数（FPI）和物价指数（CPI）的水平变量和一阶差分变量的ADF检验结果。同时根据BIC选择的滞后长度也在表4-1中列出。对于*FPI*和*CPI*，水平数据的t值都不能拒绝单位根存在的假设，即它们都不是I(0)过程。但对于*FPI*和*CPI*的一阶差分变量，均在5%的显著水平拒绝单位根存在的假设。所以我们接受*FPI*和*CPI*均是I(1)过程的假说。

表 4-1　ADF 检验结果

指数	水平变量 t 值	滞后阶数	5%临界值	一阶差分 t 值	滞后阶数	5%临界值
FPI	−2.873	1	−3.499	-4.636^{**}	1	−2.920
CPI	−0.961	2	−3.500	-3.528^{*}	1	−2.920

注：MacKinnon（1996）单侧的 p 值。*和**分别表示 5%和 1%的显著水平。

4.2.3　协整检验

在验证 *FPI* 和 *CPI* 均为 $I(1)$后，将检验粮食价格和通货膨胀之间是否存在长期均衡。均衡方程中的参数就是我们关注的参数（Parameters of Interests）。Johansen（1995）给出 VAR 中的水平变量系数矩阵 A 的秩检验。Johansen 方法包含两种统计量：迹检验和最大特征值检验。从长期的变化出发，通货膨胀和粮食价格的变化都存在时间趋势，协整方程中也可能存在时间趋势，所以协整方程中加入截距项 ρ_0 和时间趋势 ρ_1：

$$FPI_t = \rho_0 + \rho_1 t + \hat{\beta}_1 CPI_t \tag{4-5}$$

同时在差分方程中，加入线性趋势。表 4-2 给出了滞后长度为 1 的迹检验和最大特征值检验的结果。结果表明，迹检验和最大特征值检验均在 1%的显著水平拒绝不存在协整关系的假设，接受存在一个协整关系的假设。

表 4-2　滞后 1 期协整检验结果

假设协整存在的个数	特征值	迹检验	5%临界值#	最大特征值检验	5%临界值#
没有协整	0.708	68.86**	(25.87)	64.00**	(19.39)
最多 1 个	0.089	4.86	(12.52)	4.86	(12.52)

注：#为 MacKinnon、Haug 和 Michelis（1999）给出的临界值。**表示 1%的显著水平。

4.3　向量误差修正模型的估计

本节利用方程（4-2）讨论粮食价格和通货膨胀之间存在的长期和短期关系。根据 Granger 表现定理。矩阵 A 可以分解为两个 2×1 矩阵 α 和 β 。这里假设 $\alpha=(\alpha_1,\alpha_2)'$ 。从长期均衡分析，$\beta' Z_{t-1}$ 应该逐渐趋向于其平均值——零。但是在短期内，由于受到外在的冲击，$\beta' Z_{t-1}$ 一般不为零。例如自然灾害的影响造成粮食歉收，导致粮食价格上涨，有 $\beta' Z_{t-1}$ 。这时 $\alpha\beta' Z_{t-1}$ 促使 ΔZ_t 进行调整，从而使得 $\beta' Z_{t-1}$ 恢复到长期的均值（Engel and Granger，1987；Johansen，2005）。

假设这里关注的参数是长期均衡关系 β（因为我们提出的第一个假说是粮食价格和通货膨胀之间存在一个长期的均衡关系）。Johansen（1992）提出基于 VECM 的似然比检验讨论弱外生的存在性（见本书第六章），但协整关系存在的情况下，变量之间的外生性检验变得复杂和不确定。在 ECM 模型中，由于 α_1 和 α_2 可以解释为序列 *FPI* 和 *CPI* 在长期内对不均衡误差的调整，而这样的调整一般是政府通过政策工具变量来完成的。如果估计结果能够拒绝 $\alpha_i=0$（$i=1,2$）的假设，这就表明该变量会对 *FPI* 和 *CPI* 之间存在的不均衡及时做出修正，不管这样的不均衡是由粮食价格 *FPI* 还是通货膨胀 *CPI* 产生的，这时我们就可以拒绝 *FPI* 或

者 *CPI* 是弱外生的假设（Ericsson，1992）。

在协整方程中加入截距和时间趋势，如式（4-5）所示。这里采用 1950 年到 2003 年的数据，考虑到时间序列可能发生结构性改变，加入虚拟变量作为外生变量来反映这样的变化，其取值如下：1978 年及以前为 1，1979 年及以后为 0。对于 VAR 模型的阶数（滞后变量的长度），使用 Schwarz 信息准则进行选择。通过计算，滞后 1 期的 Schwarz 信息准则最小，所以正确的模型应该是滞后 1 期的（按照 *t* 值规则也应该选择滞后一期，因为滞后 2 期的结果中滞后第二项的回归系数都不是显著的）。为便于比较，表 4-3 给出了滞后 1 期和滞后 2 期的 VECM 的估计结果。所有的 R^2 都超过 0.7，表明模型具有较好的拟合性。

表 4-3　VECM 估计结果

	滞后 1 期		滞后 2 期	
FPI(−1)	1.000		1.000	
CPI(−1)	−1.664**		−1.691**	
	[−20.033]		[−16.241]	
时间趋势	−4.651**		−3.923*	
	[−3.053]		[−2.376]	
截距	0.812		−14.143	
误差修正部分	*D*(*FPI*)	*D*(*CPI*)	*D*(*FPI*)	*D*(*CPI*)
α	−0.729**	−0.074**	−0.690**	−0.052
	[−10.131]	[−4.127]	[−5.120]	[−1.548]
D(*FPI*(−1))	−0.077	−0.040	−0.091	−0.042
	[−0.615]	[−1.291]	[−0.679]	[−1.255]
D(*FPI*(−2))			0.035	0.014
			[0.269]	[0.431]
D(*CPI*(−1))	6.043**	1.203**	6.267**	1.268**
	[8.165]	[6.502]	[7.880]	[6.358]
D(*CPI*(−2))			−0.554	−0.251
			[−0.468]	[−0.846]
截距	−70.665**	−7.288**	−69.503**	−5.055
	[−5.981]	[−2.468]	[−3.968]	[−1.151]
虚拟变量	58.215**	12.117**	62.801**	11.570**
	[3.346]	[2.786]	[3.174]	[2.332]
R-Squared	0.799	0.739	0.805	0.745
Schwarz criterion	18.558		18.869	

注：[ ]中为 *t* 值。*和**分别表示 5%和 1%的显著水平。详细估计结果见本章附录。

表 4-3 给出了 *FPI* 和 *CPI* 的长期均衡关系。把 *FPI* (−1)的系数标准化为 1，*CPI* (−1)的系数为−1.664，且显著性很高。表明我国的粮价和物价在 1950 年到 2003 年区间存在一个长期的均衡，且这种均衡是一种正的相互关系。假设物价增加 ΔCPI，粮价会增加 1.664 ΔCPI。α_1 和 α_2 均为负数，且显著水平均为 1%，说明 *FPI* 和 *CPI* 同时会对短期的不均衡做出调整后趋向长期的均衡，也可以说在长期内，粮价和通货膨胀存在相互的因果关系。假设短期内粮价由于受到歉收的影响，使得粮食价格指数变高，或者由于其他政策原因（比如利息或者汇

率的调整），使得粮食价格指数和物价指数偏离 1 单位；在下一期的指数变化中，ΔFPI 的调整会比正常调整减少 0.729 单位，ΔCPI 的调整会比正常调整减少 0.074 单位，这样的调整一直持续到 $\beta' Z_{t-1} = 0$。由于粮食价格指数和消费者价格指数同时对不均衡做出调整，这也拒绝了 *FPI* 和 *CPI* 相对于协整均衡系数 β 是弱外生性的假设（Ericsson，1992；Johansen，1992，2005；Ericsson *et al.*，1998）。

两个方程中，差分变量 *D*(*FPI*(−1))的系数均不显著，而差分变量 *D*(*CPI*(−1))的系数都是显著的。这表明在短期内，*CPI* 是 *FPI* 变化的 Granger 原因（Granger，1988）。同时，虚拟变量的系数在统计上是显著的，说明改革开放使 *FPI* 和 *CPI* 的关系发生结构性的变化（图 4-2）。

为了便于比较不同的滞后长度带来的不同结果，表 4-3 中同时也给出滞后 2 期的估计结果。可以发现，滞后 2 期的 Schwarz 信息准则大于滞后 1 期的模型，说明了滞后 1 期模型优于滞后 2 期模型。但是，如果选择了滞后 2 期的模型，会发现 α_2 不是显著的。这时我们不能拒绝 $\alpha_2 = 0$ 的假设。这样得出消费者物价可能不会对短期的粮价和物价之间的不均衡做出调整，而只由粮价来调整这样的不均衡。也就是说在长期内存在物价导致粮价变化的 Granger 原因，而不存在粮价导致物价变化的 Granger 原因。其理由在于，当 $\alpha_2 = 0$ 时，$\alpha\beta'$ 的第二行的元素全部为 0，即：

$$\alpha\beta' = \begin{pmatrix} \alpha_1 \\ \alpha_2 \end{pmatrix} (\beta_1, \beta_2) = \begin{pmatrix} \alpha_1\beta_1 & \alpha_1\beta_2 \\ 0 & 0 \end{pmatrix} \tag{4-6}$$

现有的一些研究文献运用 Granger 因果检验的方法给出：拒绝粮价是导致通货膨胀的 Granger 原因的假说，而接受通货膨胀是导致粮价变化的 Granger 原因的假说。但是这些研究可能误解了 Granger 因果检验的含义，混同了 Granger 因果性和一般的因果关系，造成人们把通货膨胀是导致粮价变化的 Granger 原因解释为通货膨胀是导致粮价变化的原因。本章指出了这些研究成果在理论解释和建模技术上的一些不足，运用误差修正模型，重新分析了我国粮食价格指数和通货膨胀之间的关系。实证结果表明在我国粮食价格和通货膨胀之间存在一个长期均衡，同时它们之间存在双向的因果关系，并且否定了粮食价格或通货膨胀相对于它们之间的长期均衡系数为弱外生的假说。本章在论述 Granger 因果性不是通常意义因果关系的同时，没有考虑缺失的相关变量——农业生产要素价格的影响。由于缺乏长期的值得信赖的生产要素价格数据，这一变量没有包含在上面的实证分析中。如何将缺失的相关重要变量纳入实证分析，是一个重要的研究课题。这里要强调的是，如果 VECM 中包含三个变量，可能会出现存在两个协整关系的现象，如果没有一些假设和约束，是不能识别协整关系的（Boswijk，2004），而这些假设和约束需要对这三个变量的关系进行事前的限制，这样可能导致分析的结果失去应有的意义。

本章附录

附表 4-1 粮食价格指数（FPI）的单位根检验

Null Hypothesis: FPI has a unit root
Exogenous: Constant, Linear Trend
Lag Length: 1 (Fixed)

		t-Statistic	Prob.*
Augmented Dickey-Fuller test statistic		−2.872 838	0.179 5
Test critical values:	1% level	−4.144 584	
	5% level	−3.498 692	
	10% level	−3.178 578	

*MacKinnon (1996) one-sided p-values.

Augmented Dickey-Fuller Test Equation
Dependent Variable: D(FPI)
Method: Least Squares

Sample (adjusted): 1952-2003
Included observations: 52 after adjustments

	Coefficient	Std. Error	*t*-Statistic	Prob.
FPI(−1)	−0.122 447	0.042 622	−2.872 838	0.006 0
D(FPI(−1))	0.610 732	0.111 952	5.455 317	0.000 0
C	−28.614 10	26.074 04	−1.097 417	0.277 9
@TREND(1950)	3.862 407	1.445 288	2.672 414	0.010 3

R-squared	0.420 821	Mean dependent var	23.943 27
Adjusted R-squared	0.384 622	S.D. dependent var	105.292 2
S.E. of regression	82.597 58	Akaike info criterion	11.739 64
Sum squared resid	327 473.3	Schwarz criterion	11.889 74
Log likelihood	−301.230 7	Hannan-Quinn criter.	11.797 18
F-statistic	11.625 30	Durbin-Watson stat	1.694 441
Prob(F-statistic)	0.000 008		

附表 4-2 物价指数（CPI）的单位根检验

Null Hypothesis: CPI has a unit root

Exogenous: Constant, Linear Trend

Lag Length: 2 (Automatic based on SIC, MAXLAG=2)

		t-Statistic	Prob.*
Augmented Dickey-Fuller test statistic		−0.961 330	0.940 3
Test critical values:	1% level	−4.148 465	
	5% level	−3.500 495	
	10% level	−3.179 617	

*MacKinnon (1996) one-sided p-values.

Augmented Dickey-Fuller Test Equation

Dependent Variable: D(CPI)

Method: Least Squares

Sample (adjusted): 1953-2003

Included observations: 51 after adjustments

	Coefficient	Std. Error	*t*-Statistic	Prob.
CPI(−1)	−0.015 959	0.016 601	−0.961 330	0.341 4
D(CPI(−1))	1.084 930	0.131 436	8.254 420	0.000 0
D(CPI(−2))	−0.430 607	0.141 172	−3.050 224	0.003 8
C	−2.785 180	3.956 304	−0.703 985	0.485 0
@TREND(1950)	0.395 646	0.214 806	1.841 879	0.071 9
R-squared	0.723 794	Mean dependent var		11.364 71
Adjusted R-squared	0.699 777	S.D. dependent var		23.289 82
S.E. of regression	12.761 11	Akaike info criterion		8.023 576
Sum squared resid	7 490.911	Schwarz criterion		8.212 970
Log likelihood	−199.601 2	Hannan-Quinn criter.		8.095 949
F-statistic	30.135 66	Durbin-Watson stat		1.862 357
Prob(F-statistic)	0.000 000			

附表 4-3 粮食价格指数的一阶差分（DFPI）的单位根检验

Null Hypothesis: DFDI has a unit root
Exogenous: Constant
Lag Length: 1 (Fixed)

		t-Statistic	Prob.*
Augmented Dickey-Fuller test statistic		−4.636 433	0.000 4
Test critical values:	1% level	−3.565 430	
	5% level	−2.919 952	
	10% level	−2.597 905	

*MacKinnon (1996) one-sided p-values.

Augmented Dickey-Fuller Test Equation
Dependent Variable: D(DFDI)
Method: Least Squares

Sample (adjusted): 1953-2003
Included observations: 51 after adjustments

	Coefficient	Std. Error	*t*-Statistic	Prob.
DFDI(−1)	−0.585 940	0.126 377	−4.636 433	0.000 0
D(DFDI(−1))	0.346 183	0.135 762	2.549 920	0.014 0
C	14.749 06	12.153 16	1.213 599	0.230 8

R-squared	0.311 201	Mean dependent var	0.617 059
Adjusted R-squared	0.282 501	S.D. dependent var	99.201 12
S.E. of regression	84.028 62	Akaike info criterion	11.757 21
Sum squared resid	338 918.8	Schwarz criterion	11.870 85
Log likelihood	−296.809 0	Hannan-Quinn criter.	11.800 64
F-statistic	10.843 25	Durbin-Watson stat	2.087 646
Prob(F-statistic)	0.000 130		

附表 4-4　物价指数的一阶差分（DCPI）的单位根检验

Null Hypothesis: DCPI has a unit root
Exogenous: Constant
Lag Length: 1 (Fixed)

		t-Statistic	Prob.*
Augmented Dickey-Fuller test statistic		−3.528 315	0.011 0
Test critical values:	1% level	−3.565 430	
	5% level	−2.919 952	
	10% level	−2.597 905	

*MacKinnon (1996) one-sided p-values.

Augmented Dickey-Fuller Test Equation
Dependent Variable: D(DCPI)
Method: Least Squares

Sample (adjusted): 1953-2003
Included observations: 51 after adjustments

	Coefficient	Std. Error	t-Statistic	Prob.
DCPI(−1)	−0.294 837	0.083 563	−3.528 315	0.000 9
D(DCPI(−1))	0.431 001	0.131 327	3.281 895	0.001 9
C	3.558 887	2.060 267	1.727 391	0.090 5

R-squared	0.267 260	Mean dependent var	0.061 961
Adjusted R-squared	0.236 729	S.D. dependent var	14.892 05
S.E. of regression	13.010 50	Akaike info criterion	8.026 412
Sum squared resid	8 125.103	Schwarz criterion	8.140 049
Log likelihood	−201.673 5	Hannan-Quinn criter.	8.069 836
F-statistic	8.753 758	Durbin-Watson stat	1.843 428
Prob(F-statistic)	0.000 574		

附表 4-5 Johansen 协整检验结果

Sample (adjusted): 1952-2003
Included observations: 52 after adjustments
Trend assumption: Linear deterministic trend (restricted)
Series: FPI CPI
Lags interval (in first differences): 1 to 1

Unrestricted Cointegration Rank Test (Trace)

Hypothesized No. of CE(s)	Eigenvalue	Trace Statistic	0.05 Critical Value	Prob.**
None *	0.707 916	68.856 23	25.872 11	0.000 0
At most 1	0.089 212	4.859 156	12.517 98	0.616 7

Trace test indicates 1 cointegrating eqn(s) at the 0.05 level
*denotes rejection of the hypothesis at the 0.05 level
**MacKinnon-Haug-Michelis (1999) p-values

Unrestricted Cointegration Rank Test (Maximum Eigenvalue)

Hypothesized No. of CE(s)	Eigenvalue	Max-Eigen Statistic	0.05 Critical Value	Prob.**
None *	0.707 916	63.997 08	19.387 04	0.000 0
At most 1	0.089 212	4.859 156	12.517 98	0.616 7

Max-eigenvalue test indicates 1 cointegrating eqn(s) at the 0.05 level
* denotes rejection of the hypothesis at the 0.05 level
**MacKinnon-Haug-Michelis (1999) p-values

Unrestricted Cointegrating Coefficients (normalized by b'*S11*b=I):

FPI	CPI	@TREND(51)
-0.010 271	0.016 664	0.067 958
-0.000 478	0.005 721	−0.109 100

Unrestricted Adjustment Coefficients (alpha):

D(FPI)	67.759 02	−6.458 146
D(CPI)	6.480 174	−3.432 475

1 Cointegrating Equation(s): Log likelihood −460.432 4

Normalized cointegrating coefficients (standard error in parentheses)

FPI	CPI	@TREND(51)
1.000 000	−1.622 470	−6.616 628
	(0.085 07)	(1.040 73)

Adjustment coefficients (standard error in parentheses)

D(FPI)	−0.695 938
	(0.072 05)
D(CPI)	−0.066 556
	(0.018 12)

附表 4-6 VECM 的估计结果

Sample (adjusted): 1952-2003
Included observations: 52 after adjustments
Standard errors in ( ) & *t*-statistics in [ ]

Cointegrating Eq:	CointEq1	
FPI(−1)	1.000 000	
CPI(−1)	−1.664 200 (0.083 07) [−20.032 8]	
@TREND(50)	−4.650 677 (1.523 54) [−3.052 56]	
C	0.811 696	
Error Correction:	*D(FPI)*	*D(CPI)*
CointEq1	−0.728 666 (0.071 92) [−10.131 4]	−0.074 196 (0.017 98) [−4.127 24]
D(FPI(-1))	−0.077 165 (0.125 40) [−0.615 35]	−0.040 457 (0.031 34) [−1.290 74]
D(CPI(-1))	6.043 166 (0.740 12) [8.165 07]	1.202 848 (0.185 00) [6.501 95]
C	−12.449 95 (13.549 0) [-0.918 88]	4.829 039 (3.386 64) [1.425 91]
DUM	−58.214 62 (17.399 0) [−3.345 85]	−12.117 09 (4.348 98) [−2.786 19]
R-squared	0.799 299	0.739 236
Adj. R-squared	0.782 218	0.717 043
Sum sq. resids	113 478.2	7 089.857
S.E. equation	49.136 85	12.282 02
F-statistic	46.794 79	33.309 84
Log likelihood	−273.676 0	−201.579 4
Akaike AIC	10.718 31	7.945 361
Schwarz SC	10.905 93	8.132 981
Mean dependent	23.943 27	11.204 62
S.D. dependent	105.292 2	23.089 24
Determinant resid covariance (dof adj.)		179 246.2
Determinant resid covariance		146 433.0
Log likelihood		−456.822 0
Akaike information criterion		18.070 08
Schwarz criterion		18.557 89

附表 4-7　FPI 与 CPI 数据

年度	FPI	CPI	年度	FPI	CPI
1950	100.00	100.00	1977	0255.91	143.88
1951	118.30	112.50	1978	0257.70	144.89
1952	121.38	115.54	1979	0336.30	147.64
1953	137.03	121.43	1980	0362.86	158.71
1954	137.03	123.13	1981	0398.06	162.68
1955	137.17	123.50	1982	0413.19	165.93
1956	139.78	123.38	1983	0455.75	169.25
1957	141.31	126.58	1984	0510.44	173.82
1958	144.99	125.19	1985	0519.63	194.51
1959	146.87	125.57	1986	0571.07	208.12
1960	151.57	128.71	1987	0616.75	226.44
1961	262.83	149.43	1988	0706.80	273.31
1962	277.55	155.11	1989	0896.93	317.86
1963	230.92	145.95	1990	0835.94	321.99
1964	206.67	140.55	1991	0784.11	338.42
1965	206.67	138.87	1992	0825.67	367.52
1966	233.13	137.20	1993	0963.55	426.69
1967	232.43	136.38	1994	1 412.57	533.36
1968	230.57	136.51	1995	1 822.21	622.97
1969	229.41	137.88	1996	1 927.90	677.79
1970	227.12	137.88	1997	1 738.97	698.80
1971	235.07	137.74	1998	1 681.58	694.61
1972	238.13	138.02	1999	1 464.66	685.58
1973	236.70	138.16	2000	1 321.12	691.06
1974	240.48	139.12	2001	1 343.58	695.90
1975	243.37	139.68	2002	1 328.80	688.94
1976	257.97	140.10	2003	1 363.35	695.14

注：资料源于中国统计年鉴。

参考文献

Boswijk, H. P. (2004). Identifying, estimating and testing restricted cointegrated systems: An overview. *Statistica Neerlandica*, 58, 440-465.

Cochrane, J. H. (1997). *Time Series for Macroeconomics and Finance* (Lecture notes), Chicago: Graduate School of Business, University of Chicago.

Engle, R. F., and C. W. J. Granger (1987). Co-integration and error correction: Representation, estimation, and testing. *Econometrica*, 55, 251-276.

Engle, R. F., D. F. Hendry, and J. F. Richard (1983). Exogeneity. *Econometrica*, 51, 277-304.

Ericsson, N. R. (1992). Cointegration, exogeneity and policy analysis: An overview. *Journal of Policy Modeling*, 14, 253-280.

Ericsson, N. R., Hendry, D. F., Mizon, G. E. (1998). Exogeneity, cointegration, and economic policy analysis. *Journal of Business & Economic Statistics*, 16, 370-387.

Gonzalo J. and Pitarakis J.-Y. (2000). Lag length estimation in large dimensional systems. Discussion Paper. Department of Economics, University of Reading, Nov.

Granger, C. W. J. (1969) Investigating causal relations by econometric models and cross-spectral methods. *Econometrica*, 37, 424-438.

Granger, C. W. J. (1988). Some recent developments in a concept of causality. *Journal of Econometrics*, 39, 199-211.

Hayashi, F. (2000). *Econometrics*. Princeton University Press.

Johansen, S. (1992). Testing weak exogeneity and the order of cointegration in the UK money demand data. *Journal of Policy Modeling*, 14, 313-334.

Johansen, S. (1995). *Likelihood-based Inference in Cointegrated Vector Autoregressive Models*. Oxford: Oxford University Press.

Johansen, S. (2005). Interpretation of cointegrating coefficients in the cointegrated vector autoregressive model. *Oxford Bulletin of Economics and Statistics*, 67, 93-104.

Johansen, S., and K. Juselius (1990). Maximum likelihood estimation and inferences on cointegration—with applications to the demand for money. *Oxford Bulletin of Economics and Statistics*, 52, 169-210.

林毅夫，蔡昉，李周（1994）．中国的奇迹：发展战略与经济改革．上海：上海三联书店和上海人民出版社．

MacKinnon, J. G. (1996). Numerical distribution functions for unit root and cointegration tests. *Journal of Applied Econometrics,* 11, 601-618.

MacKinnon, J. G., A. A. Haug, and L. Michelis (1999). Numerical distribution functions of likelihood ratio tests for cointegration. *Journal of Applied Econometrics*, 14, 563-577.

Ng, S., and P. Peron (2001). Lag length selection and the construction of unit root tests with good size and power. *Econometrica*, 69, 1519-1554.

Schwarz, G. (1978). Estimating the dimension of a model. *Annals of Statistics*, 6, 461-464.

Sims, C. (1972). Money, income, and causality. *American Economic Review*, 62, 540-42.

Toda, H. Y., and P. C. B. Phillips (1993). Vector autoregressions and causality. *Econometrica*, 61, 1367-1393.

王小鲁（2001）．中国粮食市场的波动与政府干预．经济学季刊，（1）．

赵国庆，于晓华，曾寅初（2008）．通货膨胀预期与 Granger 因果性研究．数量经济&技术经济研究，（4）．

第五章　货币供给与收入间因果性的单位根分析

日本货币供给和收入之间Granger因果性的研究文献可以追溯到20世纪80年代。Oritani（1979）利用Sims滤波（Sims，1972）去除序列相关后使用Sims检验，建立了从货币到收入之间的因果关系，Komura（1982）则尝试在Sims滤波里设定不同的参数值以及在Sims检验里设定不同的领先和滞后阶数。Ram（1984）对包含时间趋势的水平变量VAR模型应用了Granger因果检验，并得到支持货币到收入存在因果关系的结论。对美国和加拿大的货币市场同样存在诸多关于货币与收入间Granger因果性的研究，包括Sims（1972，1980）、Hsiao（1982），相关研究文献的实证结果也各不相同。Stock和Watson（1989）对货币到收入的因果性研究，给出如下总结：（1）使用经过对数差分的变量进行检验，相比带有时间趋势的对数水平变量，货币的重要性大大减少；（2）利率吸收了货币供给量对收入水平的影响，而时间趋势则强化了这种影响；（3）实证结果对样本区间很敏感。

本章使用非平稳技术对日本货币供给和收入之间的Granger因果关系进行分析。首先，通过ADF检验，对货币、收入、价格平减指数和利率设定单变量ARMA模型，对选择的ARMA模型，应用诊断检验（残差的DF检验与MA单位根检验）。其次，对向量自回归（VAR）的误差修正模型（ECM）应用第三章讨论的Granger因果检验：最小二乘法检验和最大似然法检验。前者只需要对ECM中的约束变量使用标准的F检验，后者则需要在估计协整时使用Johansen的ML方法。最后，本章从非平稳技术的角度出发，讨论Granger因果检验的Sims滤波方法及应用。

5.1　ARMA模型的设定

考虑如下的ARMA方程：

$$\begin{aligned}\Delta X = \alpha + \ & \beta t \ + \ \varphi X(-1) + r_1 \Delta X(-1) + r_2 \Delta X(-2) + u_t \\ (\tau_{\alpha\tau})\ & (\tau_{\beta\tau}) \quad (\tau_\tau) \qquad n(0,1) \qquad n(0,1)\end{aligned} \tag{5-1}$$

其中随机误差项u_t为如下MA过程：

$$u_t = \varepsilon_t + \delta_1 \varepsilon_{t-1} + \delta_4 \varepsilon_{t-4} \tag{5-2}$$

式（5-2）中$\varepsilon_t \sim \text{i.i.d}(0,\sigma^2)$，参数$\delta$的$t$值用于检验该系数的显著性，检验可以使用标准正态分布进行。对上述ARMA方程使用ADF检验，零假设为存在AR单位根，备择假设为平稳过程。最大的AR阶数可以大于3，但由于在分析季度数据时（本章实证分析数据区间为1960年第一季度到1990年第四季度），拉格朗日乘数检验提示有显著的4阶序列相关，因此我们在分析中使用1阶和4阶的MA滞后项。OLS残差中的序列相关往往归因于MA误差而不是 AR 误差。这是因为在设定的方程中包含较长的 AR 项，因此残差项中通常不再希望出现 AR 项。需要注意的是，在误差项中 AR 和 MA 是可以局部等价互换的（参见 Godfrey，1988；Said and Dickey，1985；或第 2 章中 ARMA 模型中的 ADF 检验）。当回归方程中包含趋势项时，ADF 检验的零假设可以设为：

$$\beta=\varphi=0 \quad 或 \quad \alpha=\beta=\varphi=0 \tag{5-3}$$

式（5-1）括号中的τ表示t统计量在零假设下的分布，这里沿用 Dickey 和 Fuller 的原始标记：$\tau,\tau_{\mu},\tau_{\alpha\mu},\Phi_1,\Phi_2$及$\Phi_3$（分布的临界值见本书附表），$n(0,1)$表示标准正态分布。

进行单位根检验时，模型滞后长度的选择是重要的，不同的滞后长度可能会得出不同的结果。我们利用t检验选出 ARMA 过程的最长滞后阶数。差分滞后变量系数的t统计量在零假设下的分布，可以证明为渐近服从正态分布$n(0,1)$，每个滞后差分变量和 MA 项的显著水平均设为 1%。由于下面的实证分析有 124 个观察值，因此最好使用一个比较小的临界水平。当 MA 部分只包含一个滞后时，需要在每个估计中考察关于参数δ的对数似然函数。在似然函数有多个极值的情况下（具有双峰的似然函数）或者在-1处出现尖峰时，则应该回避似然函数的使用。当回归方程的设定改变时，有必要关注模型系数估计的稳定性，在下面的每个回归方程都给出了 Durbin-Watson（DW）值，这是因为当序列为平稳时，DW 值给出了残差序列相关程度的诊断信息。根据习惯，回归方程中也给出了R^2值以及最大似然值。

如果第一步中没有拒绝“存在单位根”的零假设，继续进行第二步，对第一步选择的回归方程使用残差 ADF 检验。估计带漂移项（或不带漂移项）的关于一阶差分变量ΔX的 ARMA 模型，对估计出的残差使用 ADF 检验。如果第二步拒绝单位根的零假设，那么ΔX至多是$I(0)$的，X不可能是$I(2)$（Mackinnon，1991）。当然，ΔX也有可能是过度差分的，即为$I(-1)$。因此我们建议使用 MA 单位根检验。对于如下的模型：

$$u_t=(1-\theta L)(\varepsilon_t+\delta\varepsilon_{t-1}) \qquad (t=2,3,\cdots,T) \tag{5-4}$$

其中L是滞后算子，MA 单位根检验的零假设为和备择假设为：

$$H_0\text{：}\theta=1\text{，}\ H_1\text{：}\theta\neq 1 \tag{5-5}$$

在备择假设H_1下u_t是平稳序列（参见第二章 MA 单位根检验）。上面的两步检验可以理解为：在第一步中使用 ADF 检验来选择$I(1)$模型，第二步中使用 ADF 检验和 MA 单位根检验来检验X为$I(2)$或$I(0)$序列的可能性。

在单位根检验分析中，存在使用 Perron（1989）检验的必要性，这一单位根检验过程考虑模型包含确定性趋势突变。但如果可能的话，应该避免使用包含趋势突变的检验，这是因为如果回归方程中包含足够多的确定性突变点的话，大多数序列自然地被归为平稳过程。类似地，如果在 VAR 中包含过多确定性突变点的话，那么协整分析也就没有必要了。因此，确定性突变的讨论仅仅作为本章单位根分析的一个补充。

5.2 ARMA 模型的单位根检验

本节利用 OECD 统计的 1960 年第一季度到 1990 年第四季度的日本宏观经济数据进行单位根检验，由于把 1960 年 4 个季度的数据当做滞后变量的使用，方程估计中实际使用的样本区间为 1961 年第一季度到 1990 年第四季度。将对数真实 GNP（10 亿日元，经过季节调整），对数名义 GNP，对数名义货币供给（M2，10 亿日元，经过季节调整），对数 GNP 平减指数（1985＝100）和活期贷款利率分别记做 LRY、LNY、LNM、LP 和 R。基于 Friedman 和 Kuttner（1992）对 LRY 和 LNM 之间因果关系的讨论。LNM 包含趋势的 AR 回归估计如下：

$$\underset{(1.4)}{\Delta LNM = 0.031} + \underset{(0.23)}{0.000019t} - \underset{(-0.85)}{0.0023LNM(-1)} + \underset{(1.8)}{0.47\Delta LNM(-1)} + \underset{(1.8)}{0.33\Delta LNM(-2)} \tag{5-6}$$

方程的 MA 部分为：

$$e + 0.04e(-1) - 0.36e(-4) \tag{5-7}$$

其中 t 值分别为 0.15 和－3.5，$R^2 = 0.74, \lg L = 437.19, DW = 1.9$。由于 τ_τ 为－0.85 且 $T\hat{\varphi}$ 为－0.28，所以系数 φ 不显著（τ_τ 和 $T\hat{\varphi}$ 的 1%水平临界值分别为－4.0 和－28，见附表 B-7 与 B-8 给出的临界值）$\tau_{\alpha\tau}$ 为 1.4，$\tau_{\beta\tau}$ 为 0.23，因此 α 系数与 β 系数是不显著的（$\tau_{\alpha\tau}$ 和 $\tau_{\beta\tau}$ 的 1%水平临界值分别为 3.8 和 3.5）。不包含趋势项的回归方程估计结果为：

$$\underset{(1.7)}{\Delta LNM = 0.028} - \underset{(-1.7)}{0.0017LNM(-1)} + \underset{(1.8)}{0.47\Delta LNM(-1)} + \underset{(1.8)}{0.33\Delta LNM(-2)} \tag{5-8}$$

方程的 MA 部分为：

$$e+0.04e(-1) - 0.35e(-4) \tag{5-9}$$

其中 t 值分别为 0.18 和－3.4，$R^2 = 0.74, \lg L = 437.16, DW = 1.9$。式（5-8）和式（5-6）中的结果相比，系数的估计值变化不大。R^2 值很低，但是当因变量用水平值代替后，再对式（5-8）进行估计，发现 R^2 值几乎等于 1。由于 τ_μ 为－1.7，仍是不显著的（1%水平临界值大约为－3.5）。且也 $T\hat{\varphi} = -0.2$ 是不显著的（1%水平临界值大约为－20），这里将 φ 取值为 0。上述估计结果表明，LNM 序列可以是一个带漂移（或不带漂移）的非平稳序列，再结合 LNM 序列的图形（图 5-1），认为 LNM 序列可以归为带有单位根和趋势的三阶 AR 序列，也就是说，ΔLNM 是带漂移的二阶 AR 过程。方程估计结果如下：

$$\underset{(0.98)}{\Delta LNM = 0.0012} + \underset{(6.3)}{0.57\Delta LNM(-1)} + \underset{(4.2)}{0.39\Delta LNM(-2)} \tag{5-10}$$

方程的 MA 部分为：

$$e - 0.41e(-4) \tag{5-11}$$

其中 t 值为－4.5 在 1%水平下是显著的，$R^2 = 0.72, \lg L = 433.83$，$DW = 1.9$。似然方程

是关于δ的单一模型。对这个 ARMA 方程的残差使用 ADF 检验，τ值为－10，是高度显著的（估计残差的τ检验的 1%水平临界值为－2.57），所以估计残差序列至多是$I(0)$。由于残差序列为$I(-1)$的可能性是存在的，应再使用 MA 单位根检验来看残差是否为$I(-1)$。但是，式（5-11）中的 MA（4）系数非常显著，在这种情形下不使用 MA 单位根检验（Hatanaka，1996）。

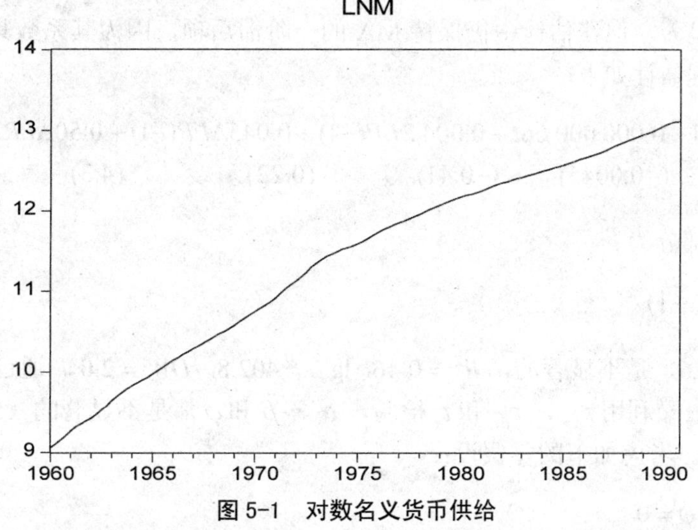

图 5-1　对数名义货币供给

对于 LRY 也用类似的方法进行分析，保持二阶滞后差分变量以及 MA 的四阶滞后，带有趋势的回归方程估计如下：

$$\Delta LRY = 0.18 + 0.000\,11t - 0.015LRY(-1) + 0.097\Delta LRY(-1) + 0.19\Delta LRY(-2) \tag{5-12}$$
$$(1.9)\quad (0.89)\qquad (-1.7)\qquad\qquad (1.1)\qquad\qquad (2.2)$$

方程中的 MA 部分是不显著的，$R^2 = 0.26$，$\lg L = 381.32$，$DW = 2.0$。通过τ_τ和$\tau_{\beta\tau}$检验发现φ和β是不显著的。$T\hat{\varphi}$检验值大约为－1.8，是高度不显著的（τ_τ、$\tau_{\beta\tau}$和$T\hat{\varphi}$的 5%显著水平临界值分别为－3.8、2.5 和－21）。对数似然比检验统计量大约为 5.8，因此$\beta = \varphi = 0$的联合零假设在 5%的临界水平下是不显著的（Φ_3的 5%水平临界值为 6.5）。不带趋势的回归方程估计结果如下：

$$\Delta LRY = 0.10 - 0.007\,4LRY(-1) + 0.098\Delta LRY(-1) + 0.19\Delta LNM(-2) \tag{5-13}$$
$$(3.5)\quad (-3.3)\qquad\qquad (1.1)\qquad\qquad (2.2)$$

MA 部分也是不显著的，$R^2 = 0.26$，$\lg L = 380.9$，$DW = 2.0$。在从回归中去掉趋势项后，α和φ分别变为显著和不显著的（$\tau_{\alpha\mu}$和τ_μ的 1%临界值分别为 3.2 和－3.5）。$T\hat{\varphi} = -0.88$，$T\hat{\varphi}$的 1%临界值为－20，由于$T\hat{\varphi}$非常不显著，LRY 被归为带有单位根和趋势的三阶 AR 过程，也就是ΔLRY是带漂移的二阶 AR 过程。式（5-13）中不包含 LRY 滞后项的回归方程估计如下：

$$\Delta LRY = 0.007 + 0.21\Delta LRY(-1) + 0.31\Delta LRY(-2) \tag{5-14}$$
$$(3.9)\quad (2.4)\qquad\qquad (3.6)$$

方程的 MA 部分是不显著的，$R^2 = 0.19$，$\lg L = 375.5$，$DW = 2.1$。对式（5-14）的 OLS

残差进行 ADF 检验，τ 值为 -11，非常显著（估计残差的 τ 检验的 1%临界值为 -2.6），于是估计残差不可能是 $I(1)$的。残差可能是 $I(-1)$的，但 MA 单位根检验统计量 R_2 为 2.9，这里估计带有 MA(1)误差项的方程（5-14）用于定义第二章 MA 单位根检验的 $\widehat{\alpha}(L)$，由于 1%临界值为 0.46，$I(-1)$的零假设被拒绝，因此残差至少是 $I(0)$的。

下面分析 GNP 平减指数 LP，选择三阶 AR 过程来估计 LP。通过拉格朗日乘子检验发现序列相关性并不显著，但在估计中仍保持 MA 的一阶滞后项，因为其系数具有较大的 t 值。带趋势的回归方程估计如下：

$$\Delta LP = 0.0031 - 0.00000066t - 0.0042LP(-1) + 0.045\Delta LP(-1) + 0.50\Delta LRY(-2) \quad (5\text{-}15)$$
$$(0.22) \quad (-0.0045) \quad (-0.41) \quad (0.22) \quad (4.3)$$

方程的 MA 部分为

$$e+0.38e(-1) \quad (5\text{-}16)$$

其中 t 值为 1.6，是不显著的，$R^2 = 0.46$，$\lg L = 402.8$，$DW = 2.0$。通过 τ_τ 检验无法拒绝非平稳的零假设，又利用 $\tau_{\alpha\tau}$，$\tau_{\beta\tau}$ 和 τ_τ 检验，α、β 和 φ 都是不显著的（5%临界值分别为 3.1，2.8 和 -3.5）。考虑如下的零假设：

$$\alpha = \beta = \varphi = 0 \quad (5\text{-}17)$$

对于联合检验的对数似然比统计量为 3.7，也是不显著的（在零假设下 lg$L$ 的值为 397.2，φ_2 的 5%临界值大约为 4.9）。从式（5-15）中去掉 $LP(-1)$ 和时间趋势项，LP 应归为一个带有单位根和趋势的三阶 AR 过程，也就是说，ΔLP 是一个带漂移的二阶 AR 过程。最终的回归估计如下：

$$\Delta LP = 0.0046 + 0.082\Delta LP(-1) + 0.53\Delta LP(-2) \quad (5\text{-}18)$$
$$(2.4) \quad (0.43) \quad (4.4)$$

方程 MA 部分为：

$$e+0.37e(-1) \quad (5\text{-}19)$$

其中 t 值为 1.7，是不显著的。$R^2 = 0.44$，$\lg L = 401.1$，$DW = 2.0$。对方程（5-18）的 OLS 残差应用 ADF 检验，τ 值为 -10.8，非常显著（估计残差的 τ 检验 1%临界值为 -2.6）。于是估计残差至多是 $I(0)$的。残差可能为 $I(-1)$，但 R_2 为 2.3。由于一阶 MA 项不显著，这里用式（5-18）中的估计系数来定义第二章中 MA 单位根检验的 $\widehat{\alpha}(L)$。$I(-1)$的零假设被拒绝，因此残差序列至少为 $I(0)$的。

从图 5-2 判断，利率的时间趋势是不显著的，其估计方程为：

$$\Delta R = 1.68 - 0.24R(-1) - 0.25\Delta R(-1) + 0.54\Delta R(-2) \quad (5\text{-}20)$$
$$(3.8) \quad (-4.0) \quad (-2.1) \quad (5.9)$$

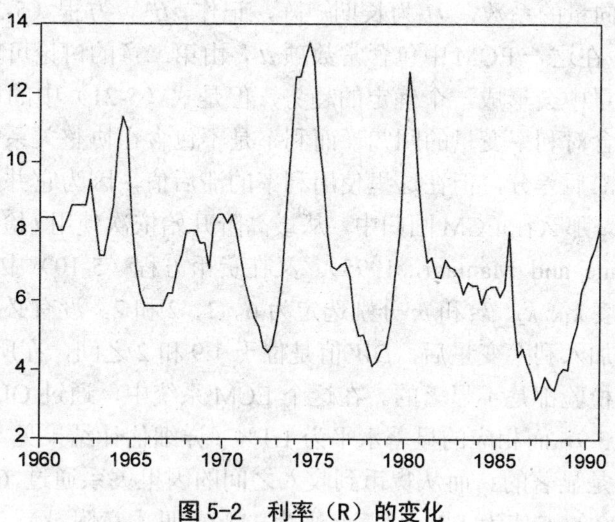

图 5-2 利率（R）的变化

方程 MA 部分为：

e+0.96e(−1)

其中 t 值为 9.5 在 1%水平下是显著的，$R^2=0.36$，$DW=2.1$。τ_μ 为 −4.0 是显著的（1%显著水平 τ_μ 临界值大约为 −3.5），且 Φ_1 值为 7.8，在 1%显著水平下也是显著的。利率（R）是一个平稳变量。

表 5-1 对 LNM、LRY、LP 进行单后根检验结果的总结。

表 5-1 单位根检验结果

	滞后阶数	$T\hat{\varphi}_\tau$	$T\hat{\varphi}_\mu$	RADF	MA
LNM	2	−0.28	−0.2	−10***	
LRY	2	−1.8	−0.88	−11***	2.9***
LP	2		−0.4	−11***	2.3***

注：τ、τ_μ、τ_τ、$T\hat{\varphi}_\mu$、$T\hat{\varphi}_\tau$ 的 1%和 5%临界值分别为(−2.6，−2.0)、(−3.5，−2.9)、(−4.4，−3.5)、(−20，−14)以及(−27，−21)。***分别表示 1%的显著水平。残差的 ADF 检验表示为 RADF，其临界值和 τ 检验的临界值非常接近。MA 单位根检验的 1%和 5%的 η_μ 及 η_τ 临界值分别为(0.74，0.46)和（0.22，0.15）。

5.3 货币供给与收入间的因果性检验

5.3.1 OLS 检验：收入（Y）到货币（M）的因果关系

由于回归方程的最大滞后期为 8，估计与检验的样本区间为 1962 年第一季度到 1992 年第四季度，检验过程中使用的 ECM 模型如下：

$$\Delta x_t=\mu+\sum_{j=1}^{3}\sum_{i=1}^{k_j}\gamma_{ji}\Delta x_{j,t-i}+\Pi x_{t-1}+\sum_{i=1}^{m}\delta_i R_{t-i}+u_t \qquad (t=\max(k)+2,3,\cdots,T) \qquad (5\text{-}21)$$

其中 $x_t = (LNM_t, LRY_t, LP_t)'$，包括非平稳变量在内，对不同的变量选择不同的滞后阶数，γ 和 δ 分别为矩阵和向量的系数，Π 为长期矩阵，记作 $\alpha\beta'$。方程（5-21）是包含非平稳变量 ECM 中的一部分，在这一 ECM 中包含常数项 μ，由第二章的讨论可以分解为漂移和协整常数，漂移在水平变量中会形成一个确定的趋势，但是式（5-21）中的协整并不包含确定性趋势。在 ECM 中包含对利率变量的回归，而利率是不包含在协整关系中的。利率的滞后值可以变形为水平值和滞后差分，但在这里使用利率的滞后值，因为它并不是协整的。如果序列相关是可以忽略的，那么在 ECM 回归中，从最高阶开始依次使用 t 检验，发现到二阶滞后时变为显著（Morimune and Mantani，1995）。又在货币方程（5-10）中，MA 的四阶滞后是显著的。这里滞后长度 k_1、k_2、k_3 和 m 分别选定为 6、2、2 和 2。没有必要为利率选择更长的滞后阶数，这是因为加入利率变量后，DW 值是位于 1.9 和 2 之间，在所有的 ECM 回归中，对序列相关性的诊断检验都是不显著的。在这个 ECM 系统中，通过 OLS 检验，得到自由度为 3 和 100 的 F 值为 3.9，而相应的显著水平为 1.1%（详细估计结果见本章附录），因此从收入到货币的因果关系是显著的。而从货币到收入之间的因果关系通过 OLS 检验来看并不显著，自由度为 3 和 100 的 F 值为 1.7，显著水平为 11%（见本章附录）。注意此处的检验只用到了第三章对 OLS 检验统计量分布讨论中的情形 1。在收入和货币之间的因果关系检验中只检验了 3 个收入变量（$DLY(-1)$、$DLY(-2)$、$LY(-1)$）的效应，其结果却是显著的。而另一方面，在货币到收入的因果关系中检验了 7 个货币变量（$DLNM(-1)$、$DLNM(-2)$、$DLNM(-3)$、$DLNM(-4)$、$DLNM(-5)$、$DLNM(-6)$、$LNM(-1)$）的效应，结果却是不显著的。

只有协整方程中不包含确定性趋势时，上述检验才是正确的。当协整方程中包含确定性趋势时，应在对所有变量去除趋势以后再做检验。这和在式（5-21）中包含趋势后再使用 OLS 检验显然是相同的。使用这一检验后，从收入到货币的因果关系是显著的，自由度为 3 和 99 的 F 值为 3.6，显著性水平为 1.7%。从货币到收入的因果关系是不显著的，自由度为 7 和 99 的 F 值为 2.0，显著性水平为 6.3%。

检验因果关系时，ECM 回归方程中包含了平稳变量 R，这是由于 Sims（1980）发现利率对因果关系有着显著的影响。对于不包含利率的因果关系的估计和检验，其结果和包含利率后的非常接近。从直观上来看，一阶差分的散点图（图 5-3）提示 1974 年以后的确定性趋势中含有位移。于是，在因果关系检验中包含了虚拟截距项，作为趋势虚拟变量。结果看起来和 OLS 检验得到的十分相似。从收入到货币的因果关系十分显著，自由度为 3 和 99 的 F 值为 4.5，相应的显著水平为 0.5%。从货币到收入的因果关系不显著，自由度为 7 和 99 的 F 值为 1.6，相应的显著水平为 14%。需要强调的是，在 OLS 检验中，货币、收入、价格以及活期贷款利率是同等处理的。而在 ML 检验中，货币、收入、价格三个变量之间有协整关系，此时检验的是整个协整残差项的显著性，而这其中是不包含活期存款利率的。本章更多的依赖 OLS 检验而不是 ML 检验，是因为前者并不是考察整个协整残差项的显著性而是考察每一个水平变量的显著性。此外，这个检验更为稳健，因为只包含截距项的 ECM 和包含确定性趋势及虚拟截距项的 ECM 得到的检验结果是相同的，从上述结果可以说 OLS 检验是稳健的。因此，可以推断出，从收入到货币存在因果关系，而从货币到收入则不存在。

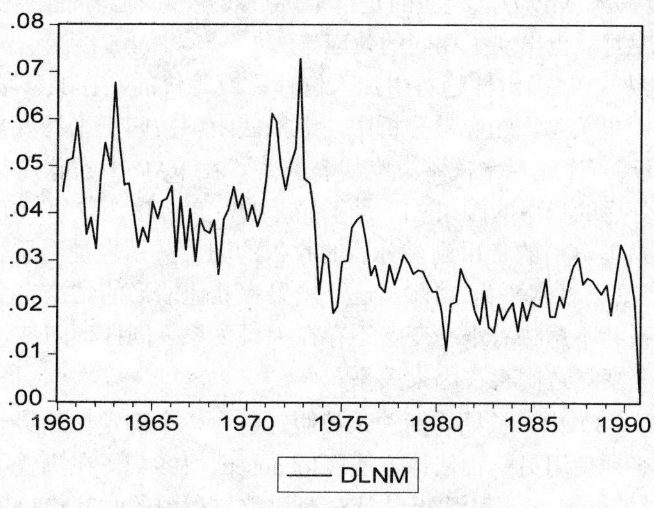

图 5-3　对数名义货币供给的一阶差分（名义货币增长率）

5.3.2　ML 检验：混合结果

在带有漂移项的模型中，对三个变量应用 Johansen 协整关系的秩检验。假设模型中包含确定性趋势，此时要讨论包含趋势的水平变量之间的协整关系，协整检验有两种不同的方法。

首先，对协整中不包含确定趋势的情形（1）（见表 5-2）。由迹和最大特征值生成的协整矩阵的秩是相同的。不存在协整关系的零假设（$r=0$）在 5%的显著性水平下被拒绝。但是，有 1 个或者少于 1 个协整的零假设（$r=1$）无法在 5%的显著性水平下被拒绝。因此在三个变量中只存在一个协整关系。表 5-2 给出了协整检验的结果。

表 5-2　协整关系的秩检验与 ML 因果性检验

检验	$r=0$	$r=1$	$r=2$	$Y\rightarrow M$	$M\rightarrow Y$
情形（1）	24(21)	11(14)	1.4(3.8)	1%显著	0%显著
情形（2）	17(21)	7(14)	2(3.8)	40%不显著	34%不显著
情形（3）	25(25)	23(19)	11(12)	4%显著	0%显著

注：情形（1）表示 ECM 方程包含趋势，情形（2）表示 ECM 方程中趋势有位移，情形（3）表示协整方程中包含趋势。估计区间为 1962 年第一季度到 1992 年第四季度，括号内的数值为 Johansen 秩检验时的 5%临界值。$Y\rightarrow M$ 表示从收入到货币的因果关系，$M\rightarrow Y$ 表示货币到收入的因果关系。

在表 5-2 中，情形（1）表示 ECM 方程包含趋势，其相应特征值为 0.19、0.09、0.01。情形（2）表示 ECM 方程中趋势有位移，其相应特征值为 0.14、0.06、0.02。情形（3）表示协整方程中包含趋势，其相应特征值为 0.19、0.18、0.09。对于情形（1）估计得到的协整方程为：

$$LNM = 2.5LRY - 2.2LP + error \qquad (5\text{-}22)$$

作为一个货币供给方程，这个结果看起来是没有意义的。OLS 检验在估计时避免了协整残差项的出现，这也是本章倾向于使用 OLS 检验进行分析的一个原因。从收入到货币的因果关系仍然是显著的，自由度为 3 和 102 的 F 值为 4，显著性水平为 1%。从货币到收入的因果关系也是显著的，自由度为 7 和 102 的 F 值为 3.9，显著性水平为 0.1%。两个检验都得到

较大 F 检验值的原因是，ML 方法检验的是整个协整残差项的显著性。下节中，当在 ECM 中设定不同的滞后长度时，也出现了相同的效应。

和 OLS 检验一样，在确定性趋势中加入位移，或等价的，在漂移项中加入位移后，再次检验变量之间的因果关系。在协整分析中，虚拟截距项被归于平稳变量中。从表 5-2 中情形（2）的结果，发现三个变量之间不存在协整关系。在 VAR 中去除掉所有水平变量后，从差分后的收入到差分后的货币的因果关系是不显著的，自由度为 2 和 102 的 F 值为 0.9，显著性水平为 40%。从差分后的货币到差分后的收入的因果关系也是不显著的，自由度为 6 和 102 的 F 值为 1.2，显著性水平为 34%。这一结果和其他情形的结论完全不同，看起来差分变量不存在因果关系并不意味着水平变量不存在因果关系。同样，即使水平变量间存在因果关系，也不保证差分变量之间存在因果关系。

在表 5-2 的情形（3）中，长期均衡关系被假定包含一个确定性趋势。如果协整方程包含确定性时间趋势，必须使用另一种估计方法（Johansen，1994）。在协整关系中包含趋势而在 ECM 中只包含漂移的情况下，利用 χ^2 统计量对协整方程中的时间趋势项显著性进行检验，自由度为 1 的 χ^2 值为 5.9，是显著的（p 值为 2%）。协整矩阵估计的秩为 2。如果只使用最大的特征值方法，那么协整方程为：

$$LNM = 0.06LRY + 2.0LP + 0.02trend + error \tag{5-23}$$

这一关系看起来同样也是没有意义的，但是协整残差和情形（1）十分相似。从收入到货币的因果关系是显著的，自由度为 3 和 101 的 F 值为 2.8，显著性水平为 4%。从货币到收入的因果关系也是显著的，自由度为 7 和 101 的 F 值为 4.1，显著性水平为 0.1%。注意，上面因果关系的 ML 检验只使用了第三章中的 ML 检验分布的情形 1。

5.4　存在滞后阶数与结构变化时的因果性研究

5.4.1　Toda 和 Yamamoto 检验

本节估算了由 Toda 和 Yamamoto（1995）提出的 Wald 检验。这一检验通过在回归方程中增加辅助的滞后变量，来消除式（5-21）中每个回归项中滞后项的效应。本质上，这和从 ECM 中去掉水平变量的效果是一样的。由于这一检验是针对差分变量的，那么所有检验变为标准检验（参见第三章式（3-66））。对于利率，如果变量不是单整的，那么就没有必要额外增加一个滞后变量。在对收入到货币的因果关系检验中，Wald 检验值为 2.5，相应的自由度为 3 的 χ^2 分布的显著性水平为 48%，这是不显著的。对货币到收入因果关系的 Wald 检验值为 9，自由度为 7 的 χ^2 分布的显著性水平为 26%，也是不显著的。造成这一独特结论的原因可能是忽略了回归中的水平变量。

5.4.2　ECM 中不同滞后阶数的讨论

为每一个变量选择一个合适的滞后阶数并不容易，而且可能带有一些随意性。接下来本节在 ECM 中设置不同的滞后阶数来检验因果关系。对三个非平稳变量（*LNM*、*LRY*、*LP*）使用相同的滞后阶数。表 5-3 给出了 OLS 和 ML 检验的结果（收入到货币供给的因果关系检验）。

ECM 的滞后长度从 2 到 8，利率变量 R 没有包括在内。当滞后长度从 2 到 8 时，β_2 的 t 值在 1%的水平下是显著的。在这些滞后长度上，ML 和 OLS 检验都可以安全的使用（参见第三章检验统计量分布中的 $\beta_p \neq 0$ 情形 1）。在大部分情况下，收入变量至少在 5%水平下是显著的，而在 1%的显著性水平下则不然。总体上来说，得到收入是货币 Granger 因的结论是合理的。同样需要指出的是，在大多数情形下，ML 检验值要比 OLS 检验值大一些，相应的显著性水平更小。看起来有必要分析这些检验的小样本性质（Toda and Phillips，1994）。在确定性趋势中加入位移后应用 OLS 检验，得到的结果几乎完全相同。Toda 和 Yamamoto 提出的 Wald 检验在所有情形下都给出了不显著的结果。

表 5-3　收入到货币供给的因果关系检验（不包含 R, Y → M ）

Lag length(1)	2	3	4	5	6	7	8
T&P(2)	12***	17***	15***	14***	14***	6.7***	5.9***
F(ML)	15***	8.7***	6.8***	6.5***	4.6***	2.8*	2.5*
F(OLS)	4.9**	4.1**	3.3**	3.2**	3.2**	3.0**	2.4*
F-degrees(3)	2, 109	3, 106	4, 103	5, 100	6, 97	7, 94	8, 91
Trend shift(4)	5.5**	4.8***	3.7**	3.5**	3.2**	2.9**	2.1*
T&Y(5)	2.4	2.5	4.2	6.6	8.0	8.1	9.7

注：估计区间均为 1962 年一季度到 1990 年四季度。***、**、*分别表示 0.5%，1%及 5%显著水平。

（1）VAR 模型的滞后长度。

（2）使用 Toda 和 Phillips 的 ML 检验（3-45），但 F(ML)忽略了高阶项。

（3）F 的自由度，ML 检验分母中应加入 2 个自由度，因为检验使用协整残差，VAR 中回归变量的数量减少 2 个。在所有滞后长度上协整的秩均为 1。

（4）ECM 中包含趋势位移虚拟变量。分母自由度应 F(OLS)中应该减去 1。

（5）Wald 统计量是由 Toda 和 Yamamoto 提出的，其自由度和 F(OLS)检验相同。

当 ECM 回归中包含平稳变量 R 时，同样进行了收入到货币的因果关系检验，R 的第一阶到第四阶滞后都包括在回归中。可再次发现利率对因果关系几乎没有影响。在 Johansen 检验中加入利率的滞后变量后，协整矩阵的秩为 1。在解释变量中加入利率滞后值后，估计 ECM 回归，零假设是相同的。检验结果由表 5-4 给出，其值和表 5-3 中的结果类似，无因果关系的零假设被拒绝。OLS 检验在 1%的显著性水平下对大多数滞后长度来说仍然是显著的。值得注意的是，两个表中的检验值非常相似。

表 5-4　收入到货币供给的因果关系检验（包含 $R(-1)$ 至 $R(-4)$，Y → M ）

Lag length	2	3	4	5	6	7	8
F(ML)	17***	8.6***	6.5***	6.3***	4.0***	2.2*	2.1*
F(OLS)	5.6**	4.1**	3.3*	3.3**	3.0**	2.8*	2.3*
degrees	2, 105	3, 102	4, 99	5, 96	6, 93	7, 90	8, 87

注：参见表 5-3 的注释。分母自由度为表 5-3 的 F(OLS) 减去 4，是因为 ECM 中包含了利率变量 $R(-1)$ 至 $R(-4)$。

在检验货币到收入的因果关系时，同样在 ECM 中使用不同的滞后长度进行估计检验，结果列于表 5-5 中。货币到收入的因果关系在 ML 检验中被发现是高度显著的，然而在 OLS 检验中却并不显著。比起前者，我们更信赖后者。与表 5-3 的结果进行比较，可以发现两个

表 5-5 货币供给到收入的因果关系检验（不包含 R，Y → M）

Lag length	2	3	4	5	6	7	8
T&P	1.4***	5.9***	4.1**	3.1**	2.8*	2.9**	2.8**
F(ML)	1.3***	5.0***	3.7**	3.0**	3.0**	4.9***	3.7***
F(OLS)	1.4	0.80	0.94	0.73	1.0	2.2*	1.9
F-degrees	2, 109	3, 106	4, 103	5, 100	6, 97	7, 94	8, 91
Trend shift	1.1	0.70	1.0	0.80	1.0	2.1*	1.8
T&Y	1.4	3.1	3.2	5.2	15*	14*	19*

注：参见表 5-3 中注释。

ML 检验给出了类似的值，都比 OLS 的值要大。表 5-3 中的 OLS 值均比表 5-5 中的要大。在 5%的显著性水平下，只有当滞后阶数为 7 时，因果关系才是显著的。因此可以推断出，从总体上说，货币到收入的因果关系都是不显著的。虽然可能无法否认货币和收入之间的反馈关系，但很明确的是，货币到收入的因果关系要弱于收入到货币的因果关系。这支持和扩展了 Komura（1982）使用 Sims 检验得到的结论，以及 Ram（1984）使用 Granger 检验的结论。

在表 5-5 中，在 5%的显著水平下，β_1 系数没有一个是显著的（参见第三章）。为了保证结果的稳健性，对回归中不包含水平货币变量的情形再做 OLS 检验，检验值并没有发生实质的变化，因果关系仍然是不显著的。表 5-5 也给出了确定性趋势位移（trend shift）时的 OLS 检验结果，这一检验值和其他的 OLS 检验非常相似，表明 OLS 检验不受趋势位移影响。同时表 5-5 也计算了 Toda 和 Yamamoto 的 Wald 统计量。如果将 Wald 检验值除以自由度，那么在这种情形下，平均的卡方值和 OLS 检验值并没有不同。

对 ECM 回归中包含平稳变量 R 的情形，同样进行了货币到收入的因果关系检验。可以发现，利率对因果关系仍然没有什么影响。在 Johansen 检验中即使加入利率的滞后变量后，协整矩阵的秩仍为 1。在解释变量中加入利率滞后值后，估计 ECM 回归，零假设是相同的。检验结果列于表 5-6 中，这些检验值和表 5-5 的结果非常类似，通过 OLS 检验得到无因果关系的零假设仍然是不显著的。由于在 5%的显著水平下 β_1 系数没有一个是显著的，我们对回归方程中不包含水平货币变量的情形再做 OLS 检验。然而，因果关系仍然是不显著的。

表 5-6 货币供给到收入的因果关系检验（包含 $R(-1)$ 至 $R(-4)$，Y → M）

Lag length	2	3	4	5	6	7	8
F(ML)	15***	5.2***	3.4*	2.6*	3.1**	5.3***	4.2***
F(OLS)	0.18	0.19	0.66	0.55	1.2	2.7*	2.4*
degrees	2, 105	3, 102	4, 99	5, 96	6, 93	7, 90	8, 87

注：参见表 5-4 中注释。

5.4.3 协整中的参数不稳定性

迄今为止，因果关系的分析都局限于协整关系是稳定的情形。这意味着协整系数对不同的样本区间都是固定不变的。然而，在 20 世纪 70 年代中期，长期宏观关系发生了变化，这是很多应用计量经济学学者都赞同的。在上面的章节中，只考察了确定性趋势中的位移，本节将用 Hansen 的技术来检验协整的稳定性（Hansen，1992）。图 5-4 是从 1964 年第一季度到 1985 年第四季度这一期间的 F 值。Sup F、mean F 和 Lc 检验都说明结构变化在 1%水平下是显著的，值分别为 23.6、11.5 和 0.47。因此必须在研究因果关系时要考虑长期结构变化的影响。根据上面 5.4.2 节中关于 ECM 不同滞后阶数的分析，OLS 方法将被应用于三个水平变量的系数以及趋势项中包含结构位移的检验。选取断点并不容易，这里选择 1973 年的第四季度作为第一区制的结束，也就是说，在 1974 年第一季度后四个系数值发生变化。断点的选择有可能需要进一步的研究。此时使用四个虚拟变量，类似 5.4.2 节的讨论，进行因果关系的检验。从表 5-7 中可以看出，收入到货币的因果关系普遍是显著的，而货币到收入的因果关系普遍不显著。货币到收入因果关系检验的 F 值增大了一些，但是总体来说结论仍然是相同的。

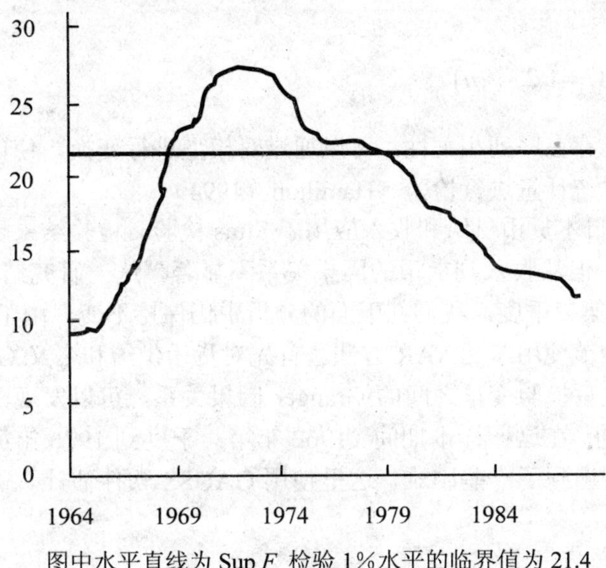

图中水平直线为 Sup F 检验 1%水平的临界值为 21.4

图 5-4　1964 第一季度到 1984 年第四季度的 F 值

表 5-7　存在结构变化时的因果关系检验（包含 $R(-1)$ 至 $R(-4)$）

Lag length	2	3	4	5	6	7	8
Y → M	2.6*	2.4*	2.0	2.4*	2.3**	2.3*	2.1*
M → Y	1.0	0.72	0.87	0.72	0.68	2.1*	2.0*
degrees	3, 101	4, 98	5, 95	6, 92	7, 89	8, 86	9, 83

注：参见表 5-4 中注释。

5.5　Sims 检验与 Sims 滤波

5.5.1　Sims 检验结果的再审视

Sims 检验的基础源于 Sims（1972）的定理：假设 x、y 为平稳时间序列，且具有 VAR 的表达形式。如果不存在 y 到 x 的 Granger 因果关系，那么 y 可以表示为 x 的现在及过去的分布滞后形式（distributed lag model）。即有：

$$y_t = c + \sum_{i=0}^{m} b_i x_{t-i} + v_t \tag{5-24}$$

其中 b_i 为参数。随机误差项 v_t 满足条件：

$$E(x_s v_t)=0 \qquad (\text{对所有的} s,t) \tag{5-25}$$

检验时，考虑如下加入x将来值的模型：

$$y_t = c + \sum_{i=0}^{m} b_i x_{t-i} + \sum_{i=1}^{n} d_i x_{t+i} + v_t \tag{5-26}$$

其中b_i与d_i可以看成投影系数。“y不是x的 Granger 因”的零假设H_0意味着x的将来值对模型没有影响。

$$H_0\text{:}\ d_i = 0 \quad (i=1,2,\cdots,n) \tag{5-27}$$

注意通常误差项v_t存在序列相关性，可以通过对模型进行变换，使误差项满足不相关条件后，再使用通常的 F 统计量进行检验（Hamilton，1994）

Oritini（1979）对日本货币供给和收入应用了 Sims 检验。检验结果显示了从货币到收入存在显著的因果关系，但从收入到货币的因果关系不显著。这一研究结果的样本期为 1962 年第一季度到 1976 年第三季度，我们在下面的分析中仍保持不变。由于 Oritini 的研究为二元变量的情形，因此本节使用二元 VAR 方法。首先对货币供给和名义 GNP 使用 DF 检验，讨论它们是否平稳，之后检验变量之间的 Granger 因果关系。可以发现，下面给出的估计结果和 Oritini 的完全不同。在这一样本期间（1962 年第一季度到 1976 年第三季度）估计带有 MA 误差的 AR 模型时遇到了一些困难，这里使用 GAUSS 软件估计。货币供给的 AR 回归如下：

$$\begin{aligned}\Delta LNM = &\ 0.73 + 0.0032t - 0.080LNM(-1) + 0.58\Delta LNM(-1) + 0.23\Delta LNM(-2)\\ &(2.1) \quad (2.0) \quad (-2.0) \qquad\qquad (1.3) \qquad\qquad (0.70)\end{aligned} \tag{5-28}$$

方程 MA 部分为

$$\mathrm{e} - 0.1\mathrm{e}(-1) \tag{5-29}$$

其中t值为 0.22，在 5%的水平下不显著。$R^2=0.51$，$DW=1.9$。DF 统计量 $\tau_{\alpha\tau}$、$\tau_{\beta\tau}$ 和 τ_τ 是不显著的（5%临界值分别为 3.1、2.8、-3.5）。最后将 LNM 归为一个带有单位根和趋势的三阶 AR 过程，也就是说，ΔLNM 是带有漂移的二阶 AR 过程。方程估计如下：

$$\begin{aligned}\Delta LNM = &\ 0.0088 + 0.51\Delta LNM(-1) + 0.27\Delta LNM(-2)\\ &(1.9) \quad (3.9) \qquad\qquad (1.8)\end{aligned} \tag{5-30}$$

方程的 MA 部分为

$$E - 0.23E(-4) \tag{5-31}$$

其中 t 值为-1.4，在 5%的水平下不显著，$R^2=0.44$，$DW=1.9$。因此，货币供给是非平稳的。似然函数非常平滑，是关于δ的单一模型。对这一 ARMA 方程的残差使用 DF 检验，τ值为-7.1，是高度显著的（估计残差τ检验的 1%临界值为-2.57）。于是估计残差至多是$I(0)$的。残差可能为$I(-1)$的，但R^2为 0.34。这里由于一阶 MA 项不显著，可以用式（5-30）

中的估计系数来定义第二章中的$\widehat{\alpha}(L)$。此时5%临界值为0.15。

名义收入的AR方程估计结果为：

$$\Delta LNY = 2.6 + 0.010t - 0.27LNY(-1) + 0.28\Delta LNY(-1) + 0.28\Delta LNY(-2) \quad (5\text{-}32)$$
$$(3.2)\quad (3.2)\quad (-3.2)\quad (1.3)\quad (2.2)$$

方程的MA部分为：

$$e - 0.81e(-1) \quad (5\text{-}33)$$

其中t值为-0.61，在5%的水平下不显著。$R^2 = 0.23$，$DW = 2.0$。DF检验统计量τ_τ在5%水平下是不显著的。由于$\tau_{\alpha\tau}$和$\tau_{\beta\tau}$在5%临界水平下是显著的，那么对τ_τ进行正态检验结果被证明是显著的。因此可以推断出名义收入是趋势平稳的。注意在5.2节中名义收入是非平稳的，而在这节中是平稳的。这种不一致性在实证研究中会偶然出现（Stock and Watsonn, 1989；Perron，1989）。

在二元ECM中，第一个和第二个因变量分别为ΔLNM和ΔLNY，由于LNM是非平稳的，因此协整向量肯定为（0，1）。这意味着水平货币变量$LNM(-1)$必须从ECM系统中剔除。参见第三章对这一情形因果检验的解释。由于协整向量是已知的，所以ML检验和OLS检验是一致的。水平收入变量$LNY(-1)$以及滞后差分ΔLNM和ΔLNY（设定不同滞后长度）出现在两个回归方程之中。表5-8中给出了全部检验结果。在大多数情形下，从收入到货币无因果关系可以在10%或5%的显著性水平下被拒绝，但从货币到收入无因果关系无法被拒绝。可以合理推断出的是，收入是货币的Granger因，但货币不是收入的Granger因。

表5-8 子区间的因果性检验（不包含R）

Lag length	2	3	4	5	6	7	8
Y → M	3.7*	3.4*	2.2#	1.9	2.2#	2.1#	2.3#
degrees	2, 55	3, 53	4, 51	5, 49	6, 47	7, 45	8, 43
M → Y	2.1	3.4*	1.9	1.8	1.3	0.92	0.83
degrees	1, 55	2, 53	3, 51	4, 49	5, 47	6, 45	7, 43

注：*和#分别表示检验在5%和10%的水平上显著。样本为1962年一季度到1976年三季度。

5.5.2 Sims滤波

Sims（1972）使用的滤波为$(1\text{-}0.75L)^2$，该滤波被用于消除时间序列的相关性。但在单位根分析中，滤波的角色变得有些不明确了，实际上，一个平稳的滤波是无法平稳化随机游走过程的。下面用SNM表示滤波后的LNM，SNM的自回归方程估计如下：

$$\Delta SNM = 0.45 + 0.0019t - 0.77SNM(-1) + 0.27\Delta SNM(-1) \quad (5\text{-}34)$$
$$(4.1)\quad (3.9)\quad (-4.0)\quad (-2.1)$$

MA部分在5%的水平下是不显著的，$R^2 = 0.55$，$DW = 2.0$。DF检验τ_τ是显著的，$\tau_{\alpha\tau}$、$\tau_{\beta\tau}$也都是显著的（5%临界值分别为3.1，2.8和-3.5）。用SNY表示滤波后的LNY，其自回归方程估计如下：

$$\Delta SNY = 0.99 + 0.003\,9t - 1.6SNY(-1) + 0.082\Delta SNY(-1) \tag{5-35}$$
$$(7.4) \quad (7.3) \quad (-7.3) \qquad (0.64)$$

MA 部分在 5%的水平下不显著，$R^2 = 0.77$，$DW = 2.0$。DF 检验τ_τ是显著的。变量至多是$I(0)$的。但是，如果对 SNM 和 SNY 序列应用 MA 单位根检验，发现过度差分的零假设无法被拒绝。SNM 和 SNY 的检验值分别为 0.12 和 0.029，但是 5%水平η_τ检验值为 0.15。因此，Sims 使用的滤波将会导致过度差分，在这一样本期内，滤波后的变量实际上为$I(-1)$。合理的选择是，不对时间序列进行任何滤波处理而直接使用原序列，这是由于滤波后变量的经济意义变得模糊。在使用 Sims 滤波时一定要注意，因为它可能会引起平稳序列的过度差分。

本章使用在计量经济学领域的非平稳技术，对日本货币供给和收入的因果关系做出了一些新的诠释。首先通过 Dickey 和 Fuller（DF）检验或增广的 DF 检验，对货币、收入、价格平减指数和利率设定单变量 ARMA 模型。对选定的 ARMA 模型，对每个回归方程应用两种诊断检验。一个为残差的 DF 检验，另一个为残差的移动平均（MA）单位根检验。然后使用 ML 和 OLS 两种方法来检验因果关系。每种方法都包含三种情形：（1）ECM 中含有漂移；（2）ECM 中含有漂移位移；（3）漂移和趋势同时存在于 ECM 和协整中。检验结果显示收入是货币的 Granger 因，反之不成立。最后，关于因果关系的进一步分析是通过设定 VAR 中不同的滞后长度以及在协整中使用结构变化。从收入到货币的因果关系再次被观察到。本章的研究不支持 Sims（1980）的观点，但是支持 Stocks 和 Watson（1989）的观点，即显示出利率在影响因果关系上并没有显著的效应。

本章要强调的是，在对协整矩阵施加一个条件后，平稳序列因果关系分析中使用的F检验可以用于检验非平稳序列间的因果关系，这意味着对平稳序列使用的因果检验同样可以用于非平稳序列。当然建模者不能忽略使用前提条件的重要性（参见第三章 3.4 的蒙特卡洛模拟结果）。

本章附录

附表 5-1　DLNM 的 ECM 估计结果

Dependent Variable: DLNM
Method: Least Squares

Sample: 1962Q1-1990Q4
Included observations: 116

Variable	Coefficient	Std. Error	t-Statistic	Prob.
C	−0.218 305	0.079 219	−2.755 707	0.007 0
DLNM(−1)	0.348 715	0.104 006	3.352 853	0.001 1
DLNM(−2)	0.287 938	0.104 091	2.766 215	0.006 8
DLNM(−3)	0.011 934	0.109 179	0.109 311	0.913 2
DLNM(−4)	−0.240 284	0.104 895	−2.290 702	0.024 1
DLNM(−5)	0.078 901	0.102 625	0.768 832	0.443 8
DLNM(−6)	0.218 823	0.098 502	2.221 519	0.028 6
DLY(−1)	−0.129 173	0.060 750	−2.126 288	0.035 9
DLY(−2)	−0.030 281	0.062 520	−0.484 339	0.629 2
DLP(−1)	−0.160 182	0.072 290	−2.215 824	0.029 0
DLP(−2)	−0.032 936	0.071 585	−0.460 101	0.646 4
LNM(−1)	−0.024 635	0.010 054	−2.450 363	0.016 0
LY(−1)	0.042 699	0.014 009	3.047 987	0.002 9
LP(−1)	0.003 684	0.012 830	0.287 136	0.774 6
R(−1)	−0.002 026	0.000 743	−2.726 735	0.007 6
R(−2)	0.001 460	0.000 765	1.909 132	0.059 1

R-squared	0.797 061	Mean dependent var	0.032 069
Adjusted R-squared	0.766 620	S.D. dependent var	0.012 260
S.E. of regression	0.005 923	Akaike info criterion	−7.292 662
Sum squared resid	0.003 508	Schwarz criterion	−6.912 857
Log likelihood	438.974 4	Hannan-Quinn criter.	−7.138 483
F-statistic	26.183 96	Durbin-Watson stat	1.970 522
Prob(F-statistic)	0.000 000		

附表 5-2 收入到货币的因果关系检验

Wald Test:

Equation: DLNM1

Test Statistic	Value	df	Probability
F-statistic	3.928 274	(3, 100)	0.010 7
Chi-square	11.784 82	3	0.008 2

Null Hypothesis Summary:

Normalized Restriction (= 0)	Value	Std. Err.
C(8) （=DLY(－1)）	－0.1291 73	0.060 750
C(9) （=DLY(－2)）	－0.030 281	0.062 520
C(13) （=LY(－1)）	0.042 699	0.014 009

Restrictions are linear in coefficients.

附表 5-3 DLY 的 ECM 估计结果

Dependent Variable: DLY
Method: Least Squares

Sample: 1962Q1-1990Q4
Included observations: 116

Variable	Coefficient	Std. Error	t-Statistic	Prob.
C	0.020 150	0.126 122	0.159 768	0.873 4
DLNM(−1)	0.124 295	0.165 583	0.750 653	0.454 6
DLNM(−2)	−0.017 512	0.165 719	−0.105 670	0.916 1
DLNM(−3)	−0.254 775	0.173 818	−1.465 757	0.145 9
DLNM(−4)	0.205 609	0.166 999	1.231 199	0.221 1
DLNM(−5)	−0.196 360	0.163 384	−1.201 831	0.232 3
DLNM(−6)	−0.307 493	0.156 820	−1.960 800	0.052 7
DLY(−1)	−0.020 025	0.096 718	−0.207 044	0.836 4
DLY(−2)	0.136 642	0.099 536	1.372 788	0.172 9
DLP(−1)	0.068 262	0.115 089	0.593 119	0.554 4
DLP(−2)	0.033 431	0.113 967	0.293 338	0.769 9
LNM(−1)	0.018 623	0.016 006	1.163 524	0.247 4
LY(−1)	−0.018 118	0.022 303	−0.812 363	0.418 5
LP(−1)	−0.044 641	0.020 426	−2.185 513	0.031 2
R(−1)	−0.000 976	0.001 183	−0.825 362	0.411 1
R(−2)	−0.000 160	0.001 218	−0.131 496	0.895 6

R-squared	0.407 263	Mean dependent var	0.014 701
Adjusted R-squared	0.318 352	S.D. dependent var	0.011 421
S.E. of regression	0.009 429	Akaike info criterion	−6.362 610
Sum squared resid	0.008 891	Schwarz criterion	−5.982 804
Log likelihood	385.031 4	Hannan-Quinn criter.	−6.208 430
F-statistic	4.580 583	Durbin-Watson stat	1.959 875
Prob(F-statistic)	0.000 001		

附表 5-4 货币到收入的因果关系检验

Wald Test:

Equation: DLNM1

Test Statistic	Value	df	Probability
F-statistic	1.725 576	(7, 100)	0.111 5
Chi-square	12.079 03	7	0.098 0

Null Hypothesis Summary:

Normalized Restriction (= 0)	Value	Std. Err.
C(2)(= DLNM(− 1))	0.124 295	0.165 583
C(3) (=DLNM(− 2))	− 0.017 512	0.165 719
C(4) (=DLNM(− 3))	− 0.254 775	0.173 818
C(5) (=DLNM(− 4))	0.205 609	0.166 999
C(6) (=DLNM(− 5))	− 0.196 360	0.163 384
C(7) (=DLNM(− 6))	− 0.307 493	0.156 820
C(12) (=LNM(− 1))	0.018 623	0.016 006

Restrictions are linear in coefficients.

附表 5-5　日本宏观经济数据

季度	LNM	LRY	LP	R
1960Q1	9.060 671	11.023 34	−1.398 37	8.40
1960Q2	9.105 091	11.025 59	−1.386 29	8.40
1960Q3	9.156 093	11.060 23	−1.366 49	8.40
1960Q4	9.207 625	11.101 57	−1.358 68	8.40
1961Q1	9.266 817	11.129 89	−1.335 60	8.03
1961Q2	9.317 485	11.149 02	−1.313 04	8.03
1961Q3	9.352 962	11.166 36	−1.294 63	8.40
1961Q4	9.391 912	11.217 49	−1.272 97	8.76
1962Q1	9.424 330	11.230 52	−1.258 78	8.76
1962Q2	9.471 773	11.244 72	−1.258 78	8.76
1962Q3	9.526 763	11.256 77	−1.262 31	8.76
1962Q4	9.576 575	11.275 44	−1.258 78	9.49
1963Q1	9.644 200	11.288 63	−1.241 33	8.40
1963Q2	9.699 592	11.316 63	−1.214 02	7.30
1963Q3	9.745 552	11.343 35	−1.197 33	7.30
1963Q4	9.791 832	11.378 27	−1.180 91	8.03
1964Q1	9.831 288	11.411 67	−1.177 66	8.76
1964Q2	9.863965	11.439 09	−1.158 36	10.59
1964Q3	9.900 891	11.454 95	−1.15201	11.32
1964Q4	9.934 736	11.464 29	−1.136 31	10.95
1965Q1	9.977 115	11.473 81	−1.111 70	8.40
1965Q2	10.015 830	11.489 89	−1.105 64	6.94
1965Q3	10.058 350	11.512 09	−1.096 61	6.21
1965Q4	10.101 400	11.524 17	−1.105 64	5.84
1966Q1	10.147 100	11.552 21	−1.075 87	5.84
1966Q2	10.177 860	11.596 14	−1.061 32	5.84
1966Q3	10.221 280	11.619 36	−1.046 97	5.84
1966Q4	10.253 400	11.639 43	−1.044 12	5.84
1967Q1	10.294 350	11.666 44	−1.021 65	6.21
1967Q2	10.324 040	11.689 46	−1.016 11	6.21
1967Q3	10.362 840	11.723 98	−0.999 67	6.94
1967Q4	10.399 280	11.745 03	−0.978 17	7.30
1968Q1	10.434 970	11.770 98	−0.967 58	8.03
1968Q2	10.473 450	11.807 74	−0.964 96	8.03
1968Q3	10.500 430	11.830 07	−0.949 33	8.03
1968Q4	10.539 190	11.894 82	−0.939 05	7.67
1969Q1	10.579 970	11.901 94	−0.941 61	7.67
1969Q2	10.625 460	11.930 06	−0.921 30	6.94
1969Q3	10.666 440	11.949 54	−0.901 40	8.25
1969Q4	10.710 610	11.993 54	−0.886 73	8.50

续表

季度	LNM	LRY	LP	R
1970Q1	10.748 84	12.021 31	−0.874 67	8.50
1970Q2	10.790 55	12.038 79	−0.860 38	8.25
1970Q3	10.827 78	12.066 93	−0.846 30	8.50
1970Q4	10.868 00	12.065 74	−0.823 26	8.00
1971Q1	10.915 49	12.070 02	−0.809 68	7.25
1971Q2	10.976 70	12.086 25	−0.802 96	6.50
1971Q3	11.036 08	12.103 08	−0.794 07	6.00
1971Q4	11.086 44	12.113 29	−0.787 46	5.50
1972Q1	11.131 42	12.140 66	−0.765 72	5.25
1972Q2	11.181 45	12.161 44	−0.757 15	4.64
1972Q3	11.235 20	12.181 55	−0.731 89	4.50
1972Q4	11.308 04	12.206 69	−0.715 39	4.71
1973Q1	11.355 36	12.237 92	−0.679 24	5.43
1973Q2	11.401 75	12.247 10	−0.644 36	6.55
1973Q3	11.441 79	12.247 70	−0.606 97	8.72
1973Q4	11.464 62	12.255 38	−0.556 87	10.47
1974Q1	11.495 95	12.229 35	−0.509 16	12.48
1974Q2	11.526 32	12.237 55	−0.449 42	12.48
1974Q3	11.545 06	12.248 62	−0.417 03	13.00
1974Q4	11.565 29	12.242 20	−0.384 19	13.46
1975Q1	11.595 11	12.240 93	−0.379 80	12.92
1975Q2	11.624 96	12.266 37	−0.372 51	10.72
1975Q3	11.661 93	12.276 78	−0.360 97	9.67
1975Q4	11.700 62	12.288 25	−0.343 90	7.96
1976Q1	11.740 08	12.296 64	−0.320 21	7.00
1976Q2	11.774 45	12.304 83	−0.294 37	6.90
1976Q3	11.801 33	12.317 03	−0.277 07	7.05
1976Q4	11.830 20	12.319 82	−0.265 27	7.11
1977Q1	11.854 82	12.343 41	−0.247 18	6.69
1977Q2	11.878 11	12.351 45	−0.233 19	5.48
1977Q3	11.907 19	12.357 45	−0.218 16	4.98
1977Q4	11.932 15	12.372 12	−0.207 02	5.01
1978Q1	11.959 94	12.388 27	−0.193 58	4.62
1978Q2	11.991 07	12.396 36	−0.181 52	4.11
1978Q3	12.020 44	12.410 37	−0.169 60	4.25
1978Q4	12.047 59	12.422 78	−0.163 70	4.57
1979Q1	12.075 55	12.439 51	−0.159 00	4.64
1979Q2	12.103 23	12.456 07	−0.154 32	5.34
1979Q3	12.128 85	12.465 63	−0.147 34	6.81
1979Q4	12.152 30	12.473 21	−0.141 56	8.05

续表

季度	LNM	LRY	LP	R
1980Q1	12.175 81	12.487 44	−0.135 820	10.730
1980Q2	12.195 58	12.484 33	−0.109 810	12.640
1980Q3	12.206 53	12.493 91	−0.093 210	11.400
1980Q4	12.227 26	12.505 94	−0.084 470	9.490
1981Q1	12.248 47	12.519 90	−0.079 040	8.035
1981Q2	12.276 78	12.520 68	−0.074 720	7.118
1981Q3	12.302 49	12.530 49	−0.065 070	7.258
1981Q4	12.326 57	12.534 79	−0.057 630	6.701
1982Q1	12.346 00	12.545 72	−0.056 570	6.675
1982Q2	12.362 52	12.557 95	−0.053 400	7.187
1982Q3	12.386 13	12.563 42	−0.046 040	6.987
1982Q4	12.401 97	12.573 44	−0.051 290	6.921
1983Q1	12.416 79	12.576 96	−0.038 740	6.692
1983Q2	12.437 49	12.580 63	−0.037 700	6.197
1983Q3	12.454 78	12.595 48	−0.039 780	6.533
1983Q4	12.474 41	12.598 34	−0.035 630	6.437
1984Q1	12.495 51	12.615 31	−0.025 320	6.452
1984Q2	12.510 37	12.628 34	−0.019 180	5.907
1984Q3	12.531 66	12.633 88	−0.012 070	6.315
1984Q4	12.548 92	12.642 58	−0.006 020	6.407
1985Q1	12.570 34	12.659 80	−0.005 010	6.417
1985Q2	12.590 85	12.677 89	−0.002 000	6.128
1985Q3	12.611 08	12.684 00	0.002 996	6.406
1985Q4	12.637 28	12.697 93	0.004 988	8.020
1986Q1	12.655 49	12.689 29	0.011 929	5.534
1986Q2	12.673 64	12.704 35	0.018 822	4.391
1986Q3	12.696 17	12.709 30	0.023 717	4.631
1986Q4	12.716 32	12.722 78	0.015 873	4.182
1987Q1	12.742 04	12.729 28	0.015 873	3.854
1987Q2	12.770 91	12.735 11	0.015 873	3.161
1987Q3	12.801 62	12.753 45	0.018 822	3.389
1987Q4	12.826 70	12.775 02	0.018 822	3.812
1988Q1	12.853 15	12.791 58	0.019 803	3.523
1988Q2	12.878 91	12.799 01	0.019 803	3.419
1988Q3	12.903 10	12.817 58	0.019 803	3.878
1988Q4	12.926 12	12.829 59	0.024 693	4.040
1989Q1	12.951 09	12.839 94	0.027 615	4.006
1989Q2	12.969 48	12.839 94	0.040 182	4.847
1989Q3	12.996 38	12.863 75	0.038 259	5.275
1989Q4	13.029 85	12.876 84	0.051 643	6.287

续表

季度	LNM	LRY	LP	R
1990Q1	13.061 18	12.892 82	0.050 693	6.646
1990Q2	13.088 48	12.906 39	0.058 269	7.204
1990Q3	13.109 78	12.917 63	0.056 380	7.574
1990Q4	13.111 95	12.922 79	0.067 659	8.153

注：数据源于 OECD 统计，其中 LNM：名义 M2 的对数，LRY：实际 GNP 的对数，LP：GNP 平减指数的对数，R：活期贷款利率（call money rate）。

参考文献

Dickey, D. A., and W. A .Fuller (1981). Likelihood ratio statistics for autoregressive time series with a unit root. *Econometrica*, 49, 1057-1072.

Friedman, B., and K. N. Kuttner (1992). Money, income, price, and interest rate. *American Economic Review*, 82, 472-492.

Fuller, W. A. (1976). *Introduction to Statistical Time Series*. John, Wiley & Sons.

Godfrey, L. G. (1988). *Misspecification Tests in Econometrics: The Lagrange Multiplier Principle and Other Approaches.* Cambridge University Press.

Hamilton, J. D. (1994). *Time series analysis*. Princeton University Press.

Hansen, B. E. (1992). Tests for parameter instability in regressions with I(1) processes. *Journal of Business & Economic Statistics*, 10, 321-335.

Hatanaka, M., and Y. Koto (1995). Are there unit root in real economic variables? An encompassing analysis of difference and trend stationarity. *Japanese Economic Review*, 46, 166-190.

Hatanaka, M. (1996). *Time series based econometrics*. Oxford University Press.

Hsiao, C. (1982). Autoregressive modeling and causal ordering of economic variables. *Journal of Economic Dynamics and Control*, 4, 243-259.

Johansen, S. (1991). Estimation and hypothesis testing of cointegration vectors in Gaussian vector auto-regressive models. *Econometrica*, 59, 1551-1580.

Johansen, S. and K. Juselius (1990). Maximum likelihood estimation and inference on cointegration with applications to the demand for money. *Oxford Bulletin of Economics and Statistics*, 52, 169-209.

Johansen, S. (1994). The role of the constant and linear terms in cointegration analysis of nonstationary variables. *Econometric Reviews*, 13, 205-229.

Komura, C. (1982). Money, income and causality: Japanese case. *Southern Economic Journal*, July, 19-34.

Kwiatkowski, D., P. C. B. Phillips, P. Schmidt, and Y. Shin (1992). Testing the null hypothesis of stationary against the alternative of a unit root: How sure are we that economic time series have a unit root. *Journal of Econometrics*, 54, 159-178.

Koto, Y. and M. Hatanaka (1994). A simulation study of the p-values discrimination between the difference and trend stationarity. Discussion Paper Series F-083, Faculty of Economics, Tezukayama University.

MacKinnon, J. (1991). Critical values for cointegration tests, Chapter 13 in Long-run economic relationships edited by R. F. Engle and C. W. J. Granger, Oxford University Press.

Morimune, K., and A. Mantani (1995). Estimating the rank of co-integration after estimating the order of a vector autoregression. *Japanese Economic Review*, 46, 191-205.

Morimune, K., and G. Q. Zhao (1997). Unit root analyses of the causality between Japanese money and income. *Japanese Economic Review*, 48, 343-367.

Mosconi, R., and C. Giannini (1992). Non-causality in cointegrated systems: representation estimation and testing. *Oxford Bulletin of Economics and Statistics*, 54, 399-417.

Oritani, Y. (1979). On the relationship between the money supply and nominal GNP (Japanese). *Kinkyu kenkyu shiryo*, January, 37-48.

Perron, P. (1989). The great crash, the oil price shock, and the unit root hypothesis. *Econometrica*, 57, 1361-1401.

Ram, R. (1984). Money income and causality in Japan: supplementary evidence: Comment. *Southern Economic Journal*, April, 1214-1218.

Said, S. E. and D. A. Dickey (1985). Hypothesis testing in ARIMA(p,1,q) models. *Journal of the American Statistical Association*, 80, 369-374.

Sims, C. A. (1972). Money, income, and causality. *American Economic Review*, 62, 540-552.

Sims, C. A. (1980). Comparison of interwar and postwar business cycles: monetarism reconsidered. *American Economic Review* 70, Proceedings, May, 250-257.

Stock, J. H., and M. W. Watson (1989). Interpreting the evidence on money income causality. *Journal of Econometrics*, 40, 162-181.

Toda, H. Y., and P. C. B. Phillips (1993). Vector autoregerssive and causality. *Econometrica*, 61, 1367-1393.

Toda, H. Y., and T. Yamamoto (1995). Statistical inference in Vector autoregerssions with possibly integrated processes. *Journal of Econometrics*, 66, 225-250.

West, K. D. (1993). An aggregate demand-aggregate supply analysis of Japanese monetary policy, 1973-1990. *Japanese monetary policy*, edited by K. J. Singletion, University of Chicago Press.

第六章 货币需求函数与弱外生性检验

20 世纪 90 年代之后，涌现出一些关于使用误差修正模型（ECM）估计货币需求函数的研究，如 Baba、Hendry 和 Starr（1992）关于美国的研究以及 Hendry 和 Ericsson（1991）关于英国的研究等。吉田（1989）和馬場（1995）使用 ECM 模型对日本的货币需求函数进行了估计。但这些研究采用的分析方法均严重依赖于协整的最大似然估计技术。Miyao（1996）对最大似然估计方法提出了批评并质疑长期关系的存在性。本章我们将使用 ECM 模型估计货币需求函数，但采用的技术更倾向于 ECM 方程的最小二乘（OLS）估计，而不是 Johansen 的最大似然方法。理论上，在估计的 ECM 模型包含非平稳变量时，仅用到 OLS 方法的一致性。在估计时，采用 t 统计量检验每个系数的显著性，并检验了最大似然方法中不需检验的残差序列平稳性。利用 Phillips 和 Loretan（1991）提出的动态 OLS 方法研究是否可重新建立协整的估计方程。研究结果表明，在估计恰当的货币需求方程时，协整的秩检验不是我们感兴趣的问题。同时发现，采用 Johansen 方法估计的方程在某些情况下没有实证经济意义，其协整残差常为非平稳的序列。Hsiao（1997）证明了多个协整关系导致 OLS 估计的不一致性。多个协整关系并不适用于单一的货币需求函数。

本章的结构如下：首先讨论 M2、实际 GNP 及美元对日元汇率的非平稳性检验问题，其次对变量间的协整关系采用最大似然法与动态最小二乘法进行估计。考虑到有必要使货币需求方程的解释变量包含实际收入与日元汇率，这些变量的存在影响到长期参数估计的有效性，本章对上述变量的弱外生性也进行了细致的讨论。最后借助 M2、实际 GNP 及美元对日元汇率的协整方程估计结果，采用 Hendry 形式的自回归分布滞后（ADL）模型估计货币需求函数。

6.1 非平稳性分析

6.1.1 模型的设定

假设 X_t 是自回归时间序列变量：

$$X_t = \alpha_0 + \alpha_1 t + \sum_{i=1}^{k+1} \varphi_i X_{t-i} + u_t \qquad (t = k+2, k+3, \cdots, T) \tag{6-1}$$

其中第一项为常数项，第二项为时间趋势，误差项 $u_t \sim \text{i.i.d}(0, \sigma^2)$。方程（6-1）可转换为如下形式：

$$\Delta X_t = \alpha_0 + \alpha_1 t + \varphi X_{t-1} + \sum_{i=1}^{k} \rho_i \Delta X_{t-i} + u_t \tag{6-2}$$

转换过程先将 $\varphi_{k+1}(-\Delta X_{t-k} + X_{t-k})$ 替换最后一项 $\varphi_{k+1} X_{t-(k+1)}$，之后用 $(\varphi_k + \varphi_{k+1})(-\Delta X_{t-k+1} +$

X_{t-k+1}）替换倒数第二项 $(\varphi_k+\varphi_{k+1})X_{t-k}$，以此类推，将除去 X_{t-1} 之外的全部水平变量以差分变量替换完毕后，方程中仅剩 X_{t-1} 一个水平变量，其系数为：

$$(\varphi_1+\varphi_2+\cdots+\varphi_{k+1}) \tag{6-3}$$

等式两边减去 X_{t-1}，得到方程（6-2）。注意到此时 X_{t-1} 的系数变成：

$$\varphi=\varphi_1+\varphi_2+\cdots+\varphi_{k+1}-1 \tag{6-4}$$

其他的系数为 $\rho_k=-\varphi_{k+1}$，$\rho_{k-1}=-(\varphi_k+\varphi_{k+1})$（见本章附录）。若 X_t 为 $I(1)$，则 ΔX_t 为 $I(0)$。由于方程（6-2）的左边为 $I(0)$，考虑到方程两侧的单整阶数须相等，因此右边也必为 $I(0)$。在水平变量为 $I(1)$时，这意味着 φ 必须为 0。如果 φ 不为 0，方程仍包含 $I(1)$变量 X_{t-1}，导致方程两侧单整阶数不平衡。定义如下的自回归滞后多项式：

$$\varphi(L)=1-\sum_{i=1}^{k+1}\varphi_i L^i \tag{6-5}$$

当该多项式包含单位根时有：

$$\varphi(1)=1-\sum_{i=1}^{k+1}\varphi_i=0 \tag{6-6}$$

此时 X_{t-1} 的系数 φ 与 $\varphi(1)$ 相等，当滞后多项式包含单位根时该系数为 0。由此便可以通过研究系数 φ 的 t 值来检验单位根。注意对于下面的差分过程：

$$\Delta X_t=\alpha_0+u_t \tag{6-7}$$

意味着其水平量为：

$$X_t=\alpha_0 t+\sum_{t=1}^{t}u_i \tag{6-8}$$

所以 α_0 被称为漂移项。

如果零假设 $\varphi=0$ 成立，时间序列具有单位根，因而被称为非平稳序列。如果零假设被拒绝，该序列平稳，此时 φ 为负值。Dickey 和 Fuller（1981）已给出零假设下 t 统计量的分布（见本书附表）。但零假设的检验常忽略一个重要的单位根检验特征。零假设不仅包含 $\varphi=0$ 的假设，且包含另一条件，即当零假设下的回归方程不含截距项时，有 $\alpha_0=0$ 和 $\alpha_1=0$。而零假设下的回归方程含有截距项时，不仅 $\varphi=0$ 还需 $\alpha_1=0$。在通常 t 检验中，零假设仅包含所计算的检验统计量的单一参数。由于 τ_τ 检验的统计量为 $\hat{\varphi}$，因此常被误解为零假设的条件仅为 $\varphi=0$。该问题见 Enders（2003）。事实上，如果在零假设下 α_1 不为 0，X_t 将受时间趋势变量的控制，τ_τ 在零假设下的分布是渐进正态的。

由于此时的零假设中包含多个参数，自然地采用 F 值对这一零假设进行检验。使用备择回归式（6-2）与零假设回归式：

$$\Delta X_t=\sum_{i=1}^{k}p_i\Delta X_{t-i} \tag{6-9}$$

或

$$\Delta X_t = \alpha_0 + \sum_{i=1}^{k} p_i \Delta X_{t-i} + u_t \tag{6-10}$$

的不同残差平方和，很容易进行 F 检验。考虑到零假设下方程的不同形式，F 检验分别用 Φ_1、Φ_2 或 Φ_3 表示，且各自的渐近临界值不同（见本书附表 B-10）。可以证明 τ_τ 分布与 F 分布之间的关联度很小（Morimune and zhao，1997）。

6.1.2 单位根的检验

本节的估计与检验采用 OECD 1960 年一季度至 1990 年四季度的统计数据。变量包括季度调整实际货币供给（M2 采用 1985 年价格，10 亿日元）、季度调整真实 GNP（1985 年价格，10 亿日元）和汇率（美元对日元）的对数形式。实证分析中还使用了 GNP 平减指数的增长率作为通货膨胀率，以及活期贷款利率数据。这五个变量分别记为 *LM*、*LY*、*LS*、*I* 与 *R*。

首先对 *LM* 进行了单位根检验。由于检验序列相关的 LM4（拉格朗日乘数检验）统计量的值不显著，方程（6-2）中的滞后阶数 k 选定为 3。对 *LY*、*LS* 和 *R* 也选择了同样的滞后阶数，见表 6-1。由于含有趋势项的回归式中 *LM*(－1)系数的 τ_τ，也就是 t 值为－2.2，无法拒绝单位根存在的零假设（5%的临界值为－3.5）；对于“$\alpha_0=\alpha_1=\varphi=0$”进行检验，$F$ 统计量 Φ_2 的值为 6.6，略显著（1%的临界值为 6.5），这表明 *LM* 不是无漂移的随机游走过程。最后，对“$\alpha_1=\varphi=0$”进行检验，其 F 统计量 Φ_3 的值为 3.9 无法拒绝零假设（10%的临界值为 5.5）。从上述不同统计量的结果综合判断，序列 *LM* 明显包含趋势变量，将 *LM* 归为带漂移的随机游走过程。方程（6-2）、不包含时间趋势的方程（6-2）、不包含时间趋势与滞后的方程（6-2）一期变量 *LM*(－1)估计结果见表 6-1。变量 *LM* 与其一阶差分 DLM 图形如图 6-1、图 6-2。

表 6-1　AR 单位根的检验

被解释变量	常数	趋势	$X(-1)$	$\Delta X(-1)$	$\Delta X(-2)$	$\Delta X(-3)$	LM4	Φ_3	Φ_2	Φ_1
LM	0.23 (2.3)	0.32E-3 (1.8)	－0.020 (－2.2)	0.49 (5.3)	0.22 (2.2)	－0.14 (－1.6)	2.7	3.9	6.6	
LM	0.050 (2.4)		－0.035 (－2.1)	0.51 (5.5)	0.22 (2.1)	－0.16 (－1.6)	1.5			8.1
LM	0.007 0 (3.4)			0.54 (5.7)	0.24 (2.3)	－0.13 (－1.4)	0.20			
LY	0.18 (1.9)	0.12E-3 (0.94)	－0.015 (－1.7)	0.083 (0.91)	0.18 (2.1)	0.077 (0.87)	2.0	4.8	6.6	
LY	0.094 (3.1)		－0.006 9 (－2.9)	0.085 (0.93)	0.19 (2.1)	0.073 (0.82)	2.3			9.5
LY	0.006 1 (3.1)			0.16 (1.8)	0.27 (3.1)	0.14 (1.6)	1.7			
LS	0.45 (2.6)	－0.71E-3 (－2.8)	－0.073 (－2.6)	0.42 (4.6)	－0.066 (－0.65)	0.11 (1.2)	2.3	4.0	3.4	
LS	－0.62E-3 (－0.009 4)		－0.86E-3 (－0.073)	0.42 (4.4)	－0.094 (－0.92)	0.070 (0.71)	3.3			1.0
LS	－0.005 5 (－1.4)			0.41 (4.4)	－0.094 (－0.93)	0.068 (0.71)	3.0			
R	1.4 (3.9)	－0.003 8 (－1.8)	－0.16 (－4.3)	0.55 (6.4)	0.051 (0.51)	0.086 (0.91)	2.6	9.4	6.3	

续表

被解释变量	常数	趋势	$X(-1)$	$\Delta X(-1)$	$\Delta X(-2)$	$\Delta X(-3)$	LM4	Φ_3	Φ_2	Φ_1
R	0.93 (3.8)		−0.13 (−3.9)	0.55 (6.3)	0.033 (0.33)	0.054 (0.58)	0.58			7.6
R	0.33E-3 (0.004 9)			0.54 (5.8)	-0.032 (-0.30)	−0.070 (−0.75)	4.3			
I	0.007 3 (3.0)	−0.46E-4 (-1.8)	−0.36 (−4.1)	−0.23 (2.2)	0.13 (1.4)		2.2	8.3	5.5	
I	0.003 5 (2.7)		−0.29 (−3.6)	−0.27 (−2.6)	0.11 (1.2)		3.4			6.4
I	−0.55E-4 (−0.066)			−0.47 (−5.0)	0.005 6 (0.06)		7.9			

注：X 表示相应被解释变量，ΔX 表示一阶差分。

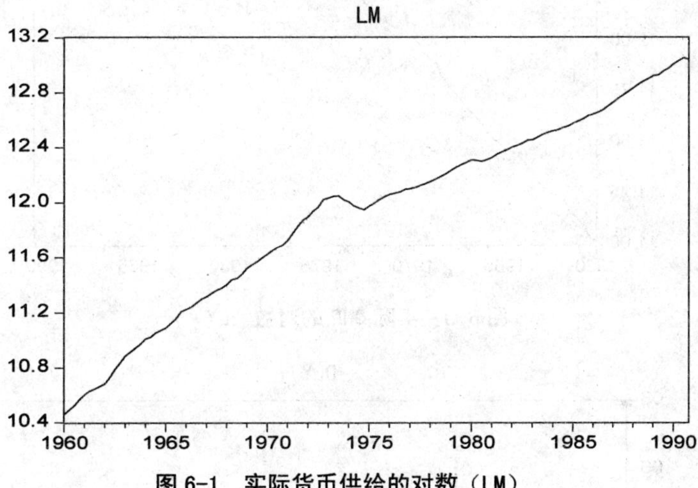

图 6-1　实际货币供给的对数（LM）

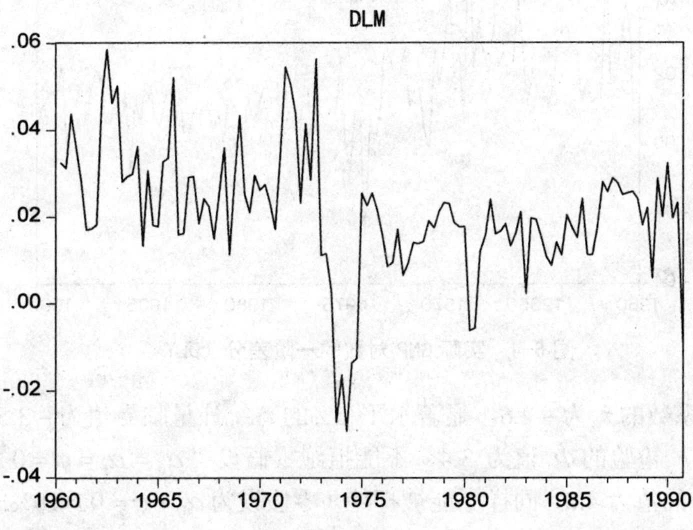

图 6-2　实际货币供给对数的一阶差分（DLM）

对于变量 $LY(-1)$，其 τ_{τ} 为 -1.7，显著水平 5%的 τ_{τ} 统计量临界值为 -3.5，不能拒绝单位根存在的零假设。F 检验 Φ_2 的值为 6.6，显著水平 1%的 Φ_2 统计量临界值为 6.5，"$\alpha_0=\alpha_1=\varphi=0$"的零假设被拒绝。但是，$F$ 检验 Φ_3 的值为 4.8，不显著（零假设为 $\alpha_1=\varphi=0$，10%的临界值为 5.5）。从上述不同统计量的结果综合判断，序列 LY 明显包含趋势变量，将 LY 归为带漂移的随机游走过程。方程（6-2）、不包含时间趋势的方程（6-2），不包含时间趋势与滞后的方程（6-2）一期变量 $LY(-1)$的估计结果见表 6-1。变量 LY 与其一阶差分 DLY 图形如图 6-3、6-4 所示。

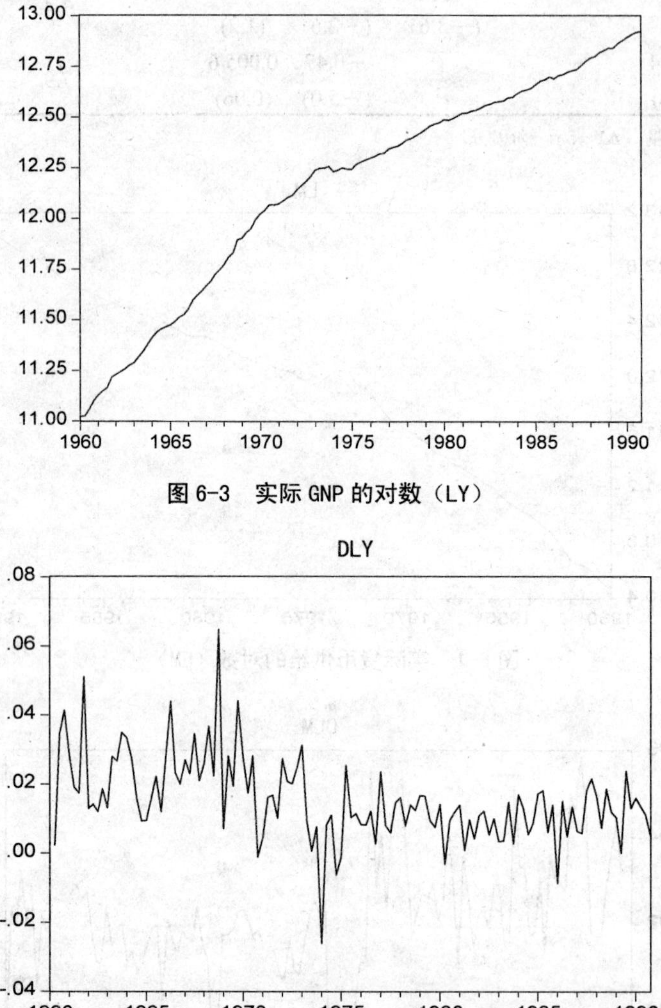

图 6-3　实际 GNP 的对数（LY）

图 6-4　实际 GNP 对数的一阶差分（DLY）

变量 $LS(-1)$系数的 τ_{τ} 为 -2.6，显著水平 5%的 τ_{τ} 统计量临界值为 -3.5，不能拒绝单位根存在的零假设。F 检验的 Φ_2 值为 3.4，不能拒绝零假设"$\alpha_0=\alpha_1=\varphi=0$"（10%的临界值为 4.2）。$F$ 检验 Φ_3 的值为 4.0，同样不能被拒绝（零假设为 $\alpha_1=\varphi=0$，10%的临界值为 5.5）。F 检验 Φ_3 的值不显著，保证了使用 ADF 统计量的合理性（West，1988）。趋势项的 t 统计量为 $\tau_{\beta\tau}$，在该回归式中其值为 -2.8，略显著（5%的临界值为 2.8）。但是，综合考虑 Φ_2 和 Φ_3 的

值，推断趋势变量为不显著的。此外，也进行了不含趋势项回归式的检验，F 检验的 Φ_1 为 1.0，不显著（零假设为 $\alpha_0=\varphi=0$，10%的临界值为 3.9）；滞后水平变量的 t 检验为 τ_μ，值为 -0.73，不显著（5%的临界值为 -2.9）。这些结论都支持 LS 的非平稳性。尽管截距项的统计结果不显著，但由于对拟合优度有影响，最终还是在方程中保留了截距项。方程（6-2）、不包含时间趋势的方程（6-2）、不包含时间趋势与滞后的方程（6-2）一期变量 $LS(-1)$的估计结果见表 6-1。变量 LS 与其一阶差分 DLS 图形如图 6-5、图 6-6 所示。

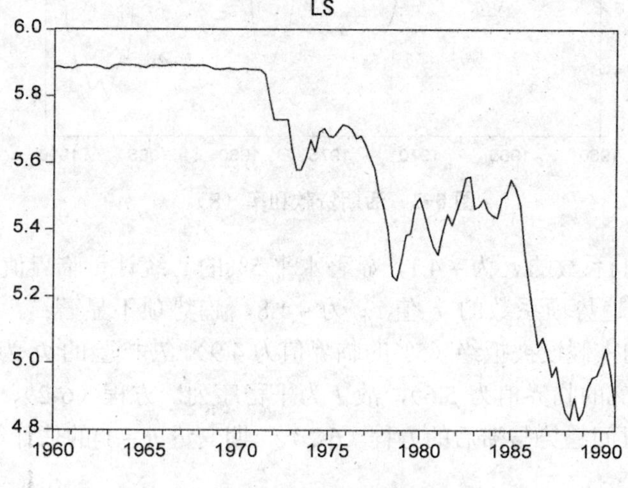

图 6-5　日元对美元汇率的对数（LS）

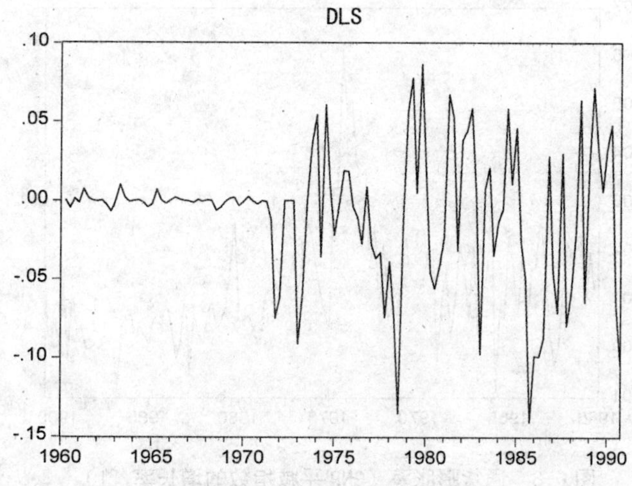

图 6-6　日元对美元汇率对数的一阶差分（DLS）

对于变量 R，$R(-1)$系数的 τ_τ 为 -4.3，显著水平 5%的 τ_τ 统计量临界值为 -3.5，拒绝了单位根存在的零假设。由于趋势项系数的 t 值 $\tau_{\beta\tau}$ 为 -1.8，趋势项不显著，采用不含趋势项的回归模型更为合理。F 检验的 Φ_2 为 6.3，“$\alpha_0=\alpha_1=\varphi=0$”的零假设被拒绝（5%的临界值为 4.9）。$F$ 检验的 Φ_1 为 7.6，在无趋势项的回归式中显著（1%的临界值为 6.7），即拒绝“$\alpha_0=\varphi=0$”的零假设，故推断 R 为包含常数项的平稳序列。方程（6-2）、不包含时间趋势的方程（6-2）、不包含时间趋势与滞后的方程（6-2）一期变量 $R(-1)$的估计结果见表 6-1。变量 R 图形如下（见图 6-7）。

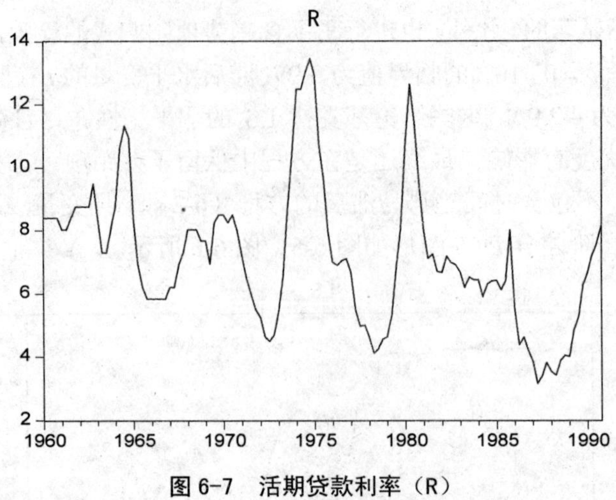

图 6-7　活期贷款利率（R）

对于变量 I，$I(-1)$系数的 τ_τ 为 -4.1，显著水平 5%的 τ_τ 统计量临界值为 -3.5，拒绝了单位根存在的零假设。趋势项系数的 t 值 $\tau_{\beta\tau}$ 为 -1.8，趋势项不显著；F 检验的 Φ_2 为 5.5，"$\alpha_0=\alpha_1=\varphi=0$"的零假设被拒绝（5%的临界值为 4.9）。$F$ 检验的 Φ_1 为 6.4，"$\alpha_0=\varphi=0$"的零假设被拒绝（2.5%的临界值为 5.6），故 I 为平稳序列。方程（6-2）、不包含时间趋势的方程（6-2）、不包含时间趋势与滞后的方程（6-2）一期变量 $I(-1)$的估计结果见表 6-1。变量 I 图形如图 6-8 所示。

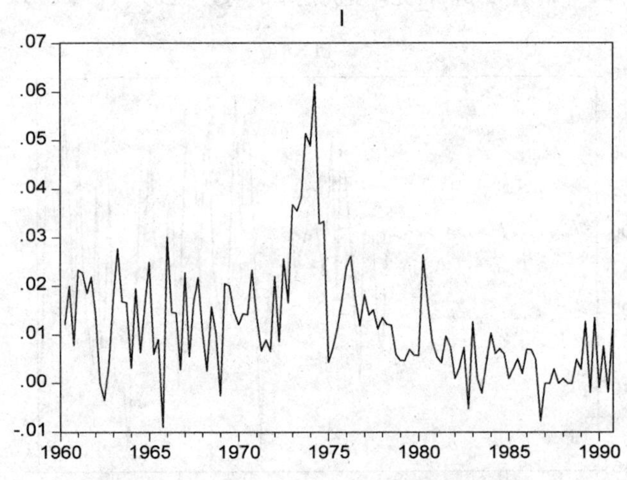

图 6-8　通货膨胀率（GNP 平减指数的增长率，I）

DF 检验被称为 AR 单位根检验，其零假设是时间序列为随机游走过程，即检验结果为显著时，时间序列是平稳的。当检验结果不显著，建模者将其认为是非平稳过程。但统计学理论并不支持这种解释。如果 AR 单位根检验是不显著的，应当认为零假设的非平稳性不能被拒绝。要得到一个时间序列为非平稳序列的结论，更合理的方法是采用零假设为平稳过程的检验。如果检验结果拒绝零假设，则该过程才是非平稳的。MA 单位根检验的零假设为平稳过程。作为对 AR 单位根检验势（power）低下的补充，对变量也进行了 MA 单位根检验，其检验的结果如下：*LM*、*LY* 和 *LS* 的 η_τ 分别为 2.4，2.9 和 1.2，在 1%的水平下均为显著的

（1%的临界值为 0.22）；I 的 η_μ 为 0.67，在 5%的水平下显著，在 1%的水平下不显著（5%的临界值为 0.46，1%的临界值为 0.74），但 R 的 η_μ 为 0.27，不显著。因此在本章下面的讨论中，*LM*、*LY* 和 *LS* 均被看成非平稳序列。

6.2 长期关系的估算

6.2.1 向量自回归（VAR）与误差修正模型（ECM）

到目前为止，本章对单变量序列的单位根检验进行了讨论。Engle 和 Granger（1987），Johansen（1988）以及 Johansen（1991）将这一理论扩展到了向量自回归（VAR）。VAR 的单位根检验问题涉及协整关系的概念。

首先回顾曾在第二章讨论过的协整概念，向量随机变量 x_t 是 d、b 阶协整的，如果（1）x_t 是 $I(d)$，并且（2）存在非零向量 β 使得 $\beta' x_t$ 为 $I(d-b)$，其中 $d \geqslant b > 0$。条件（1）表明 x_t 的 d 次差分是平稳的。例如，若 x_t 为 $I(2)$，则它的二次差分 $\Delta(\Delta x_t)$ 或 $\Delta^2 x_t$ 是平稳的。条件（2）表明 $\beta' x_t$ 具有低于 x_t 的单整阶数 I（$d-b$）。向量 β 称为协整向量，线性无关的协整向量的个数称为协整矩阵的秩 r。如果 x_t 为 p 维的，则协整的秩 r 小于等于 p。常见的实证分析大多将向量 x_t 处理为 $I(1)$，将其线性组合 $\beta' x_t$ 看做 $I(0)$或平稳变量。若秩 r 与 p 相等，则 p 个协整向量构成一个非奇异的 $p \times p$ 阶矩阵，此时 x_t 的每个元素都必须为 $I(0)$。

令 x_t 为 p 维的列向量 $I(1)$，则系统可写成如下的有限阶 VAR 形式：

$$x_t = \mu + B_1 x_{t-1} + \cdots + B_{k+1} x_{t-k-1} + u_t \qquad (t = k+2, \cdots, T) \tag{6-11}$$

其中 u_t 独立且满足 $E(u_t) = 0$，$\mathrm{Cov}(u_t) = \Sigma$。使用 Dickey-Fuller 技术，VAR 可变换为如下形式：

$$\Delta x_t = \mu + \Pi x_{t-1} + \Gamma_1 \Delta x_{t-1} + \cdots + \Gamma_k \Delta x_{t-k} + u_t \tag{6-12}$$

当 Π 受到约束时，式（6-12）为误差修正模型（ECM）。在均衡状态下所有变量的值不变，Πx_t 表示长期均衡关系。在短期中，Πx_{t-1} 表示与上一期均衡的差异，方程左侧是针对这个差异进行的调整。如果对第一项至最后一项都进行 Dickey-Fuller 变换，与之前的变换反向进行（见第三章式（3-57）），则所得方程与式（6-12）的表达形式一致，但 Πx_{t-1} 变成 Πx_{t-k-1}。在这一变换中，第（$t-k-1$）期均衡的差异由后 k 期的一阶差分序列所调整。由于 x_t 为 $I(1)$，则 Δx_t 必为 $I(0)$，如上的 ECM 包含 $I(0)$变量 Δx_t 和 $I(1)$变量 x_{t-1}。Engle 和 Granger（1987）指出，若向量 x_t 的协整矩阵 β 阶数为 $p \times r$，即 $\beta' x_t$ 为 $I(0)$，则 Π 可分解为 $\alpha\beta'$，其中 α 为 $p \times r$ 阶。ECM 方程（6-12）在所有差分变量与 $\beta' x_{t-1}$ 均平稳时是均衡的。如果协整关系不存在，则矩阵 Π 为零，ECM 在方程只包含差分变量的意义上仍是均衡的。

当协整关系存在时，矩阵 Π 不是满秩的，称 ECM 为减秩（reduced rank）回归。Johansen（1991）进一步证明了，不考虑 VAR 中出现的漂移，则协整中不存在线性趋势。在 ECM 中可知，若 $\beta' x_{t-1}$ 包含趋势，与被解释变量 Δx_t 只包含一个漂移是矛盾的。（若 Δx_t 的方程中包含漂移项 μ，即为 x_t 中存在的趋势项。但是，x_t 的趋势项必须与协整向量 β 正交。）

在某些情形下，μ 可能是 α 列向量的线性组合，例如 $\alpha\beta_0$，其中 β_0 是一个列向量。这时，

常数 μ 只能通过误差修正项进入系统，写为如下形式会更清晰：

$$\mu + \alpha\beta' x_{t-1} = \alpha(\beta_0 + \beta' x_{t-1}) \tag{6-13}$$

这会影响检验统计量的渐近分布。如果 μ 不在 α 的线性空间中，则自回归系统与误差修正项中均含有该常数。因此，系统中的常数项构成了水平趋势，且影响着检验统计量的渐近分布。此外，考虑 ECM 漂移项的性质，以及估计模型与真实过程的关系，协整检验会出现至少四种不同的情形（见第二章表 2-3）。通常在实证研究中选择估计模型和数据生成过程 DGP 具有相同的设定。这意味着应在 VAR 中设置一个常数，估计模型和 DGP 中均包含漂移项和协整常数。由于 DGP 是未知的，ECM 方程常数和协整常数均作为冗余参数进入渐近分布。虽然对 DGP 的细节加以设定是不严谨的做法，但在检验中使用零假设下渐近分布时有必要做出这样的设定。

6.2.2 Johansen 方法：协整关系的秩检验

Johansen（1988，1991）提出利用最大似然技术检验协整矩阵秩的方法。协整关系也可理解为误差修正或长期均衡。在估算协整秩的过程中，较常用的是与最大似然估计相关的最大特征值和迹检验。为最终得到协整矩阵的秩，需顺序进行秩为 0 还是 1 的检验，秩为 1 还是 2 的检验，以此类推。如果检验值超过 5%的临界值，零假设的秩设定被拒绝，接受备择假设的秩设定。如果多个协整的零假设被接受，对于长期均衡的经济解释会造成困难（Boswijk，2004）。此外，下一节要介绍的 DOLS 估计，在 DGP 包含多个协整时，理论上也会有些困难（Hatanaka，1996）。一旦确定了协整矩阵的秩，即可使用 Johansen 方法估计协整矩阵 β。对于 ECM 中其他的参数，诸如 Γ 矩阵和 α，都可在使用估计残差（协整残差）替代误差修正项后进行 OLS 估计，并且由误差修正项计算的残差序列可以是不平稳的。

表 6-2 协整的秩检验

H_0	$r=0$	$r=1$	$r=2$
最大特征值检验	25(21)	10(14)	2.0(3.8)
迹检验	37(30)	12(15)	2.0(3.8)
特征值	0.19	0.083	0.017

注：括号内的数值为 Johansen 秩检验时的 5%临界值。

在货币需求函数的例子中，表 6-2 总结了滞后长度为 8，R 为平稳变量时的 ECM 秩检验的结果。$r=0$ 的假设被拒绝，而 $r=1$ 的假设不能被拒绝，通过最大特征值和迹检验的两项检验将秩选择为 1。进行实证分析时，选择 VAR 的滞后长度并不容易。Morimune 和 Mantani（1995）提出了通过 t 值检验最高阶项显著性的方法。在三维的 VAR 中，对最高阶项的每个系数进行 t 检验，其显著水平可选定为 1%的九分之一（Morimune and Mantani，1995）。通过这种方法，VAR 的滞后长度可根据变量 *LM*、*LY* 和 *LS* 分别选为 4 至 6 之间。采用这一组滞后长度，进行协整秩的 LR 检验可得如下结果：第一，通过最大特征值检验，$r=0$ 的零假设被拒绝，其备择假设为 $r=1$。这表明，在这三个非平稳变量中至少找到了一组协整关系。第二，$r\leqslant 1$ 的原假设不能被拒绝。当秩不能大于 1 时，将秩选定为 1 是合理的。迹检验也表明了同样的结果（迹检验中，备择假设下设定的秩要大于零假设的秩）。因此，选择协整秩为 1。这个结果给予实证研究很大的方便，最大似然检验只探测到了一种长期关系的存在。使用计量软件 EViews，容易估计出这种长期关系：

$$LM_t = 0.96LY_t - 0.35LS_t \tag{6-14}$$

该关系应当是平稳的。但是，对该协整关系的残差序列进行 DF 检验，其结果却是非常不显著的。这表明协整残差可能包含单位根，会导致在对长期均衡关系进行解释时遇到困难。尽管如此，每个 ECM 方程的残差序列还是平稳的。

使用 Johansen 方法确定协整秩和估计误差修正项仿佛具有较简单的程序。但是，协整秩和估计出的长期均衡关系都是不稳定的，并且较难给予很好的经济解释。长期均衡关系和协整秩取决于 ECM 的滞后长度和进入 ECM 的平稳变量。如果 ECM 包含平稳变量，该平稳变量的滞后值也会进入 ECM。尽管这些平稳变量不会影响检验统计量的渐近分布和长期均衡关系的最大似然估计量的渐近分布，但是会影响检验和估计的数值结果，这样会造成实证研究结果的不稳定。比较极端的情形是，研究过程中可以通过尝试不同滞后长度和平稳变量的集合来达到任何想实现的结果。

表 6-3　协整方程的最大似然估计结果

不同情形	1	2	3	4	5	6	7	8	9	10	11	12
VAR 阶数	6	4	3	6	4	3	6	4	3	6	4	3
LY 系数	1.0	0.97	0.65	1.1	1.0	1.0	1.1	0.99	0.88	– 1.1	0.51	0.50
LS 系数	– 0.40	– 0.45	– 0.58	– 0.30	– 0.41	– 0.40	– 0.32	– 0.41	– 0.43	– 1.5	– 0.57	– 0.50

注：1～3 的情形为估计式中无平稳变量；4～6 的情形为估计中的平稳变量有 *R*(– 1)，*R*(– 2)，*R*(– 3)，*I*(– 1)，*I*(– 2)，*I*(– 3)，D；7-9 的情形为 *R*(– 1)，*R*(– 2)，*I*(– 1)，*I*(– 2)，*D*；10～12 的情形为 *R*(– 1)，*I*(– 1)，*D*。在如上所有情形中，协整秩的估计都为 0，检验的显著水平为 5%。在估计过程中，协整秩假设为 1。

表 6-3 考虑了滞后长度和平稳变量的 12 种组合，对 *LY* 与 *LS* 的协整系数进行估计。在这 12 种情形中，使用最大特征值检验和迹检验都无法证实协整关系的存在，但是假设三个变量间存在着一组协整关系。我们倾向于滞后长度为 4，鉴于使用的数据为季度的，因而需要 *LM*，*LY* 和 *LS* 的 12 个滞后变量。多数情况下，*LY* 与 *LS* 的系数估计值大约分别在 1 至 – 0.4 之间，这是均衡关系估计的近似平均值。我们已经指出，最大特征值和迹检验都没有确定协整关系，均衡方程具有非平稳残差，但 ECM 中计算出的残差序列经 DF 检验是平稳的。由于估计结果导致了非平稳的残差，因而该均衡是虚假回归。尽管理论上不可能，但 ECM 每个方程的残差都是平稳的。这类矛盾的结论在最大似然估计中比较常见，并造成了一种困惑，即：我们需要的是 ECM 的估计方程，而不是实证研究估计得到的长期均衡关系。

还有一种完全不同的结果。从 6-3 表的结果可以发现，估计得到的水平变量间的关系变化幅度很大，这可由不显著的秩检验得知。最后三个估计结果仅包含了显著性很高的一阶滞后平稳变量 R(– 1)与 I(– 1)。而情形 1～3 与情形 10～12 的差异是惊人的，情形 1～3 与 4～9 有相似的结果，但其使用的回归量却更接近情形 10～12。对于这种理论上是一致的，但有时又是不可预知的结果，很难给出一般化的结论。一个可行的方法就是，忽略秩检验和对长期均衡关系的非平稳性分析，只采用平稳序列的技术分析 ECM 方程。这种只需进行单方程估计的方法较为实际。Miyao（1996）也发现了类似的结果，并得出协整关系不存在的结论。

6.2.3 另一种估计方法：OLS 估计

使用 OLS 方法可以直接对诸如方程（6-12）的 VAR 系统协整关系进行估计。在 OLS 估计中，假设秩为 1，对单一协整关系反复估计，估计次数与 VAR 系统的维数相等。反复的估计引发了寻找单一协整关系的问题。此外，当协整秩大于 1 时还会出现偏误，见 Phillips 和 Loretan（1991）、Hsiao（1997）。可以发现估计结果与表 6-3 的相似，OLS 估计也受滞后长度与 VAR 所含平稳变量集合的影响。

在表 6-4 中，列出了 *LY* 与 *LS* 的协整系数，VAR 中的平稳变量集合与表 6-3 的情形 7～9 相同。前面已经指出，系数估计值受回归方程的被解释变量影响。但表 6-4 中的估计结果基本可以认为是相近的，即受被解释变量和滞后长度的影响很小。也可以认为该结果与表 6-3 的结果相近。当上述结论成立时，OLS 方法就可作为最大似然估计方法的一种简单替代。通过 DF 检验可知，回归的残差序列平稳。

表 6-4 协整方程的 OLS 估计

被解释变量	ΔLM			ΔLY			ΔLS		
VAR 阶数	6	4	3	6	4	3	6	4	3
LY	0.97	0.93	0.94	1.3	1.3	1.3	0.97	0.99	0.97
LS	– 0.39	– 0.33	– 0.30	– 0.16	– 0.21	– 0.21	– 0.46	– 0.46	– 0.48

注：表中列出了 VAR 每一个方程的协整部分。VAR 系统中的平稳变量与表 6-3 的情形 7～9 相同，为 $R(-1)$、$R(-2)$、$I(-1)$、$I(-2)$、D。

Phillips 与 Loretan（1991）提出了另一种估计协整关系的方法，称为动态最小二乘法（DOLS）。这种估计技术比较简单，只是将 OLS 估计应用到某个一阶单整变量的集合。为保证有效性，估计方程中包含了单整变量 x_t 一阶差分的超前与滞后值，其形式如下：

$$y_t = c + \beta x_t + \sum_{i=-k_1}^{k_2} \gamma_i \Delta x_{t-i} + u_t \tag{6-15}$$

回归方程中超前与滞后的长度 k_1 和 k_2 都是先验给定的，二者可以不相同。在货币需求函数中，估计方程如下：

$$LM_t = c + \beta LY_t + \gamma LS_t + \sum_{i=-k_1}^{k_2} \beta_i \Delta LY_{t-i} + \sum_{i=-k_3}^{k_4} \gamma_i \Delta LS_{t-i} + u_t \tag{6-16}$$

简便起见，将 LY_t（实际 GNP 的对数）和 LS_t（汇率的对数）的超前与滞后长度设定为相同值。表 6-5 给出了估计结果，我们对差分变量选取了五对不同组合的超前与滞后的阶数。为节省空间起见，表中只给出了所关心的水平变量的系数估计，对差分变量的系数不再赘述。

表 6-5 协整方程的 DOLS 估计

超前阶数	滞后阶数	*LY*	t_{LY} 值	*LS*	t_{LS} 值	R^2	*DW*
0	0	1.2	（77）	– 0.25	（– 10）	0.996	0.2
1	1	1.2	（71）	– 0.26	（– 11）	0.996	0.2
2	2	1.2	（67）	– 0.27	（– 11）	0.996	0.1
0	1	1.2	（71）	– 0.26	（– 11）	0.996	0.2
0	2	1.2	（68）	– 0.27	（– 11）	0.996	0.2

表 6-5 中协整系数的估计值是稳定的，且不受超前与滞后变量的影响。由于差分变量的超前与滞后在回归中不显著，因而协整的估计系数是稳定的。但是，四个动态回归残差的序列相关是不容忽视的，其 DW 值在 0.2 左右。很高的 t 值和 R^2 值表明，回归方程的设定出现了异常。因此有必要对回归方程加以改进。

对 DOLS 回归进行 Cochrane-Orcutt 变换，就可以容易地消除误差项的序列相关。方程（6-15）变为：

$$\sum_{i=0}^{p}\delta_i y_{t-i} = c + \sum_{i=0}^{p}\beta_i x_{t-i} + \sum_{i=-k_1}^{k_2}\sum_{j=o}^{p}\gamma_{i,j}\Delta x_{t-i-j} + u_t \tag{6-17}$$

其中假设 δ_0 为 1，对各个变量灵活应用该变换以避免出现公共因子。由于回归量的多项式方程中不包含公共的滞后多项式。利用

$$\Delta x_t = x_t - x_{t-1} \quad 即 \quad x_t = x_{t-1} + \Delta x_t \tag{6-18}$$

可将 x_t 与 Δx_t 相关联。类似地，关于 y_{t-i} 的滞后多项式可应用 Dickey-Fuller 类型变换，因而上述 Cochrane-Orcutt 变换就转变为：

$$\Delta y_t = c + \delta y_{t-1} + \beta x_{t-1} + \sum_{j=1}^{q}\delta_j \Delta y_{t-j} + \sum_{j=-k_1}^{k_3}\gamma_j \Delta x_{t-j} + u_t \tag{6-19}$$

有关 Cochrane-Orcutt 变换的进一步讨论可见 Hatanaka（1996）。对方程（6-19）进行 OLS 估计得到：

$$\begin{aligned}\Delta LM_t = &-0.005 - \underset{(-2.2)}{0.05}(LM_{t-1} - \underset{(2.0)}{1.1}LY_{t-1} + \underset{(-1.7)}{0.26}LS_{t-1}) + \underset{(1.4)}{0.04}\Delta LS_t - \underset{(-0.67)}{0.02}\Delta LS_{t-1} + \\ &\underset{(0.13)}{0.004}\Delta LS_{t-2} + \underset{(1.2)}{0.13}\Delta LY_t + \underset{(0.56)}{0.06}\Delta LY_{t-1} - \underset{(-0.51)}{0.05}\Delta LY_{t-2} + \underset{(5.2)}{0.51}\Delta LM_{t-1} + \underset{(1.6)}{0.16}\Delta LM_{t-2}\end{aligned} \tag{6-20}$$

其中 $R^2 = 0.47$，DW=1.93。与方程被解释变量为 LM_t 的 DOLS 回归相比，R^2 值很小。事实上，如果将被解释变量 ΔLM_t 替换为 LM_t，其 R^2 将变为 0.999 8，两个回归估计中唯一的不同是 LM_{t-1} 的系数变为 0.95。方程（6-20）括号中表达式为回归的长期均衡关系，与表 6-5 中 DOLS 的长期均衡关系非常近似，这是由于 DOLS 估计的平均值为

$$LM_t = 1.2LY_t - 0.26LS_t \tag{6-21}$$

Cochrane-Orcutt 估计式的系数也基本相同。表 6-3 的 Johansen 结果与表 6-5 的 DOLS 估计结果相比，LY_t 的系数更小，LS_t 的系数更大。表 6-4 中的 OLS 估计结果介于 Johansen 与 DOLS 之间。尽管如此，三种估计结果的差异还是很小的，由这几种方法能够很好地确定协整关系。下一节将应用最大似然估计方法发现，名义货币供给、名义 GNP 和名义汇率间也存在类似的协整关系。

6.3 弱外生性

6.3.1 自回归分布滞后（Autoregressive Distributed Lag，ADL）模型

根据 Hendry 等人（1984）的研究，使用 ADL 模型是较为方便的，其最简单的形式为：

$$y_t = \alpha_0 + \alpha_1 y_{t-1} + \beta_0 x_t + \beta_1 x_{t-1} + u_t \tag{6-22}$$

式（6-22）可变换为 ECM 形式，即为：

$$\Delta y_t = \alpha_0 + \alpha_1^* (y_{t-1} - \beta x_{t-1}) + \beta_0 \Delta x_t + u_t \tag{6-23}$$

注意，该 ECM 形式不同于由 VAR 推导出的形式，因为后者同时包含被解释变量和 x_t 或 Δx_t。Johansen 的最大似然方法对于检验和估计 ADL 模型，以及由 ADL 模型推导出的 ECM 形式都是无效的。一般化的 ADL 模型为：

$$y_t = \alpha_0 + \sum_{i=1}^{m} \alpha_i y_{t-i} + \sum_{j=1}^{p} \sum_{i=0}^{n} \beta_{ji} x_{jt-i} + u_t \tag{6-24}$$

其中 p 为有分布滞后的解释变量的指数。该 ADL 模型可变换为 ECM 形式，但同时含有附加项 Δx_{jt}，$j=1,2,\cdots,p$。在实证研究中，使用 ADL 模型或由其推导出的 ECM 形式是非常便利的。但是，由于附加项 Δx_{jt} 可能与回归方程的误差项相关，这会使得估计过程变得复杂。可以使用工具变量法得到 ADL 模型的一致性估计。如果附加变量对于方程（6-24）中的估计参数是弱外生的，OLS 估计就满足一致性。下一节我们将讨论弱外生性的检验问题。

6.3.2 弱外生性（Weak Exogeneity）

在研究多个变量间的关系时，变量子集的弱外生性可简化关注参数（parameters of interest）的有效估计问题。假设似然函数被连续分割为如下形式：

$$\prod_{t=1}^{n} L(X_t,\ Y_t; \lambda_1, \lambda_2) = \prod_{t=1}^{n} L(X_t,\ Y_t \mid X_{t-1}, Y_{t-1}, \cdots; \lambda_1, \lambda_2) \tag{6-25}$$

子集 Y_t 在估计 λ_1 时是弱外生的，如果该似然函数可分解为：

$$\prod_{t=1}^{n} L(X_t, Y_t \mid \text{滞后变量}; \lambda_1, \lambda_2) = L(X_t \mid Y_t, \text{滞后变量}; \lambda_1) \times L(Y_t \mid \text{滞后变量}; \lambda_2) \tag{6-26}$$

其中 X_t 与 Y_t 为随机变量，λ_1 与 λ_2 为两个自由变动的参数集（variation-free）。等式左边是 X_t 和 Y_t 的联合似然函数，包含两个参数集。等式右边第一项是 X_t 关于 Y_t 的条件似然函数，仅包含参数 λ_1。Y_t 的边际似然函数被假设为只含有参数 λ_2。简言之，条件与边际的似然函数含有参数 λ_1 和 λ_2，但是 Y_t 关于 λ_1 的弱外生性条件表明 X_t 关于 Y_t 的条件似然函数只包含 λ_1、Y_t 的边际似然函数除含有全部历史值外只含有 λ_2。由于弱外生性使得在估计过程中，参数 λ_2 可被忽略，因而简化了对 λ_1 的估计。关于强外生性（strong exogeneity）与超外生性（super exogeneity）的讨论见 Engle 等（1983）。

弱外生性的概念可以很容易扩展到非平稳的 VAR 系统中。关于 Y_{1t} 和 Y_{2t} 向量的 VAR 系统可写为：

$$\begin{pmatrix}\Delta Y_{1t}\\ \Delta Y_{2t}\end{pmatrix}=\sum_{i=1}^{k-1}\begin{pmatrix}\Gamma_{1i}\\ \Gamma_{2i}\end{pmatrix}\Delta Y_{t-i}+\begin{pmatrix}A_1\\ A_2\end{pmatrix}B'Y_{t-1}+\begin{pmatrix}u_{1t}\\ u_{2t}\end{pmatrix} \tag{6-27}$$

其中的系数矩阵也按照被解释变量的形式进行了一致的划分。如果误差项的协方差矩阵被分成

$$\Omega=\begin{pmatrix}\Omega_{11} & \Omega_{12}\\ \Omega_{21} & \Omega_{22}\end{pmatrix} \tag{6-28}$$

则在正态假设下，误差项

$$\varepsilon_t=u_{2t}-\omega u_{1t} \tag{6-29}$$

独立于 u_{1t}，式中 $\omega=\Omega_{21}(\Omega_{11})^{-1}$。因此有

$$\begin{aligned}\Delta Y_{2t}&=\omega\Delta Y_{1t}+\sum_{i=1}^{k-1}(\Gamma_{2i}-\omega\Gamma_{1i})\Delta Y_{t-j}+(A_2-\omega A_1)B'Y_{t-1}+\varepsilon_t\\ &=\omega\Delta Y_{1t}+\sum_{i=1}^{k-1}\Gamma_{2i}^{*}\Delta Y_{t-j}+A_2^{*}B'Y_{t-j}+\varepsilon_t\end{aligned} \tag{6-30}$$

式（6-30）为给定 Y_{1t} 和全部历史值时，Y_{2t} 的条件回归。Y_{1t} 的边际回归式为：

$$\Delta Y_{1t}=\sum_{i=1}^{k-1}\Gamma_{1i}\Delta Y_{t-i}+A_1B'Y_{t-1}+u_{1t} \tag{6-31}$$

条件回归中的大多数系数都可以进行再定义，因而只包含在条件回归中。但是，协整关系 $B'Y_{t-1}$ 却由条件回归和边际回归共享。因此，如果边际回归中的调整矩阵 A_1 为 0，便可忽略 Y_{1t} 的边际回归，从而条件回归中的所有系数估计都是有效估计。（条件回归给出了条件密度 $f(u_{2t}\mid u_{1t})$ 的均值，条件协方差矩阵为 $\Omega_{22}-\Omega_{21}(\Omega_{11})^{-1}\Omega_{12}$。而边际密度 $f(u_{1t})$ 不含如上所有参数。）这种简化的方法在 A_1 不为 0 时无法使用。Y_{1t} 关于 ω、Γ_{2i}^{*}、A_2^{*}、B 的估计值的弱外生性也在 A_1 为 0 时实现。

零假设 $A_1=0$ 的检验，可以很容易通过 Y_{1t} 边际回归的标准 F 检验进行。其 Wald 检验统计量为：

$$W=\text{vec}(\hat{A}_1)'\{(\hat{\Omega}_{11})^{-1}\otimes M\}\text{vec}(\hat{A}_1) \tag{6-32}$$

其中 M 为乘积矩阵，通过 $\hat{B}'Y_{t-1}$ 关于滞后差分作回归，即回归所得残差的乘积矩阵。由于 $\hat{\Omega}_{11}$ 的估计在备择假设下进行，因而检验 $A_1=0$ 的 Wald 检验和 F 检验相同。在零假设下，Wald 统计量渐近服从 χ^2 分布，自由度等于 A_1 元素的个数。当自由度为 1 时，边际回归中每个系数的 t 值都可以用来检验该假设。此时，F 检验、Wald 检验、t 检验可得到同一结果。

在估计长期关系的系数时，使用 t 统计量对 LM、LY 和 LS 三个变量的外生性都进行了检验（选取 LM、LY 和 LS 中的一个作为方程（6-31）中的 Y_{1t}）。由于协整秩为 1，A 矩阵为 3×1

向量，包含三个系数a_1、a_2和a_3。例如，第一个系数a_1用来检验LM的弱外生性。如果a_1不显著，就认为 LM 对于估计长期关系是弱外生的。对于a_2和a_3也可用同样的方法分别检验LY和LS的弱外生性。表 6-6 总结了外生性检验的结果，对于 VAR 尝试了五种不同的滞后长度。

表 6-6　弱外生性（t检验）

滞后阶数	4	5	6	7	8
$a_1(LM)$	4.4***	4.9***	4.8***	4.6***	4.5***
$a_2(LY)$	1.9	1.8	1.9	1.7	1.2
$a_3(LS)$	2.4**	2.3**	2.2**	2.0**	2.0**
自由度	104	101	98	95	92

注：由于自由度很大，可使用渐进正态检验。***与**分别表示 1%与 5%的显著水平。

由表 6-6 很容易发现，t检验在 1%显著水平下拒绝了LM的弱外生性假设。对于实际GNP（LY）则不能拒绝该假设。汇率（LS）的弱外生性在 5%显著水平下被拒绝，但由于样本容量大于 100，此时更适合用 1%的显著水平进行检验。因此，估计长期关系的系数时，实际 GNP 和汇率都是弱外生的。

6.4　货币需求函数的估计

6.2.2 节中使用最大似然方法估计的协整关系为：

$$E_{t-1} = LM_{t-1} - 0.96LY_{t-1} + 0.35LS_{t-1} \tag{6-33}$$

E_{t-1}表示协整残差，利用协整残差以及实际 GDP 与汇率的弱外生性，可对货币需求函数进行估计。也可以使用协整的 DOLS 估计值，但我们认为其结果是大致相同的。这表明LY_t和LS_t的值可同时作为解释变量出现在LM_t的条件回归式中。这与 Johansen 的方法有所不同，Johansen 方法的回归量中只包含了滞后变量。待估计的回归式从包含较高阶的滞后项开始，其显著性由t检验统计量决定。回归结果为：

$$\begin{aligned}\Delta LM_t = &\ 0.11 - 0.043E_{t-1} + 0.59\Delta LM_{t-1} + 0.14\Delta LY_t - 0.83I_t + 0.23\Delta I_{t-1} - 0.002\Delta R_{t-1} + 0.019D_t \\ &(6.1)\quad (-5.5)\qquad (9.4)\qquad\qquad (2.0)\qquad\quad (-11)\quad (3.3)\qquad\quad (-2.5)\qquad\quad (3.7)\end{aligned} \tag{6-34}$$

其中$R^2 = 0.76$，DW=1.8，$JB(2)$=50，D_t为虚拟变量，表示 1973 年至 1974 年共持续 8 个季度的石油危机影响。引入该虚拟变量的理由是基于对实际 GNP 与实际货币供给走势图的观察。估计方程（6-34）不同于 VAR 估计，但可以将其解释为 Hendry 类型的 ECM。对残差进行各种诊断检验，只有 JB（Jarque-Bera）正态性检验结果是显著的，其服从自由度为 2 的χ^2分布，从误差分布的正态性来看，需要对回归方程进行一些改进。

实际 GNP 的增加对货币供给的增加具有正向的影响，因此回归量的符号是合理的。通货膨胀率降低了实际货币余额。通货膨胀率的一阶差分，或者说其改变量，具有正的系数。这表明当通货膨胀率改变时，水平效应（－0.83）被差分效应（+0.23）所抵消。误差修正项系数为负，表现了对长期均衡关系的调整。如果 E_{t-1} 在 $t-1$ 期为正，则需求的减少中存在对需求过剩的短期调整。活期贷款利率代表了持有货币的机会成本，因此其变化具有负效应。

对于货币方程的估计结果有必要作进一步的分析。

第一，误差修正项的估计系数远小于实际 GNP 和通货膨胀率的系数。这表明对长期均衡的调整速度要远远慢于实际 GNP 与通货膨胀率引起的调整速度。如果从方程中去除误差修正项，估计结果变为

$$\begin{array}{l} \Delta LM_t = 0.012 + 0.65\Delta LM_{t-1} + 0.24\Delta LY_t - 0.78I_t + 0.23\Delta I_{t-1} - 0.003\Delta R_{t-1} + 0.018D_t \\ \qquad (6.0) \quad (9.2) \qquad\quad (3.4) \qquad\quad (-9.1)\ (3.0) \qquad (-2.8) \qquad\quad (3.7) \end{array} \tag{6-35}$$

其中 $R^2 = 0.70$，DW=1.7，$JB(2)$=19。如果将方程（6-35）与方程（6-34）进行比较，估计系数、t 值、R^2 都非常近似。残差诊断检验的结果也基本一致。因此可知，当对长期均衡的调整速度较慢时，短期不均衡并不对估计系数产生大的影响。

第二，注意到汇率 ΔLS_t 与其滞后值是不显著的。实际上，当方程包含这些变量时，即为：

$$\begin{array}{l} \Delta LM_t - 0.11 + 0.016\Delta LS_t + 0.011\Delta LS_{t-1} + 0.60\Delta LM_{t-1} + 0.13\Delta LY_t - 0.83I_t + \\ \qquad (5.7)\ (.89) \qquad\quad (.62) \qquad\quad (9.5) \qquad\quad (2.0) \qquad (-11) \\ \qquad 0.23\Delta I_{t-1} - 0.0024\Delta R_t + 0.016D - 0.041E_{t-1} \\ \qquad (3.3) \qquad (-2.8) \qquad (3.7) \qquad (-5.1) \end{array} \tag{6-36}$$

其中 $R^2 = 0.76$，DW=1.8，$JB(2)$=47。显然在回归方程中，汇率变量与其滞后值都是不显著的。此外，其他系数的估计值与方程（6-34）相比，也没有发生大的变化（由于 ΔLS_t 被看做弱外生变量，可用 t 值检验其显著性）。但是 ΔLS_t 与其滞后值的经济含义不容忽视，因而保留在回归方程中也有一定的合理性。与其他变量相比，汇率对于解释货币需求短期变化的作用要更小一些，这一点馬場（1995）的研究中也曾指出。这与货币理论是矛盾的，货币理论通常都强调汇率在解释货币需求中的重要作用。我们知道，汇率与货币供给之间的关系取决于货币持有者的预期。因此，鉴于预期是波动的，正如堀内（1992）与本多（1994）所指出的，要得到汇率与货币需求间的稳定关系是相当困难的。为简便起见，我们将汇率变量从货币方程中去除。需要强调的是，该变量还是可以保留在回归方程中的。另一点需要强调的是，方程（6-34）与采用 OLS 对协整进行估计的方程（6-20）结果基本相似。

第三，当期通货膨胀率 I_t 的系数估计很大，近似为 -1，此时可用名义货币供给（LNM）的一阶差分替代被解释变量（理由见本章附录）。替代后，估计方程变为：

$$\begin{array}{l} \Delta LNM_t = 0.12 + 0.61\Delta LM_{t-1} + 0.15\Delta LY_t + 0.23\Delta I_{t-1} - 0.0021\Delta R_t + 0.022D - 0.045E_{t-1} \\ \qquad\quad (6.4)\ (9.7) \qquad\quad (2.3) \qquad\quad (3.3) \qquad (-2.5) \qquad (6.0) \qquad (-5.7) \end{array} \tag{6-37}$$

其中 $R^2 = 0.65$，DW=1.6，$JB(2)$=51。估计系数及残差各种诊断结果与方程（6-34）相比都没有发生大的变化。这表明通货膨胀率对名义货币余额的影响是很小的。Hendry（1979）也曾指出，通货膨胀率对同时期的名义货币余额的短期影响很小。

本章采用各种不同方法估计了 M2、实际 GNP 与美元对日元汇率之间的协整关系。Johansen 最大似然估计是很自然的选择，同时在确定协整关系时也采用了动态 OLS 方法以及

使用 OLS 估计 ECM 的方法。所得结论是，整体而言，各种不同的方法对于协整的估计都有非常相近的结果。在对协整关系进行估计后，对解释变量同时含有实际 GNP 和汇率的货币需求函数进行估计。考虑到货币需求方程包含收入与汇率变量，这些变量的存在影响到长期参数估计的有效性，本章也对变量的弱外生性检验进行了细致的讨论。我们发现两步骤估计的结果比直接对货币需求函数应用 OLS 的结果更令人满意。最后，本章给出自回归分布滞后形式的货币需求函数估计。

本章附录

1. *AR*(3) 的转换过程

设式（6-1）中 k=2，即 X_t 为如下的 AR(3)过程：

$$
\begin{aligned}
X_t &= \alpha_0 + \alpha_1 t + \varphi_1 X_{t-1} + \varphi_2 X_{t-2} + \varphi_3 X_{t-3} + u_t \\
&= \alpha_0 + \alpha_1 t + \varphi_1 X_{t-1} + (\varphi_2 + \varphi_3)(-\Delta X_{t-1} + X_{t-1}) - \varphi_3 X_{t-2} + \varphi_3(-\Delta X_{t-2} + X_{t-2}) + u_t \\
&= \alpha_0 + \alpha_1 t + (\varphi_1 + \varphi_2 + \varphi_3) X_{t-1} - (\varphi_2 + \varphi_3)\Delta X_{t-1} - \varphi_3 \Delta X_{t-2} + u_t \qquad \text{(A6-1)}
\end{aligned}
$$

等式两边同时减去 X_{t-1}，得到方程（A6-2）：

$$\Delta X_t = \alpha_0 + \alpha_1 t + \varphi X_{t-1} - (\varphi_2 + \varphi_3)\Delta X_{t-1} - \varphi_3 \Delta X_{t-2} + u_t \qquad \text{(A6-2)}$$

式（A6-2）中 X_{t-1} 的系数 $\varphi = \varphi_1 + \varphi_2 + \varphi_3 - 1$。
整理后得到：

$$\Delta X_t = \alpha_0 + \alpha_1 t + \varphi X_{t-1} + \rho_1 \Delta X_{t-1} + \rho_2 \Delta X_{t-2} + u_t \qquad \text{(A6-3)}$$

式中 $\rho_2 = -\varphi_3$， $\rho_1 = -(\varphi_2 + \varphi_3)$。

2. 方程（6-37）中名义货币供给（LNM）的一阶差分的解释

$$
\begin{aligned}
\Delta LM_t = {} & 0.11 - 0.043E_{t-1} + 0.59\Delta LM_{t-1} + 0.14\Delta LY_t - 0.83I_t + \\
& 0.23\Delta I_{t-1} - 0.002\Delta R_{t-1} + 0.019D_t \qquad \text{(A6-4)}
\end{aligned}
$$

如果把方程（A6-4）中通货膨胀率 I_t 的估计系数近似为 − 1，则方程的被解释变量变为

$$\Delta LM_t + I_t \qquad \text{(A6-5)}$$

其中，$\Delta LM_t = LM_t - LM_{t-1}$， $I_t = LP_t - LP_{t-1}$。
则有

$$
\begin{aligned}
\Delta LM_t + I_t &= LM_t - LM_{t-1} + LP_t - LP_{t-1} \\
&= LM_t + LP_t - (LM_{t-1} + LP_{t-1}) \\
&= LNM_t - LNM_{t-1} \qquad \text{(A6-6)} \\
&= \Delta LNM_t
\end{aligned}
$$

参考文献

Akerlof, G. A. (1979). Irving Fisher on his head: the consequences of constant threshold-target monitoring of money holdings. *Quarterly Journal of Economics,* 93, 169-187.

Baba,Y., D. F. Hendry, and R. M. Starr (1992). The demand for M1 in the USA, 1960-1988. *Review of Economic Studies,* 59, 25-61.

馬場善久（1995）.「エラー・コラクションモデルによる貨幣需要関数の推定」. 本多祐三編『日本の景気』, 東京：有斐閣.

Boswijk, H. P. (2004). Identifying, Estimating and Testing Restricted Cointegrated Systems: An Overview. *Statistica Neerlandica*, 58, 440-465.

Dickey, D. A., and W. A. Fuller (1981). Likelihood ratio statistics for auto-regressive time series with a unit root. *Econometrica*, 49, 1057-1072.

Enders, W. (2003). *Applied EconometricTime Series*. John Wiley &Sons, Inc.

Engle, R. F., and C. W. J.Granger (1987). Co-integration and error correction: representation, estimation and testing. *Econometrica*, 55, 251-76.

Engle, R. F., D. F. Hendry, and J. F. Richard (1983). Exogeneity. *Econometrica*, 51, 277-304.

Hatanaka, M. (1996). *Time series based econometrics: unit roots and co-integrations*. Oxford University Press.

Hendry, D. F. (1979). Predictive failure and econometric modelling in macroeconomics: The transactions demand for money. In P. Ormerod, (ed.), *Economic Modelling*. Heinemann Education Books, 217-220.

Hendry, D. F. and N. R. Ericsson (1991). Modeling the demand for narrow money in the United Kingdom and the United States. *European Economic Review*, 35, 833-81.

Hendry, D. F., A. R. Pagan and J. D. Sargan (1984). Dynamic specification. In Griliches and Intrilligator (eds.). *Handbook of Econometrics,* North-Holland, Amsterdam, 1023-1100.

本多祐三（1994）. 金融変数，実物経済そして金融政策：近年の実証分析の展望. 金融経済研究，6，5-26.

堀内昭義（1992).『金融論』. 東京:東京大学出版会.

Hsiao, C. (1997). Cointegration and dynamic simultaneous equations model. *Econometrica,* 65, 647-670.

Johansen, S. (1988). Statistical analysis of cointegration vectors. *Journal of Economic Dynamics and Control,* 12, 231-254.

Johansen, S. and K. Juselius (1990). Maximum likelihood estimation and inference on cointegration-with application to the demand for money. *Oxford Bulletin of Economics and Statistics*, 52, 169-209.

Johansen, S. (1991). Estimation and hypothesis testing of cointegration vectors in Gaussion vector autoregressive models. *Econometrica,* 59, 1551-1580.

Johansen, S. (1992).Testing weak exogeneity and the order of co-integration in UK money demand data. *Journal of Policy Modeling*, 14, 313-334.

Miyao, R. (1996a). Does a cointegrating M2 demand relation really exit in Japan? *Journal of the Japanese and International Economics*, 10, 169-180.

Miyao, R. (1996b). Does a cointegrating M2 demand relation really exit in United States? *Journal of Money, Credit, and Banking,* 28, 365-380.

Morimune, K. and A. Mantani (1995). Estimating the rank of co-integration after estimating the of a vector autoregression. *Japanese Economic Review*, 46, 191-205.

Morimune, K. and G. Q.Zhao (1997). Non-stationary estimation of the Japanese money demand function. *Journal of Economic Research,* 2, 1-28.

Phillips, P. C. B., and M. Loretan (1991). Estimating long-run economic equilibria. *Review of Economic Studies,* 58, 407-436.

吉田知生（1989）．通貨需要関数の安定性をめぐって一ECMによる計測一．金融研究, 8, 99-147.

West, K. D. (1988). Asymptotic normality, when regressors have a unit root. *Econometrica*, 56, 1397-1418.

第七章　货币长期中性与单位根检验

货币中性问题可以追溯到货币数量论和瓦尔拉斯一般均衡理论（曼昆，2008；黄达，2009），货币供给的增加只引起名义价格水平的变化，货币供给量的规模对于均衡中的实物经济没有任何影响，货币为一外生变量，这一性质称为货币的中性（monetary neutrality）。20 世纪 70 年代石油危机爆发之后，货币供给的急速增加带来物价快速上涨，同时发现存在货币供给变化对实际国民支出的影响，这一现象与货币中性是不一致的（堀内，1992）。经济学学者一直试图对货币的长期中性进行检验，在 20 世纪 60 年代，检验货币长期中性的方法主要通过单一的回归方程进行，并没有考虑时间序列变量的非平稳特征。Sargent（1971）以及 Lucas（1972）质疑该方法并没有考虑货币变量是否受到一个持久变化的影响，即没有考虑单位根的存在，而这种情形下是无法检验货币长期中性的。为解决单位根（随机趋势）影响的问题，Fisher 和 Seater（1993）提出使用二元结构向量自回归（SVAR）模型检验货币的长期中性，认为只有当名义货币和真实产出变量至少为一阶单整时才能进行货币的长期中性检验。

本章的结构如下：首先介绍检验货币长期中性的 Fisher-Seater 方法，然后将该方法应用于中国和日本的名义货币供应量 M2 及实际 GDP 季度经济数据，最后根据实证分析的结果，对中、日两国近年货币政策的有效性进行对比分析研究。

7.1　Fisher 与 Seater 的货币长期中性检验

Fisher 和 Seater（1993，下面略为 F-S）假设货币供给与实际产出之间的关系可以表示为一个平稳的，可逆的二元向量自回归（VAR）模型。变量 LNM_t 和 LRY_t，分别为名义货币供给和实际产出的自然对数，该模型设定如下：

$$A(L)(1-L)^{\langle LNM\rangle}LNM_t=B(L)(1-L)^{\langle LRY\rangle}LRY_t+u_t \tag{7-1}$$

$$D(L)(1-L)^{\langle LRY\rangle}LRY_t=C(L)(1-L)^{\langle LNM\rangle}LNM_t+v_t \tag{7-2}$$

其中 $A(L)$、$B(L)$、$C(L)$、$D(L)$ 为滞后算子 L 的多项式，$A_0=D_0=1$，B_0 和 C_0 无约束。符号 $\langle LNM\rangle$ 表示变量 LNM 的单整阶数，如果 $\langle LNM\rangle=1$，意味着 LNM 为一阶单整 $I(1)$，同样符号 $\langle LRY\rangle$ 表示变量 LRY 的单整阶数。假设模型中误差向量 $(u_t,v_t)'$ 是服从均值为 0，协方差矩阵为 Σ 的独立同分布过程。由方程（7-1）、（7-2）容易把 LNM_t 和 LRY_t 写成如下的向量移动平均（VMA）形式（具体推导见本章附录）：

$$LNM_t=(1-L)^{-\langle LNM\rangle}[\alpha(L)u_t+\beta(L)v_t] \tag{7-3}$$

$$LRY_t=(1-L)^{-\langle LRY\rangle}[\gamma(L)u_t+\delta(L)v_t] \tag{7-4}$$

式（7-3）和（7-4）中 $\alpha(L)=K^{-1}D(L)$，$\beta(L)=K^{-1}B(L)$，$\gamma(L)=K^{-1}C(L)$，$\delta(L)=K^{-1}A(L)$，其中 $K=A(L)D(L)-B(L)C(L)$。货币的长期效应（LRD）通过产出关于货币存量的长期导数来表示：

$$LRD_{LRY,LNM}=\lim_{k\to\infty}\frac{\partial LRY_{t+k}/\partial u_t}{\partial LNM_{t+k}/\partial u_t} \tag{7-5}$$

方程（7-5）分子部分表示一个对货币的外生冲击 u_t 对真实产出的影响效应，其分母部分表示同一冲击对货币存量的影响效应，所以方程（7-5）可以理解为：从极限角度（长期）出发货币关于实际产出影响效应的度量。当

$$\lim_{k\to\infty}(\partial LNM_{t+k}/\partial u_t)=0 \tag{7-6}$$

也就是说货币存量没有持久性变化（即不存在单位根）的情形下，*LRD* 是没有定义的，因此检验长期中性的必要条件是货币供给具有随机趋势。当对货币水平值产生一个持久的随机冲击后，*LRD* 等于零时，货币被称为长期中性。方程（7-5）也表明，如果不存在对实际产出的持久冲击，那么

$$\lim_{k\to\infty}(\partial LRY_{t+k}/\partial u_t)=0 \tag{7-7}$$

则 *LRD* 等于零。所以，如果实际产出是 $I(0)$，意味着货币长期中性的假设不能被拒绝。

LRD 的特定值取决于即 LNM 和 LRY 的单整阶数，即 $\langle LNM\rangle$ 和 $\langle LRY\rangle$ 的取值。按照 F-S，方程（7-5）可以写成如下形式：

$$LRD_{LRY,LNM}=\frac{(1-L)^{<LNM>-<LRY>}\gamma(L)\Big|_{L=1}}{\alpha(1)} \tag{7-8}$$

方程（7-8）表明，LRD 的值依赖于两变量单整阶数之差 $<LNM>-<LRY>$。这里特别关注，当 $<LNM>-<LRY>$ =0 或 $<LNM>=<LRY>$ =1 时，方程（7-8）可以简化为：

$$LRD_{LRY,LNM}=\frac{\gamma(1)}{\alpha(1)}=\frac{c(1)}{d(1)} \tag{7-9}$$

在假设货币是长期中性成立的条件下，F-S 表明 $\lim_{k\to\infty}\beta_k$ 可以作为 $c(1)/d(1)$ 的估计，这里 β_k 是如下回归方程的系数：

$$(LRY_t-LRY_{t-k-1})=\alpha_k+\beta_k(LNM_t-LNM_{t-k-1})+\varepsilon_t \tag{7-10}$$

式（7-10）表示名义货币供给率关于实际经济增长率的影响。

7.2 中国货币长期中性研究

7.2.1 单位根检验

在这一节讨论时间序列的非平稳特性。在使用前面给出的 F-S 方法检验货币长期中性之

前，必须要明确名义货币和实际GDP的单整阶数。然而AR单位根检验具有低势的特征（power of test is low）。研究者通常采用多种检验方法来确定单整阶数。有四种常用的单位根检验方法：（1）由Dicky和Fuller（1979，1981）提出的ADF检验（这是最常用的一种方法）；（2）由Elliott等人（1996）提出的DF-GLS检验（见本章附录）；（3）由Phillips和Perron（1988）提出的PP检验；（4）由Kwiatkowski等人（1992）提出的LM检验（略为KPSS）。ADF检验、DF-GLS检验和PP检验的零假设为时间序列存在单位根，而KPSS检验的零假设为序列是平稳的。下面将给出这四种单位根检验方法的结果。设定最大滞后阶数为8，将根据BIC信息准则选择差分项的滞后阶数。

本节所选用的样本为1997年一季度至2009年四季度的中国实际GDP与名义货币供应量M2。数据来源于《中国人民银行统计季报》，利用季报公布的GDP增长率将名义GDP转化为以1997年一季度为基期的实际GDP，实际GDP和M2数据都经过了$X-11$季节调整，并取对数后分别记作LRY及LNM。在进行单位根检验之前，首先给出变量关于时间（季度变动）的散点图，以确定序列中是否存在趋势变动。这一步是必不可少的，因为单位根检验的临界值依赖于样本容量与是否包含常数及时间趋势项。以时间为横轴对所有变量作图（见图7-1、图7-2）。通过观察图7-1与图7-2，可以发现，LRY和LNM都是具有趋势变化，但很难判断趋势是否为线性。为了检验是否存在二次趋势将对变量的一阶差分使用包含常数项和时间趋势的ADF检验。

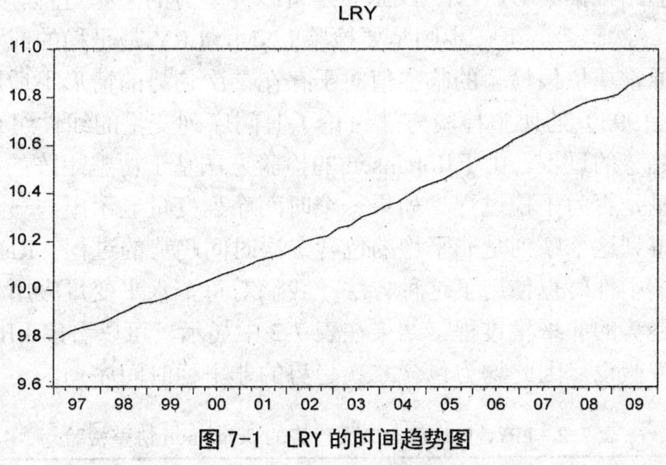

图7-1 LRY的时间趋势图

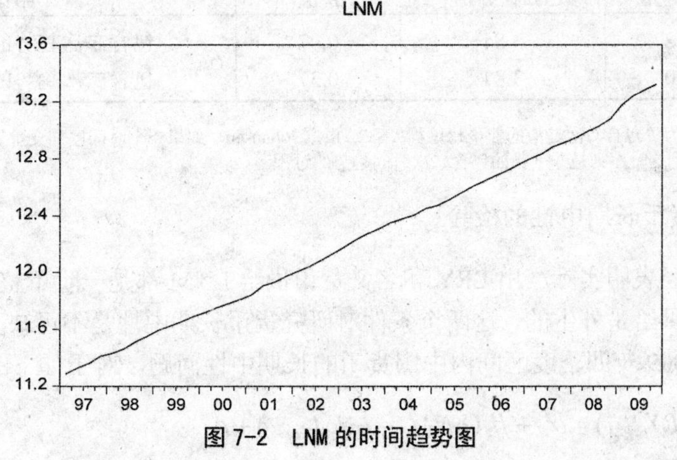

图7-2 LNM的时间趋势图

表 7-1 给出了对变量一阶差分（DLRY、DLNM）进行 ADF 检验的结果，可以看到 t 统计量非常显著，即认为存在线性趋势。在识别出每个时间序列的一阶差分都包含一个线性趋势后，应用 DF-GLS 检验和 PP 检验，零假设为存在一个带漂移的单位根，备择假设是一个包含线性时间趋势的平稳时间序列。结果显示所有变量的一阶差分 DF-GLS 和 PP 检验都拒绝了零假设。之后对 DLNM、DLRY 应用 KPSS 检验，零假设为序列是带线性趋势的平稳过程，结果显示不能拒绝零假设。表 7-1 给出了水平变量与一阶差分变量的 ADF、DF-GLS、PP 及 KPSS 检验的结果。

表 7-1　DLRY、DLNM、LRY、LNM 单位根检验结果

变量	ADF	DF-GLS	PP	KPSS
DLRY	– 8.21***	– 7.36***	– 8.29***	0.10
DLNM	– 5.90***	– 5.38***	– 5.90***	0.09
LRY	– 1.45	– 0.99	– 1.34	0.24***
LNM	– 0.12	– 1.36	– 0.12	0.19**
1%临界值	– 4.15	– 3.77	– 4.15	0.22
5%临界值	– 3.50	– 3.19	– 3.50	0.15

注：1. ADF、DF-GLS、PP、KPSS 检验中均包含常数项和趋势。2. ***、**分别表示 1%和 5%的水平显著。

根据四种检验的结果推断 DLNM、DLRY 是带线性趋势的平稳过程。这意味着水平变量 LNM、LRY 包含有二次趋势。下一步则是要检验 LNM，LRY 是平稳的或非平稳的包含二次趋势的变量。由于通常单位根检验的临界值对于存在二次趋势的情形不适用，这里采用另一种方法。Johansen（1995）的协整检验方法讨论了时间序列变量的线性组合是平稳的或非平稳的包含二次时间趋势的过程。由于 Johansen 的检验方法基于协整矩阵的秩，这一方法也可以适用于检验单变量是否为平稳过程。如果一个时间序列变量显示出与一个二次时间趋势是非协整的，则可以得到这个序列是非平稳的包含二次时间趋势的过程。Rahman 等人（2008）在研究日本货币长期中性时也使用了这种方法。我们对每个水平变量应用 Johansen 的方法，零假设为包含二次趋势的非平稳过程。结果在表 7-2 中显示，可以看出 LRY 和 LNM 都无法拒绝不存在协整的零假设，因此均为包含二次趋势的非平稳时间序列。

表 7-2　LRY、LNM 包含二次趋势的 Johansen 协整检验

变量	迹统计量	5%临界值	p 值	结论
LRY	3.22	3.84	0.07	包含二次趋势的非平稳过程
LNM	0.80	3.84	0.37	包含二次趋势的非平稳过程

注：1. 检验的零假设为“包含二次趋势的非平稳过程”。2. 根据 Johansen，如果一个时间序列变量显示出与一个二次时间趋势是非协整的，则可以得到这一序列是非平稳的包含二次时间趋势的过程。

7.2.2　中国货币长期中性的检验

单位根检验已经表明实际产出 LRY 和名义货币供给 LNM 都是一阶单整的，同时认为所研究样本区间内货币供给是外生的，这两个条件对研究货币长期中性是不可缺少的。下面将讨论 1997 年一季度到 2009 年四季度区间内中国货币的长期中性问题。对于如下的 F-S 回归方程：

$$(LRY_t - LRY_{t-k-1}) = \alpha_k + \beta_k(LNM_t - LNM_{t-k-1}) + \varepsilon_t \tag{7-11}$$

选择 $k=1,2,\cdots,20$，每个系数 β_k 反映了在 $k+1$ 期 LNM 变化一单位对 LRY 的影响。表 7-3 中给出了 β_k 的估计 b_k 及相应的 t 值。

表 7-3　β_k 的估计值 b_k

k	b_k	t 值
1	0.043	0.56
2	0.026	0.35
3	0.019	0.27
4	0.021	0.27
5	0.053	0.61
6	0.094	0.97
7	0.17	1.55
8	0.23	2.03
9	0.27	2.40
10	0.33	2.80
11	0.38	3.10
12	0.42	3.39
13	0.47	3.61
14	0.51	3.80
15	0.55	3.90
16	0.58	3.95
17	0.61	4.02
18	0.68	4.35
19	0.77	4.83
20	0.84	5.32

由表 7-3 可以看出，在 k 值较小时，b_k 的值接近于 0，且 t 值很不显著，随着 k 值的增大 b_k 逐渐增大，t 值越来越显著，当 k=20 时，b_k 值为 0.84，相应的 t 值为 5.32，显著不为零。由此可见，样本的长期导数随着滞后阶数 k 的增加而呈现发散趋势，基于这一理由可以拒绝货币长期中性的假设，认为在 1997～2009 年这一区间内，中国货币呈现长期非中性。图 7-3 给出了系数估计（b_k，纵轴）相对于滞后阶数（k，横轴）的折线图。

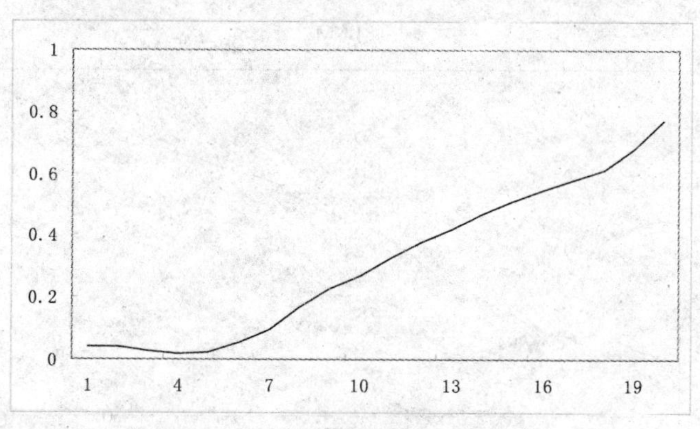

图 7-3　系数估计（b_k）关于滞后阶数（k）的折线图

由于近年我国货币长期非中性的存在，央行可以借助适当的货币政策达到影响实体经济走势的目的。上述实证分析结果对于央行长期货币政策的取向也具有一定的参考价值。

7.3 日本货币长期中性研究

7.3.1 单位根检验

本节以 1990 年第一季度至 2010 年第三季度的日本实际 GDP 和货币存量 M2 数据，作为分析货币长期中性的样本，数据来源于日本统计局和日本银行（日本的中央银行）公布的实际季度 GDP 与 M2 数据，所有数据均已经过季节调整，取对数后分别记做 LRY 及 LNM。与 7.2.1 节类似，使用四种不同的检验方法：（1）ADF 检验；（2）DF-GLS 检验；（3）PP 检验；（4）KPSS 检验。对变量（LRY、LNM）进行单位根检验，ADF 检验、DF-GLS 与 PP 检验的零假设为变量存在单位根，而 KPSS 检验的零假设为变量是平稳的。模型中差分变量滞后阶数的选取类似于 7.2.1 节。

在进行单位根检验之前，首先给出变量关于时间的散点图，以确定时间序列中是否存在趋势。以时间为横轴对所有变量作图（图 7-4、图 7-5）。通过观察图 7-4、图 7-5，可以发现 LRY 和 LNM 都是具有趋势变化的，但很难判断是趋势是否为线性的。为了检验是否存在二次趋势，需要对变量的一阶差分使用包含常数项和时间趋势的 ADF 检验。

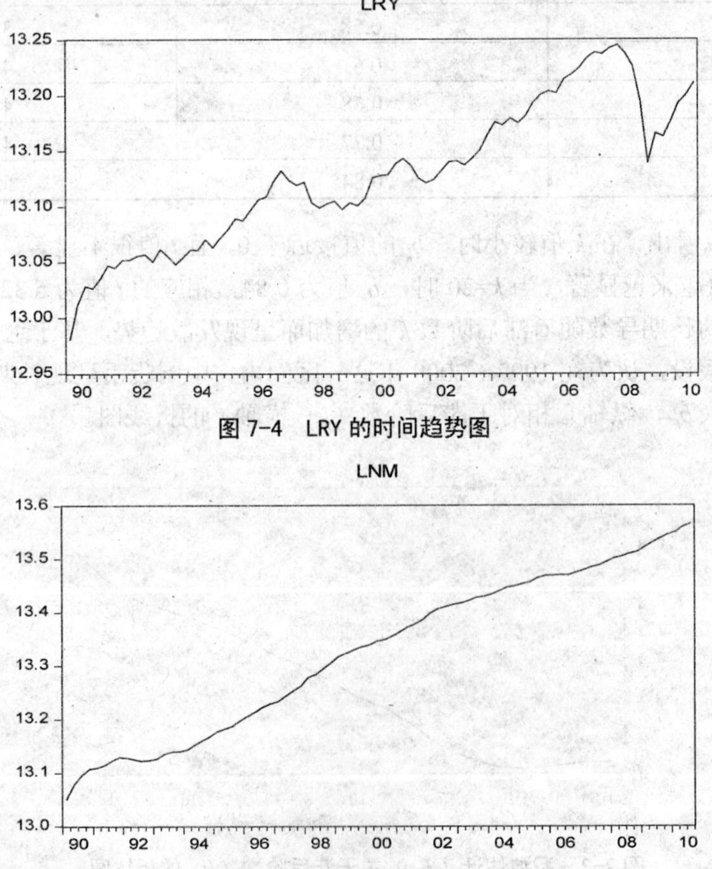

图 7-4 LRY 的时间趋势图

图 7-5 LNM 的时间趋势图

从表 7-4 中关于变量一阶差分（DLRY、DLNM）的 ADF 检验结果，可以发现其 t 统计量非常显著，即认为存在线性趋势。在识别出每个时间序列的一阶差分可能都包含一个线性趋势后，进一步应用 DF-GLS 检验和 PP 检验，零假设为存在一个带漂移的单位根，备择假设是一个包含线性时间趋势的平稳时间序列。结果显示 DLRY 序列的 ADF、DF-GLS 和 PP 检验都拒绝了零假设，而 DLNM 序列的 ADF 和 PP 检验拒绝了单位根存在的零假设，而 DF-GLS 接受零假设（不能拒绝零假设），即认为仍存在单位根。作为补充检验，再对 DLRY、DLNM 应用 KPSS 检验，零假设为序列是带线性趋势的平稳过程，结果显示均不能拒绝零假设。综合上述检验结果，我们认为，一阶差分后的变量 DLRY、DLNM 均为包含线性趋势的平稳时间序列。表 7-4 总结了 ADF、DF-GLS、PP、KPSS 关于一阶差分变量与水平变量的检验结果。表 7-4 中变量 LRY 序列的 KPSS 检验显示无法拒绝零假设，但综合前面三种检验方法和其散点图的特征，最后仍认为 LRY 序列存在单位根。

表 7-4　DLRY、DLNM、LNM、LRY 单位根检验结果

变量	ADF	DF-GLS	PP	KPSS
DLRY	− 7.56***	− 5.40***	− 6.82***	0.07
DLNM	− 6.81***	− 1.77	− 5.90***	0.05
LRY	− 2.80	− 2.30	− 3.21	0.06
LNM	− 1.50	− 1.71	− 1.80	0.20**
1%临界值	− 4.08	− 3.65	− 4.08	0.22
5%临界值	− 3.47	− 3.09	− 3.47	0.15

注：1. ADF、、DF-GLS、PP、KPSS 检验中均包含常数项和趋势。2. ***、**分别表示 1%和 5%的水平显著。

由于 DLNM、DLRY 均为带线性趋势的平稳过程，意味着水平变量 LNM、LRY 可能包含二次趋势。下一步则是要检验水平变量 LNM、LRY 是平稳的或非平稳的包含二次趋势的过程。ADF、DF-GLS、PP、KPSS 四种单位根检验统计量的临界值不适用于存在二次趋势的情形，这里采用 Johansen（1995）的协整分析方法，该方法可以处理零假设包含二次趋势的情形，换言之，如果一个时间序列变量显示出与一个二次时间趋势是非协整的，则可以认为这一序列是包含二次时间趋势的非平稳过程。

对每个水平变量应用 Johansen 的协整方法，零假设为包含二次趋势的非平稳过程。检验结果由表 7-5 给出，可以发现 LRY 和 LNM 都无法拒绝不存在协整的零假设，因此均为包含二次趋势的非平稳时间序列。

表 7-5　LRY、LNM 包含二次趋势的 Johansen 协整检验

变量	迹统计量	5%临界值	p 值	结论
LRY	2.29	3.84	0.11	包含二次趋势的非平稳过程
LNM	2.57	3.84	0.11	包含二次趋势的非平稳过程

注：检验的零假设为“包含二次趋势的非平稳过程”。

7.3.2　日本货币长期中性的检验

7.3.1 节已经指出实际产出 LRY 和名义货币供给 LNM 均是一阶单整的，本节将研究在 1990 年一季度到 2010 年三季度区间内日本货币供给是否存在的长期中性。再次利用 F-S 的回归方程：

$$(LRY_t - LRY_{t-(k+1)}) = \alpha_k + \beta_k(LNM_t - LNM_{t-(k+1)}) + \varepsilon_t \tag{7-12}$$

选择 $k = 1, 2, \cdots, 20$，每个系数 β_k 反映了在 $k+1$ 期 LNM 变化一单位对同期 LRY 变化的影响。表 7-6 中给出了 β_k 的估计值 b_k 及相应的 t 值。

表 7-6　β_k 的估计值 b_k

k	b_k	t 值
1	0.11	0.41
2	− 0.06	− 0.23
3	− 0.21	− 0.76
4	− 0.27	− 1.06
5	− 0.32	− 1.30
6	− 0.37	− 1.63
7	− 0.42	− 1.90
8	− 0.41	− 1.99
9	− 0.39	− 1.97
10	− 0.36	− 1.93
11	− 0.32	− 1.81
12	− 0.30	− 1.80
13	− 0.30	− 1.94
14	− 0.31	− 2.08
15	− 0.31	− 2.24
16	− 0.33	− 2.44
17	− 0.35	− 2.63
18	− 0.37	− 2.89
19	− 0.39	− 3.07
20	− 0.40	− 3.23

由表 7-6 可发现，除去 k=1 的情形，系数 β_k 估计值 b_k 均为负，基本上在 − 0.4～ − 0.3 区间上变化，没有明显的偏离趋势，可以认为在 1990～2010 年这一区间内，日本货币是中性的。当 k 很小时，有 $b_k \geqslant 0$，表明日本货币增长的变化只有在短期内对经济增长有正的效应，当 $k \geqslant 2$，随着区间的间隔 $(k+1)$ 的增大，货币变动对经济增长呈现出负面的效应。图 7-6 给出了系数估计（b_k，纵轴）相对于滞后阶数（k，横轴）的示意图。

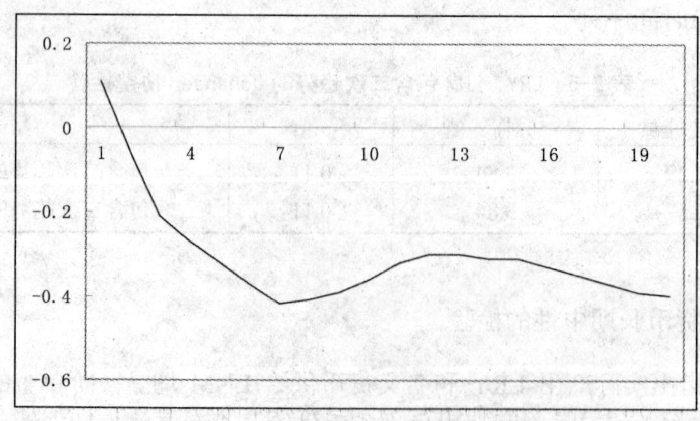

图 7-6　系数估计（b_k）关于滞后阶数（k）的折线图

日本货币长期呈现中性，表明货币存量的增加对实体经济不会产生显著影响。众所周知，日本经济在经历20世纪五六十年代的高速增长（1955～1970年，年平均增长率超过10%），七八十年代的稳定增长（1971～1989年，平均增长率约4.5%），在进入90年代后陷入了长期低迷。GDP增长率由1990年的6.2%跌至1993年的－0.5%，1994年经济增长率为1.5%，1997年为0增长，1998年出现－1.5%的负增长。为刺激资金的需求，1999年4月，日本央行决定将短期借款利率（call rate）降至0.03%，自此日本进入“零利率”时代。日本央行于2001年3月开始实行“量化宽松货币政策”。从2005～2007年，日本经济相对保持稳定，经济增长率保持在2%左右。2008年伴随国际金融危机爆发，日本经济再次进入负增长（见表7-7）。综上所述，20世纪90年代开始，日本经济在陷入萧条后，日银采取的一系列货币政策，包括零利率政策和量化宽松货币政策，仅能够实现经济的短暂回升和平稳，而没能真正使日本经济走出低迷。从对近二十余年日本货币长期中性的实证检验结果也可以发现，M2对GDP的影响仅在短期内有正向作用，随着区间长度影响的增加，货币变化率的系数逐步变小且长期为负。

表7-7　日本1990－2009年经济增长率

年度	GDP增长率（%）
1990	6.2
1991	2.3
1992	0.7
1993	－0.5
1994	1.5
1995	2.3
1996	2.9
1997	0.0
1998	－1.5
1999	0.7
2000	2.6
2001	－0.8
2002	1.1
2003	2.1
2004	2.0
2005	2.3
2006	2.3
2007	1.8
2008	－4.1
2009	－2.4

注：数据来源日本统计局。

本章附录

1. 方程（7-3）与（7-4）的推导过程

$$A(L)(1-L)^{\langle LNM\rangle}LNM_t = B(L)(1-L)^{\langle LRY\rangle}LRY_t + u_t \tag{A7-1}$$

$$D(L)(1-L)^{\langle LRY\rangle}LRY_t = C(L)(1-L)^{\langle LNM\rangle}LNM_t + v_t \tag{A7-2}$$

把（A7-2）的 LRY 代入（A7-1）得到：

$$\begin{aligned}A(L)(1-L)^{\langle LNM\rangle}LNM_t &= B(L)(1-L)^{\langle LRY\rangle}LRY_t + u_t\\ &= B(L)\{D^{-1}(L)[C(L)(1-L)^{\langle LNM\rangle}LNM_t + v_t]\} + u_t\\ &= B(L)D^{-1}(L)C(L)(1-L)^{\langle LNM\rangle}LNM_t + B(L)D^{-1}(L)v_t + u_t\end{aligned} \tag{A7-3}$$

整理可得：

$$[A(L)-B(L)D^{-1}(L)C(L)](1-L)^{\langle LNM\rangle}LNM_t = B(L)D^{-1}(L)v_t + u_t \tag{A7-4}$$

即有：

$$LNM_t = (1-L)^{-\langle LNM\rangle}([A(L)-B(L)D^{-1}(L)C(L)]^{-1}[B(L)D^{-1}(L)v_t + u_t] \tag{A7-5}$$

令 $K = A(L)D(L) - B(L)C(L)$，可得

$$\begin{aligned}LNM_t &= (1-L)^{-\langle LNM\rangle}D(L)K^{-1}(B(L)D^{-1}(L)v_t + u_t)\\ &= (1-L)^{-\langle LNM\rangle}(K^{-1}D(L)u_t + K^{-1}B(L)v_t)\end{aligned} \tag{A7-6}$$

最终得到：

$$LNM_t = (1-L)^{-\langle LNM\rangle}[\alpha(L)u_t + \beta(L)v_t] \tag{A7-7}$$

式（7-4）可同理证得。

2. 单位根的 DF-GLS 检验

设 y_t 为一随机过程，Elliott、Rothenberg 和 Stock（1996）提出如下的 DF-GLS t 检验：

$$\Delta y_t^d = \alpha_0 y_{t-1}^d + \alpha_1 \Delta y_{t-1}^d + \cdots + \alpha_p \Delta y_{t-p}^d + u_t \tag{A7-8}$$

检验的零假设为“H_0: $\alpha_0 = 0$”。其中 y_t^d 表示从 y_t 去除时间趋势后的序列，对常用的去线性趋势情形：

$$y_t^d = y_t - \hat{\beta}_0 - \hat{\beta}_1 t \tag{A7-9}$$

$\hat{\beta}_0$、$\hat{\beta}_1$ 为方程（A7-10）的 OLS 估计量。

$$y_t - \bar{\alpha} y_{t-1} = \beta_0 (1-\bar{\alpha}) + \beta_1 (t - \bar{\alpha}(t-1)) + error \qquad (A7-10)$$

其中 $\bar{\alpha} = 1 + c / T$ （包含漂移项时，$c = -7$；包含趋势项时，$c = -13.5$）。Elliott 等对 $\{\eta_t\}$ 利用蒙特卡洛方法模拟出检验统计量的临界值。

3. 附表

附表 7-1　包含趋势的 DF-GLS 检验临界值（$c = -13.5$）

T	0.01	0.05	0.10
50	− 3.77	− 3.19	− 2.89
100	− 3.58	− 3.03	− 2.74
200	− 3.56	− 2.93	− 2.64
∞	− 3.48	− 2.89	− 2.57

注：摘自 Elliott, Rothenberg and Stock（1996）。

附表 7-2　中国与日本实证分析数据

中国	LRY	LNM	日本	LRY	LNM
1997Q1	9.802 301 6	11.285 689	1990Q1	12.980 710	13.050 057
1997Q2	9.830 171 8	11.328 812	1990Q2	13.011 762	13.078 581
1997Q3	9.844 281 4	11.361 721	1990Q3	13.028 391	13.096 235
1997Q4	9.855 821 9	11.412 191	1990Q4	13.026 489	13.107 747
1998Q1	9.871 144 8	11.431 208	1991Q1	13.035 165	13.109 945
1998Q2	9.896 308 2	11.462 013	1991Q2	13.046 959	13.114 420
1998Q3	9.917 422 9	11.511 756	1991Q3	13.044 743	13.122 859
1998Q4	9.943 579 7	11.551 363	1991Q4	13.051 742	13.129 188
1999Q1	9.949 271 5	11.594 846	1992Q1	13.052 052	13.128 337
1999Q2	9.964 463 4	11.623 915	1992Q2	13.055 548	13.125 363
1999Q3	9.985 832 3	11.654 015	1992Q3	13.056 724	13.122 505
1999Q4	10.007 203	11.690 390	1992Q4	13.050 328	13.123 966
2000Q1	10.024 325	11.717 014	1993Q1	13.061 533	13.126 762
2000Q2	10.044 781	11.751 001	1993Q2	13.055 182	13.135 714
2000Q3	10.065 212	11.779 506	1993Q3	13.047 978	13.139 714
2000Q4	10.081 201	11.807 917	1993Q4	13.054 260	13.140 368
2001Q1	10.098 249	11.840 388	1994Q1	13.061 022	13.143 471
2001Q2	10.120 961	11.904 617	1994Q2	13.060 804	13.152 592
2001Q3	10.134 480	11.930 738	1994Q3	13.070 258	13.160 276
2001Q4	10.145 705	11.972 096	1994Q4	13.062 857	13.167 386
2002Q1	10.167 329	12.007 623	1995Q1	13.071 975	13.177 192
2002Q2	10.200 078	12.040 747	1995Q2	13.079 385	13.182 212
2002Q3	10.213 988	12.084 103	1995Q3	13.089 237	13.186 849
2002Q4	10.223 602	12.129 641	1995Q4	13.087 335	13.197 048
2003Q1	10.258 137	12.177 100	1996Q1	13.097 022	13.205 702

续表

中国	LRY	LNM	日本	LRY	LNM
2003Q2	10.268 743	12.228 905	1996Q2	13.106 223	13.213 894
2003Q3	10.303 569	12.272 126	1996Q3	13.108 715	13.222 659
2003Q4	10.320 006	12.309 924	1996Q4	13.122 894	13.229 279
2004Q1	10.349 319	12.351 123	1997Q1	13.132 088	13.233 318
2004Q2	10.362 890	12.379 606	1997Q2	13.123 446	13.243 680
2004Q3	10.394 202	12.404 682	1997Q3	13.119 080	13.253 185
2004Q4	10.424 557	12.449 972	1997Q4	13.121 847	13.261 630
2005Q1	10.443 015	12.471 216	1998Q1	13.103 410	13.278 632
2005Q2	10.460 141	12.511 897	1998Q2	13.098 744	13.283 851
2005Q3	10.490 351	12.558 571	1998Q3	13.102 432	13.294 862
2005Q4	10.515 515	12.602 467	1998Q4	13.104 761	13.305 753
2006Q1	10.542 161	12.642 187	1999Q1	13.097 353	13.317 379
2006Q2	10.567 956	12.679 290	1999Q2	13.103 298	13.323 826
2006Q3	10.591 520	12.715 512	1999Q3	13.100 600	13.330 473
2006Q4	10.625 564	12.760 384	1999Q4	13.107 539	13.335 877
2007Q1	10.649 331	12.800 572	2000Q1	13.125 869	13.339 424
2007Q2	10.678 653	12.834 917	2000Q2	13.127 649	13.346 572
2007Q3	10.702 635	12.886 560	2000Q3	13.128 405	13.349 091
2007Q4	10.729 782	12.916 018	2000Q4	13.138 497	13.355 831
2008Q1	10.751 918	12.949 917	2001Q1	13.142 928	13.363 754
2008Q2	10.775 049	12.993 020	2001Q2	13.137 064	13.372 172
2008Q3	10.789 719	13.029 290	2001Q3	13.125 563	13.378 604
2008Q4	10.797 766	13.080 215	2001Q4	13.121 138	13.386 328
2009Q1	10.812 020	13.175 971	2002Q1	13.124 074	13.398 684
2009Q2	10.850 708	13.242 262	2002Q2	13.132 180	13.406 467
2009Q3	10.874 849	13.286 438	2002Q3	13.139 930	13.410 551
2009Q4	10.900 293	13.324 134	2002Q4	13.140 818	13.415 121
			2003Q1	13.136 964	13.417 444
			2003Q2	13.143 180	13.421 927
			2003Q3	13.150 618	13.428 263
			2003Q4	13.164 414	13.429 785
			2004Q1	13.175 586	13.434 426
			2004Q2	13.173 032	13.440 547
			2004Q3	13.179 285	13.447 029
			2004Q4	13.174 968	13.449 407
			2005Q1	13.181 554	13.453 524
			2005Q2	13.193 391	13.456 739
			2005Q3	13.200 728	13.464 437
			2005Q4	13.203 765	13.468 487
			2006Q1	13.202 044	13.469 309

续表

中国	LRY	LNM	日本	LRY	LNM
			2006Q2	13.214 580	13.470 009
			2006Q3	13.218 848	13.469 470
			2006Q4	13.224 557	13.474 585
			2007Q1	13.233 585	13.478 981
			2007Q2	13.238 507	13.484 519
			2007Q3	13.237 063	13.487 838
			2007Q4	13.242 377	13.494 481
			2008Q1	13.245 260	13.501 012
			2008Q2	13.237 873	13.504 582
			2008Q3	13.226 106	13.509 731
			2008Q4	13.194 505	13.512 922
			2009Q1	13.138 916	13.521 945
			2009Q2	13.165 728	13.530 345
			2009Q3	13.162 626	13.537 661
			2009Q4	13.176 444	13.544 982
			2010Q1	13.192 812	13.549 488
			2010Q2	13.200 257	13.559 432
			2010Q3	13.211 162	13.564 923

注：中国数据来源于《中国人民银行统计季报》，日本数据来源于日本统计局和日本银行；实际 GDP 及名义货币供应量 M2 分别取对数后用 LRY 及 LNM 表示。

参考文献

Dickey, D. A., and W. A. Fuller (1979). Distribution of estimators for auto regressive time series with a unit root. *Journal of the American Statistical Association,* 74, 427-431.

Dickey, D. A., and W. A. Fuller (1981). Likelihood ratio statistics for autoregressive time series with a unit root. *Econometrica*, 49, 1057-1072.

Elliott, G., T. J. Rothenberg, and J. H. Stock (1996). Efficient tests for an autoregressive unit root. *Econometrica*, 64, 813-836.

Fisher M. E., and J. J. Seater (1993). Long-run neutrality and superneutrality in an ARIMA Framework. *American Economic Review*, 83, 402-415.

堀内昭義（1992）.『金融論』. 東京：東京大学出版会.

黄达（2009）. 金融学. 北京：中国人民大学出版社.

Kwiatkowski, D., P. C. B. Phillips, P. Schmidt, and Y. Shin (1992). Testing the null hypothesis of stationary against the alternative of a unit root: How sure are we that economic time series have a unit root. *Journal of Econometrics*, 54, 159-178.

Lucas, R. E. (1972). Expectation and neutrality of money. *Journal of Economic Theory*, 4, 103-124.

Johansen, S. (1995). *Likelihood-based inference in cointegrated vector autoregressive models.*

Oxford University Press.

Maddala, G. S. (2001). *Introduction to Econometrics*, 3th ed. Macmillan.

曼昆（2008）．经济学原理．北京：北京大学出版社．

Phillips, P. C. B., and P. Perron(1988). Testing for a unit root in time series regression. *Biometrika*, 75, 335-346.

Rahman, J. M., T. Toyoda and Y. Morita (2008). Financial anxieties and long-run neutrality of money in Japanese economy. *Studies in Applied Economics*, 2, 107-132.

Sargent, T. J. (1971). The optimum monetary instrument variable in a linear economic model. *Canadian Journal of Economic*, 4, 50-60.

林梦瑶，赵国庆（2011）．萧条经济背景下的日本货币长期中性研究．中国物价（3）．

赵国庆，林梦瑶（2011）．中国货币长期中性实证研究——基于 F-S 方法的估计．财经问题研究（5）．

第八章　面板数据分析

利用时间序列和横截面数据，同时进行分析的方法称为面板数据分析。本章将讨论面板数据分析理论与方法，主要内容有：第一，给出估计面板数据模型的基本分析方法，包括固定效应与随机效应模型的估计及模型选择的 Wu-Hausman 的检验统计量；第二，讨论动态面板数据模型的估计，主要包括动态模型有效工具变量的性质与 GMM 估计；第三，利用动态面板数据模型考察 R&D 人力资本、R&D 支出费用及 FDI 外溢效应对中国高科技产业技术进步的影响。

8.1　面板数据模型

8.1.1　面板数据模型的概念

如果有 A 公司的销售额与广告费的数据，且样本数据跨越多个时点，用多个时点上的销售额对广告费做回归，可以研究广告费用支出对销售额的影响，这称为时间序列回归分析。如果考虑 A 公司、B 公司等多家公司，有这多家公司在某一个时点广告费和销售额的数据，此时的回归分析变成讨论不同公司之间差异的问题，称为横截面数据的回归分析。

如果同时有 A 公司、B 公司等多家公司跨越多个时点的时间序列数据，在这种情况下如何进行分析才是最佳的呢？

（1）利用每个时点的横截面数据进行分析；

（2）利用每家公司的时间序列数据进行分析。

这是通常可选择的分析方法。在这一节，将给出对横截面和时间序列数据同时进行分析的方法，即面板数据分析方法。

假设 N 家公司跨越 T 期的数据 (y_{it}, x_{it}) ，$i=1,2,\cdots,N$，$t=1,2,\cdots,T$ ，其中 i 表示公司，t 表示时间，观测样本全体的数量为 $N\times T$ 。如果每家公司的销售额和广告费关系可用相同的回归式来表示：

$$y_{it} = \alpha + \beta x_{it} + u_{it} \tag{8-1}$$

其中被解释变量 y_{it} 和解释变量 x_{it} 分别表示第 i 家公司在第 t 个时点销售额和广告费的观测值，模型中的参数 α、β 与公司 i 及时间 t 无关。假设误差项 u_{it} 是对所有 i 和 t 相互独立的随机变量，其均值为 0，方差为 σ^2 。方程（8-1）中解释变量只有一个，也可以包含多个解释变量。在分析面板数据时，通常设定公司的数量 N 远大于时间方向的 T 。公司脚标 i 从 1 开始到 N ，反映分析研究对象中公司的变化，给出的是横截面单位的情况，而时点脚标 t 为时间维数，反映的是时间序列方向变化的情况。面板数据是由横截面和时间序列的两方向构成，有时也称为横截面与时间序列的合成数据（pooling of time-series and cross-section data）。估计时，对 $N\times T$ 个观测值，可以使用最小二乘法对回归模型（8-1）进行估计，这时所有公司的销售额通过一个回归模型式进行解释。

8.1.2 固定效应

利用回归方程式的参数，对各个公司之间的差异进行分析的方法称为固定效应分析。作为最简单的例子，公司之间的个体差异可以通过常数项 α_i 不同来表示，面板数据的固定效应模型如下：

$$y_{it}=\alpha_i+\beta x_{it}+u_{it} \tag{8-2}$$

式中的 α_i 表示公司之间的差异，由于常数项 α_i 对应不同的公司，α_i 随着公司的变化而改变，又称为个体效应。和 N 相比较由于 T 很小，个体效应的系数存在不能估计的情形。参数 β 对各家公司都相同。如果 $N=2$，对应两家公司的回归模型由下面的方程给出：

$$\begin{aligned}
y_{11}&=\alpha_1\times1+\alpha_2\times0+\beta x_{11}+u_{11}\\
&\vdots\\
y_{1T}&=\alpha_1\times1+\alpha_2\times0+\beta x_{1T}+u_{1T}\\
y_{21}&=\alpha_1\times0+\alpha_2\times1+\beta x_{21}+u_{21}\\
&\vdots\\
y_{2T}&=\alpha_1\times0+\alpha_2\times1+\beta x_{2T}+u_{2T}
\end{aligned} \tag{8-3}$$

上述方程从整体上可看做一个回归模型，被解释变量和解释变量按照从第一家公司的观测值开始，顺序给出直到第二家公司的观测值。表示个体效应的常数项部分由两个虚拟变量给出，其样本容量为 $2T$。由于不同公司的差异完全体现在常数项 α_i 的取值上，所以各公司是否具有相同固定效应的假设检验就变得非常简单。公司之间不存在差异的零假设由下面的 H_0 表示：

$$H_0\text{：}\ \alpha_1=\alpha_2 \tag{8-4}$$

在 H_0 成立的情形下，回归方程式（8-3）变成式（8-1）。对于模型包含 N 家公司，解释变量 x 为 K 个的情形，H_0 变成：

$$H_0\text{：}\ \alpha_1=\alpha_2=\cdots=\alpha_N \tag{8-5}$$

对于 H_0 的检验利用如下的 F 统计量：

$$F=\frac{\left[RSS(H_0)-RSS(H_\alpha)\right]/(N-1)}{RSS(H_\alpha)/\left[N\times T-(N+K)\right]} \tag{8-6}$$

其中 $N\times T$ 为样本容量，N 为个体效应参数的个数，K 为解释变量 x 的个数。在 F 统计量中，$RSS(H_0)$ 表示 H_0 下的残差平方和，$RSS(H_\alpha)$ 表示对立假设下的残差平方和。分子部分的自由度为，对立假设下常数项的个数 N 减去 H_0 假设下的常数项个数 1，分母部分的自由度为，样本容量 $N\times T$ 减去对立假设下模型包含的全部参数 $(N+K)$。观测期 T 很大的情况下，

对于系数 β 是否发生变化可以同样的检验进行。在每家公司都有不同系数的假设下，可以考虑如下的回归方程式：

$$
\begin{aligned}
y_{11} &= \alpha_1 \times 1 + \alpha_2 \times 0 + \beta_1 x_{11} + \beta_2 \times 0 + u_{11} \\
&\vdots \\
y_{1T} &= \alpha_1 \times 1 + \alpha_2 \times 0 + \beta_1 x_{1T} + \beta_2 \times 0 + u_{1T} \\
&\vdots \\
y_{21} &= \alpha_1 \times 0 + \alpha_2 \times 1 + \beta_1 \times 0 + \beta_2 x_{21} + u_{21} \\
&\vdots \\
y_{2T} &= \alpha_1 \times 0 + \alpha_2 \times 1 + \beta_1 \times 0 + \beta_2 x_{2T} + u_{2T}
\end{aligned} \qquad (8\text{-}7)
$$

对于上式的检验，利用 β 发生变化与不发生变化相应方程式的残差平方和 RSS，参照个体效应的 F 检验统计量式（8-6）进行。

利用固定效应分析方法可以考察观测期的影响，采用与处理个体常数项相同的方法，把时间虚拟变量加入回归方程，虚拟变量的个数和观测期相等。通过对包含时间虚拟变量模型的估计和检验来分析时间效应的影响，简言之，此时只需要利用前面讨论过的个体虚拟变量方法，换成时间虚拟变量进行估计即可。由于时间虚拟变量取值之和为 1，常数项和虚拟变量会发生完全多重共线性。个体效应和时间效应同时分析时，由于个体和时间虚拟变量全部加入到回归方程，也会出现多重共线性的情况，在这种情形下可去掉一个时间虚拟变量进行估计，例如可以把第一个或最后一个观测期的虚拟变量舍掉。

8.1.3 随机效应

对于企业数和观测期数大致相同的面板数据，通过估计每个企业对应的不同常数项，利用常数项的差异，就可以分析这些企业的不同特征。此时，固定效应分析是一个合理的选择。对于企业数达到数千家，而相应的时间方向只有几期的面板数据。例如对于固定的数千个家庭的支出调查，每隔五年进行一次相关数据的抽样调查，这样的数据称为长期固定观测数据(longitudinal data)，对于长期固定观察数据，观测期最多只有五个左右，而被固定的家庭的数量非常多。对于数千家企业的情形，如果对不同企业的常数项进行估计，模型自由度过小。同时对于数千个常数项的估计，其经济含义从整体上分析也是不可能的。对于长期固定观测数据，通常利用误差项的分析方法，称为随机效应分析。在随机效应模型中，对于不同的企业，它们具有相同的回归方程，企业间的差异由误差项的差异来描述。解释变量的个数可以包含多个，首先考虑包含一个解释变量的随机效应模型：

$$y_{it} = \alpha + \beta x_{it} + w_i + v_{it} \qquad (8\text{-}8)$$

其中误差项有两部分构成，v_{it} 满足条件：

$$E(v_{it}) = 0\,,\quad \mathrm{Var}(v_{it}) = \sigma_v^2\,,\quad \mathrm{Cov}(v_{it}, v_{jl}) = 0 \qquad (i \neq j,\ t \neq l)$$

此外，w_i 和观测期无关，表示第 i 个企业的特征，换言之，是表示个体效应的随机变量。假设 w_i 与 v_{it} 独立，且有

$$E(w_i) = 0\,,\quad \mathrm{Var}(w_i) = \sigma_w^2\,,\quad \mathrm{Cov}(v_i, v_j) = 0 \qquad (i \neq j)$$

对于企业i，同一时点t的方差为：

$$\mathrm{Var}(w_i + v_{it}) = \sigma_w^2 + \sigma_v^2 \tag{8-9}$$

不同时点的协方差为：

$$\mathrm{Cov}((w_i + v_{it}),(w_i + v_{il})) = \sigma_w^2 \tag{8-10}$$

表明企业i在不同时点的协方差不为零。

在随机效应模型中，由于误差项和解释变量不相关，式（8-8）的 OLS 估计量具有无偏性和一致性，但失去有效性。为得到参数的 BLUE 估计量，考虑对式（8-8）做变换，得到：

$$y_{it} = \alpha + (1-\theta)(\overline{y}_i - \beta\overline{x}_i) + \beta x_{it} + \varepsilon_{it} \tag{8-11}$$

其中：

$$\overline{y}_i = \sum_t y_{it} / T \tag{8-12}$$

$$\overline{x}_i = \sum_t x_{it} / T \tag{8-13}$$

表示每个企业的样本均值，又称为组内平均（within group means）。θ的定义如下：

$$\theta = \frac{\sigma_v}{\sqrt{T\sigma_w^2 + \sigma_v^2}} \qquad (0 \leqslant \theta \leqslant 1) \tag{8-14}$$

参数θ的估计值具有非常重要的含义。

可以证明变换后的误差项ε_{it}满足经典条件，式（8-11）的 OLS 估计具有 BLUE 的性质，又称为随机效应模型的 GLS 估计。如果估计出$\hat{\theta}$和$\hat{\beta}$，$(1-\hat{\theta})(\overline{y}_i - \hat{\beta}\overline{x}_i)$表示个体的效应。此外，可知：

（1）如果σ_v^2为 0，则θ也为 0，这时式（8-8）中误差项为w_i，那么该回归方程成为固定效应模型，只需对下式用 OLS 估计即可：

$$y_{it} - \overline{y}_i = \alpha + \beta(x_{it} - \overline{x}_i) + \varepsilon_{it} \tag{8-15}$$

（2）当观测期T非常大时，可以把σ_v^2看成 0，表明当$T \to \infty$，随机效应模型收敛到固定效应模型。

（3）如果σ_w^2为 0，θ为 1，这时由于不存在个体效应，回归方程和式（8-1）一样，只包含相同的系数，利用最小二乘法估计即可。

随机效应分析的地位可以理解为它位于回归方程式（8-1）和（8-2）的中间。利用计量软件，给出每个企业$(1-\theta)(\overline{y}_i - \beta\overline{x}_i)$的值，可以作为随机效应模型中个体效应的估计值。对于误差项和解释变量独立的零假设，通常可利用 Wu-Hausman 的统计量进行检验。如果拒绝零假设，使用对立假设的固定效应分析式（8-2）是一个合理的选择，当零假设不能被拒绝时，支持随机效应模型的选择式（8-8）。对于包含K个解释变量模型的选择问题将在下节进行详细的讨论。

8.1.4 包含 K 个变量时模型的选择

面板数据回归方程的一般形式如下：

$$y_{it} = \alpha + x_{it}'\beta + u_{it} \qquad (i = 1, 2, \cdots, N; t = 1, 2, \cdots, T) \tag{8-16}$$

其中 i 表示横截面单位，例如企业、地区、个人等，给出横截面方向的信息，t 表示时间，给出时间方向的信息，α 为一标量，β 为 $K \times 1$ 的列向量，x_{it} 为 K 个解释变量的第 it 个观测数据，y_{it} 是相应被解释变量的观测值。随机误差项 u_{it} 可以进行单因素误差分解（one-way error component）：

$$u_{it} = \mu_i + v_{it} \tag{8-17}$$

误差项 u_{it} 包含两部分，其中 μ_i 表示不可观测的个体效应，v_{it} 表示随机误差项。代入（8-16）可以得到：

$$y_{it} = (\alpha + \mu_i) + x_{it}'\beta + v_{it} \qquad (i = 1, 2, \cdots, N;\ t = 1, 2, \cdots, T) \tag{8-18}$$

对于面板数据的分析，最常用的有三种方法：随机效应（random effect）模型、固定效应（fixed effect）模型和混合数据普通最小二乘法（pooled OLS）。如果式（8-18）是真实的模型，直接对式（8-16）用 OLS 回归，即混合普通最小二乘法，得到的系数估计量是有偏和不一致的，这是因为 OLS 回归去掉了个体效应变量而引起省略变量（omission variables）问题（Baltagi，2001）。

对固定效应和混合普通最小二乘模型的选择可借助于检验个体效应变量的联合显著性来完成，其零假设为：

$$H_0\text{：}\ \mu_1 = \mu_2 = \cdots = \mu_{N-1} = 0 \tag{8-19}$$

可构建如下的 F 统计量：

$$F = \frac{(RRSS - URSS)/(N-1)}{URSS/(NT - N - K)} \sim F(N-1, N(T-1) - K) \tag{8-20}$$

其中 $RRSS$ 表示受约束方程的残差平方和，即利用混合普通最小二乘法回归后的 RSS，$URSS$ 表示无约束方程的残差平方和，即对经过组内变换固定效应模型（8-21）回归后的 RSS。

$$y_{it} - \overline{y}_i = (x_{it} - \overline{x}_i)'\beta + (v_{it} - v_{it-1}) \tag{8-21}$$

用随机效应方法对式（8-18）进行回归时，一个至关重要的假设是 $E[u_{it} | X_{it}] = 0$。如果该条件不成立，β 的 GLS 估计量将是有偏和不一致的，但经过组内变换去掉了 μ_i 的固定效应 OLS 估计量则给出 β 的无偏和一致估计量。随机效应与固定效应模型之间的选择可以用 Hausman 统计量来判断。考虑零假设：

$$H_0\text{：}\ E[u_{it} | X_{it}] = 0 \tag{8-22}$$

零假设成立条件下，Hausman（1978）建议比较随机效应的 GLS 估计量 $\hat{\beta}$ 与固定效应

OLS 估计量b是否相一致，实际上，无论零假设是否成立，b都是一致估计量，而$\hat{\beta}$在零假设成立条件下是 BLUE、一致和渐近有效的；但零假设不成立时，$\hat{\beta}$不是一致估计量。因此基于 Wald 准则的H检验：

$$H=(b-\hat{\beta})'\hat{q}^{-1}(b-\hat{\beta})\sim\chi^2(K) \tag{8-23}$$

其中$\hat{q}=\mathrm{Var}(b-\hat{\beta})=\mathrm{Var}(b)-\mathrm{Var}(\hat{\beta})$，在零假设下$H$服从自由度为$K$的$\chi^2$分布。

8.2 动态面板数据模型

所谓动态模型是指回归方程中解释变量包含被解释变量滞后项的情形，即：

$$y_{it}=\gamma y_{it-1}+x_{it}'\beta+u_{it} \qquad (i=1,2,\cdots,N;\quad t=1,2,\cdots,T) \tag{8-24}$$

其中误差项：

$$u_{it}=\mu_i+v_{it} \tag{8-25}$$

式（8-25）中假设$\mu_i\sim\mathrm{i.i.d}(0,\sigma_\mu^2)$，$v_{it}\sim\mathrm{i.i.d}(0,\sigma_v^2)$都是相互独立的。由于$y_{it}$是$\mu_i$的函数，所以$y_{it-1}$也是$\mu_i$的函数，从而导致式（8-24）右边的$y_{it-1}$与误差项相关，即使$v_{it}$不存在序列相关，OLS 估计量也是有偏不一致的。固定效应估计量通过组内变换$(y_{it-1}-\overline{y}_{i,-1})$（其中$\overline{y}_{i,-1}=\sum_{t=2}^{T}y_{it-1}/(T-1)$）消除了$\mu_i$，但$(y_{it-1}-\overline{y}_{i,-1})$与$(v_{it}-\overline{v}_{i.})$仍然相关，其估计量的有偏程度是$O(1/T)$阶的，故一致性依赖于充分大的 T，通常面板数据分析中时间 T 都比较小。同样随机效应 GLS 估计量使用广义差分得到的$(y_{it-1}-\theta\overline{y}_{i,-1})$与$(u_{it}-\theta\overline{u}_{i,-1})$也是相关的，其估计量的也是有偏的（Baltagi，1995）。而 Arellano 和 Bond（1991）提出的动态面板数据模型的 GMM 估计能得到参数的一致估计量。

8.2.1 动态模型的 GMM 估计

考虑如下不包含解释变量x_{it}的动态模型：

$$y_{it}=\gamma y_{it-1}+\mu_i+v_{it} \qquad |\gamma|<1 \tag{8-26}$$

对式（8-26）进行差分去掉个体效应项μ_i，得到：

$$y_{it}-y_{it-1}=\gamma(y_{it-1}-y_{it-2})+(v_{it}-v_{it-1}) \tag{8-27}$$

显然$(v_{it}-v_{it-1})$是具有单位根的$MA(1)$过程。Holtz-Eakin、Newey 和 Rosen（1988）在讨论该类型向量自回归模型的估计量时，提出了用滞后变量做工具变量的方法，即y_{it-2}可以作为$(y_{it-1}-y_{it-2})$的工具变量。具体来说，对于$t=3$，

$$y_{i3}-y_{i2}=\gamma(y_{i2}-y_{i1})+(v_{i3}-v_{i2}) \tag{8-28}$$

由于v_{it}是序列不相关的，y_{i1}与$(y_{i2}-y_{i1})$高度相关，且与$(v_{i3}-v_{i2})$不相关，所以y_{i1}是有效的工具变量。同样，对$t=4$有：

$$y_{i4}-y_{i3}=\gamma(y_{i3}-y_{i2})+(v_{i4}-v_{i3}) \tag{8-29}$$

这时 y_{i2} 和 y_{i1} 都与 $(v_{i4}-v_{i3})$ 不相关，因此都是 $(y_{i3}-y_{i2})$ 的有效工具变量。一般有下式成立：

$$E[y_{is}(v_{it}-v_{i,t-1})]=0 \qquad (s=1,2,\cdots,t-2;\ t=3,4,\cdots,T) \tag{8-30}$$

利用正交条件式（8-30），可得到直到 T 期的有效工具变量为 $(y_{i1}, y_{i2}, \cdots, y_{i,T-2})$。

定义：若

$$Z_i=\begin{pmatrix} [y_{i1}] & 0 & \cdots & 0 \\ 0 & [y_{i1},y_{i2}] & & \vdots \\ \vdots & & \ddots & 0 \\ 0 & \cdots & 0 & [y_{i1},y_{i2},\cdots,y_{iT-2}] \end{pmatrix} \tag{8-31}$$

则 Z_i 是有效工具变量组成的准对角矩阵，其阶数为 $(T-2)\times m$ 阶，列数 m 为矩阵 Z_i 对角线上的分块矩阵 $[y_{i1},y_{i2},\cdots,y_{is}]$（$s=1,2,\cdots,T-2$）全部元素之和，$m=(T-2)(T-1)/2$。

对 $T\geqslant 3$，令

$$\dot{y}_i\equiv\begin{pmatrix}\dot{y}_{i2}\\ \vdots \\ \dot{y}_{iT-1}\end{pmatrix}=\begin{pmatrix}y_{i2}-y_{i1}\\ \vdots \\ y_{iT-1}-y_{iT-2}\end{pmatrix},\quad \dot{y}_{i(-1)}\equiv\begin{pmatrix}\dot{y}_{i3}\\ \vdots \\ \dot{y}_{iT}\end{pmatrix}=\begin{pmatrix}y_{i3}-y_{i2}\\ \vdots \\ y_{iT}-y_{iT-1}\end{pmatrix},\quad \dot{v}_i\equiv\begin{pmatrix}\dot{v}_{i3}\\ \vdots \\ \dot{v}_{iT}\end{pmatrix}=\begin{pmatrix}v_{i3}-v_{i2}\\ \vdots \\ v_{iT}-v_{iT-1}\end{pmatrix},$$

$$Z=\begin{pmatrix}Z_1\\ \vdots \\ Z_N\end{pmatrix},\quad \dot{y}=\begin{pmatrix}\dot{y}_1\\ \vdots \\ \dot{y}_N\end{pmatrix},\quad \dot{y}_{-1}=\begin{pmatrix}\dot{y}_{1(-1)}\\ \vdots \\ \dot{y}_{N(-1)}\end{pmatrix},\quad \dot{v}=\begin{pmatrix}\dot{v}_1\\ \vdots \\ \dot{v}_N\end{pmatrix}$$

容易得到式（8-27）的矩阵表现形式如下：

$$\dot{y}=\dot{y}_{-1}\gamma+\dot{v} \tag{8-32}$$

对式（8-32）两边乘以 Z' 得到：

$$Z'\dot{y}=Z'\dot{y}_{-1}\gamma+Z'\dot{v} \tag{8-33}$$

Arellano 和 Bond（1991）对式（8-32）采用两步 GMM 进行估计，在该动态面板模型中，

$$E[\dot{v}\,\dot{v}']=\sigma_v^2(I_N\otimes H) \tag{8-34}$$

其中

$$H=\begin{pmatrix} 2 & -1 & \cdots & 0 \\ -1 & 2 & & \vdots \\ \vdots & & \ddots & -1 \\ 0 & \cdots & -1 & 2 \end{pmatrix} \tag{8-35}$$

对式（8-32）应用 GLS 估计可以得到一阶段 GMM 一致估计量（见本章附录）：

$$\hat{\beta}_1=\left(\dot{y}'_{-1}Z(Z'HZ)^{-1}Z'\dot{y}_{-1}\right)^{-1}\dot{y}'_{-1}Z(Z'HZ)^{-1}Z'\dot{y} \tag{8-36}$$

同时也得到Ω 的一致估计量，记为$\hat{\Omega}_{\hat{\beta}_1}$，令

$$A=(Z'\hat{\Omega}_{\hat{\beta}_1}Z)^{-1} \tag{8-37}$$

对方程（8-32）再次估计，可以得到两阶段 GMM 估计量：

$$\hat{\beta}_2=\hat{\beta}_{\text{FEGMM}}=\left(\dot{y}'_{-1}ZAZ'\dot{y}_{-1}\right)^{-1}\dot{y}'_{-1}ZAZ'\dot{y} \tag{8-38}$$

在线性矩条件下，该估计量是渐近有效的（Hansen，1982；Chamberlain，1987）。

8.2.2 包含解释变量 x_{it} 的动态模型

对于包含解释变量x_{it}的动态模型：

$$y_{it}=\gamma y_{it-1}+x'_{it}\beta+\mu_i+v_{it} \tag{8-39}$$

对式（8-39）差分后得到对应的方程：

$$\Delta y_{it}=\gamma\Delta y_{it-1}+\Delta x'_{it}\beta+\Delta v_{it} \tag{8-40}$$

类似式（8-32），容易得到式（8-40）的矩阵形式：

$$\dot{y}=\dot{X}\delta+\dot{v} \tag{8-41}$$

$\dot{X}$ 由Δy_{it-1}与Δx_{it}两部分构成，$\delta=(\gamma,\beta')'$为$k\times 1$维系数向量。假设x_{it}与μ_i是相关的，此时有效工具变量的选择与x_{it}性质有关。如果x_{it}是前定变量（predetermined），即有

$$E(x_{it}v_{is})\neq 0,\quad t\geqslant s \quad 与 \quad E(x_{it}v_{is})=0 \quad (t<s) \tag{8-42}$$

则仅 $[x_{i1},x_{i2},\cdots,x_{is-1}]$为$s$期差分方程的有效工具变量，$Z_i$变为：

$$Z_i=\begin{pmatrix}[y_{i1},x'_{i1},x'_{i2}] & 0 & \cdots & 0\\ 0 & [y_{i1},y_{i2},x'_{i1},x'_{i2},x'_{i3}] & & \vdots\\ \vdots & & \ddots & 0\\ 0 & \cdots & 0 & [y_{i1},y_{i2},\cdots,y_{iT-2},x'_{i1},x'_{i2}\cdots,x'_{iT-1}]\end{pmatrix} \tag{8-43}$$

其中矩阵Z_i的阶数为$(T-2)\times(T-2)[k(T+1)+(T-1)]/2$。

如果x_{it}是严格外生变量，有

$$E(x_{it}v_{is})=0 \qquad (\forall t,s=1,2,\cdots,T) \tag{8-44}$$

则所有的x_{it}都是有效工具变量，Z_i就变为：

$$Z_i=\text{diag}(y_{i1},\cdots y_{is};x'_{i1}\cdots x'_{iT}) \qquad (s=1,2,\cdots,T-2) \tag{8-45}$$

无论以上何种情况，都可以得到δ 的一致估计量：

$$\hat{\delta}=\left(\dot{X}'ZA_NZ'\dot{X}\right)^{-1}\dot{X}'ZA_NZ'\dot{y} \tag{8-46}$$

同理对A_N的不同选择可以得到相应的一阶段、两阶段 GMM 估计量（Arellano and Bond,

1991）。

8.2.3 动态模型的检验

动态模型 GMM 估计中重要的假设条件是误差项不存在自相关，如果这一条件不成立，则无法使用前面讨论的工具变量。Arellano 和 Bond（1991）给出了当 v_{it} 存在自相关时，检验滞后工具变量是否有效的统计量。为了检验水平方程（8-39）中是否存在一阶自相关，则需要检验差分方程（8-40）中是否存在二阶自相关，即要检验 $\dot{v}_{it}$ 与 $\dot{v}_{i(t-2)}$ 的相关性。给定零假设：

$$H_0\text{：}E(\dot{v}_{it}\dot{v}_{i(t-2)})=0 \tag{8-47}$$

基于一阶差分方程残差构造的检验统计量为:

$$m_2=\frac{\hat{v}_{-2}'\hat{v}_*}{\hat{v}^{1/2}} \tag{8-48}$$

其中:

$$\begin{aligned}\hat{v}=&\sum_{i=1}^{N}v_{i(-2)}'\hat{v}_{i*}v_{i*}'\hat{v}_{i(-2)}-2\hat{v}_{-2}'X_*(X'ZA_NZ'X)^{-1}X'ZA_N(\sum_{i=1}^{N}Z_i'\hat{v}_i\hat{v}_{i*}'\hat{v}_{i(-2)})+\\&\hat{v}_{-2}'X_*A\hat{V}ar(\hat{\delta})X_*'\hat{v}_{-2}\end{aligned} \tag{8-49}$$

式（8-49）中 $\hat{v}_{-2}$ 为 $\hat{v}$ 中滞后两期的向量，其维数为:

$$q=\sum_i(T_\text{i}-4) \tag{8-50}$$

v_* 是从 $\hat{v}$ 中选取的与 $\hat{v}_{-2}$ 相匹配的 $q\times1$ 向量，X_* 的选取类似，要注意式（8-49）中的各元素均源于差分方程（8-41）。可以证明在 H_0 下，检验二阶自相关的统计量 m_2 渐近服从 $N(0,1)$ 。

一般检验差分方程中的残差是否存在 j 阶自相关，给定零假设

$$H_0\text{:}\ r_j=0 \tag{8-51}$$

其中 r_j 定义如下：

$$r_j=\frac{1}{T-3-j}\sum_{t=4+j}^{T}r_{tj} \tag{8-52}$$

式（8-52）中 $r_{tj}=E[\dot{v}_{it}\dot{v}_{i(t-j)}]$，这里 r_j 表示 j 阶滞后残差相关系数的算术平均值，构造如下的 m_j 检验统计量:

$$m_j=\frac{\hat{r}_j}{se(\hat{r}_j)} \tag{8-53}$$

其中 $\hat{r}_j$ 为 r_j 的估计，估算公式如下:

$$\hat{r}_{tj}=\frac{1}{N}\sum_{i=1}^{N}\hat{v}_{it}\hat{v}_{i(t-j)} \tag{8-54}$$

式（8-54）中 $\hat{v}_{it}$ 是基于一阶差分方程的残差，可以证明（Arellano，2003）在 H_0 下，m_j 渐近服从 $N(0,1)$。特别地，对 $j=1$ 时的 m_1 统计量，在原水平方程（即差分前）中误差是不相关的假设下，我们期望 m_1 是显著的，而 m_2 是不显著的。

在 GMM 估计中，通常采用如下的 Sargan/Hansen 统计量来判断工具变量的有效性：

$$s=\hat{v}'Z(\sum_{i=1}^{N}Z_i'\hat{v}_i\hat{v}_i'Z_i)^{-1}Z'\hat{v} \tag{8-55}$$

其中 $\hat{v}=\dot{y}-\dot{X}\hat{\delta}$，$\hat{\delta}$ 是给定工具变量集 Z 后得到的 δ 的一致估计量，可以证明 s 渐近服从 $\chi^2(p-k-1)$，这里 p 是工具变量矩阵 Z 的列数，并且假定 $p>k+1$。注意 Sargan/Hansen 检验统计量的零假设为，给定的工具变量集合是有效的。

8.3 基于动态面板模型的实证分析

本节通过利用《中国高科技产业统计年鉴》(2002～2007 年）中 5 个行业的 28 个子行业的 1995～2006 年的相关数据，基于动态面板模型考察 R&D 人力资本、R&D 的支出费用和的 FDI 外溢效应对中国高科技产业的技术进步的影响。

8.3.1 技术进步度量模型的设定

本节按照技术进步贡献率研究文献的通常做法，估计模型基于新古典 C-D 生产函数：

$$Q_{it}=A_{it}L_{it}^{\alpha}K_{it}^{\beta} \tag{8-56}$$

其中 Q_{it} 表示产业 i 的产出（用增加值表示），L_{it} 是劳动投入，K_{it} 为资本投入，i 和 t 分别表示行业和时间。假设 A_{it} 是技术创新投入和外商直接投资技术溢出效应的函数：

$$A_{it}=e^{c_i}H_{it}^{\beta_1}E_{it}^{\beta_2}FDI_{it}^{\beta_3} \tag{8-57}$$

其中 c_i 可以随产业而变化，H_{it} 表示产业 i 在 t 时期的从事 R&D 的人力资本，E_{it} 表示产业 i 在 t 时期的 R&D 的支出费用，FDI_{it} 表示产业 i 在 t 时期中的外商直接投资的数量。

将式（8-57）代入式（8-56）并取对数得到：

$$\ln(Q_{it})=c_i+\alpha\ln(L_{it})+\beta\ln(K_{it})+\gamma_1\ln(H_{it})+\gamma_2\ln(E_{it})+\beta_3\ln(FDI_{it}) \tag{8-58}$$

在生产函数（8-56）两边同除以 $L_{it}^{\alpha}K_{it}^{\beta}$ 得到全要素生产率：

$$TFP_{it}=\frac{Q_{it}}{L_{it}^{\alpha}K_{it}^{\beta}}=A_{it} \tag{8-59}$$

对式（8-59）取对数得到：

$$\ln(TFP_{it})=\ln(Q_{it})-\alpha\ln(L_{it})-\beta\ln(K_{it})=\ln(A_{it}) \tag{8-60}$$

将式（8-60）代入式（8-58）可得：

$$\begin{aligned}\ln(TFP_{it}) &= \ln(Q_{it}) - \alpha\ln(L_{it}) - \beta\ln(K_{it}) \\ &= c_i + \gamma_1\ln(H_{it}) + \gamma_2\ln(E_{it}) + \beta_3\ln(FDI_{it})\end{aligned} \tag{8-61}$$

为了检验 FDI 对 R&D 的人力资本积累（H_{it}）和 R&D 的支出费用（E_{it}）的系数是否有影响，可以采用 Nair-Reichert 和 Weinhold（2001）的方法，假设：

$$\gamma_1 = \beta_1 + \beta_4\ln(FDI_{it-1}) \tag{8-62}$$

$$\gamma_2 = \beta_2 + \beta_5\ln(FDI_{t-1}) \tag{8-63}$$

将式（8-62）、式（8-63）代入式（8-61）得：

$$\begin{aligned}\ln(TFP_{it}) = c_i + \beta_1\ln(H_{it}) + \beta_2\ln(E_{it}) + \beta_3\ln(FDI_{it}) + \\ \beta_4\ln(H_{it})\times\ln(FDI_{it-1}) + \beta_5\ln(E_{it})\times\ln(FDI_{it-1}) + u_{it}\end{aligned} \tag{8-64}$$

8.3.2 TFP 测量的技术进步的变化

本节中采用 Malmquist 生产率指数分解法来获得技术进步变化的测量指标（Caves *et al.*，1982；Fare *et al.*，1994a）。该方法假定在规模收益报酬不变条件下：

$$\begin{aligned}M_i(x^{t+1},y^{t+1};x^t,y^t) &= \frac{D_i^{t+1}(x^{t+1},y^{t+1})}{D_i^t(x^t,y^t)} \times \left[\left(\frac{D_i^t(x^{t+1},y^{t+1})}{D_i^{t+1}(x^{t+1},y^{t+1})}\right)\cdot\left(\frac{D_i^t(x^t,y^t)}{D_i^{t+1}(x^t,y^t)}\right)\right]^{\frac{1}{2}} \\ &= EC_i(x^{t+1},y^{t+1};x^t,y^t)\cdot TC_i(x^{t+1},y^{t+1};x^t,y^t)\end{aligned} \tag{8-65}$$

其中 $D_i(x,y,t) = \inf_\varphi\{\varphi > 0 : (x, y/\varphi, t) \in T\}$ 是产出距离函数，$x \in R_+^N$ 是投入向量，$y \in R_+^M$ 是产出向量，$T = \{(x,y,t)$：在 t 期 x 可以生产 $y\}$，$D_i(x,y,t)$ 对 y 是非减、一次齐次且是凸的，对 x 是非减的，对 (x,y,t) 是连续的。$EC_i(x^{t+1},y^{t+1};x^t,y^t)$ 测量了技术效率的变化，$TC_i(x^{t+1},y^{t+1};x^t,y^t)$ 测量了技术的变化。

Fare 等（1994b）又将技术效率的变化分解为：

$$TE_i(x^{t+1},y^{t+1};x^t,y^t) = PE_i(x^{t+1},y^{t+1};x^t,y^t)\cdot SE_i(x^{t+1},y^{t+1};x^t,y^t) \tag{8-66}$$

其中 $PE_i(x^{t+1},y^{t+1};x^t,y^t)$ 测量了纯粹技术效率的变化，$SE_i(x^{t+1},y^{t+1};x^t,y^t)$ 测量了从时期 t 到 $t+1$ 的规模效率的变化，所以 Malmquist 生产率指数最终分解为：

$$\begin{aligned}M_i(x^{t+1},y^{t+1};x^t,y^t) &= EC_i(x^{t+1},y^{t+1};x^t,y^t)\cdot TC_i(x^{t+1},y^{t+1};x^t,y^t) \\ &= PE_i(x^{t+1},y^{t+1};x^t,y^t)\cdot SE_i(x^{t+1},y^{t+1};x^t,y^t)\cdot TC_i(x^{t+1},y^{t+1};x^t,y^t)\end{aligned} \tag{8-67}$$

8.3.3 样本数据及统计特征

实证分析中全部样本数据均来自《中国高科技产业统计年鉴》（2002～2007 年）中 5 个行业的 28 个子行业的 1995～2006 年的相关数据。该年鉴包括的 5 个行业如下：医药制造业、航空航天器制造业、电子及通信设备制造业、电子计算机及办公设备制造业和医疗设备及仪器仪表制造业。为了增加数据的可比性，所有行业的工业增加值和固定资产投资值都使用1995年不变价，工业增加值平减指数和固定资产投资价格平减指数均来自于《中国统计年鉴》（1996～2007年）。

表8-1给出了实证分析中用到变量的统计描述，主要包括均值、标准差、最小值、最大值。表8-2给出了变量间的相关系数。数据来自年鉴中生产经营情况部分的主要年份当年价总产值统计、主要年份增加值统计、主要年份三资企业当年价总产值统计，科技活动情况部分的企业年末固定资产原价统计、企业R&D活动人员折合全时当量统计、企业R&D经费内部支出统计、企业科技活动人员统计、企业科技活动经费内部支出统计以及从业人员和工程技术人员情况和固定资产投资。

表8-1 描述性统计量

变量	观测值	均值	标准差	最小值	最大值
LNQ	336	1.789 2	0.536 2	0.493 5	2.991 7
LNK	336	1.789 4	0.523 1	0.562 0	2.887 0
LNL	336	5.282 3	0.490 6	4.235 5	6.594 8
LNRDT	336	8.309 6	1.313 0	4.304 1	11.490 8
LNRDE	336	0.664 5	1.537 5	－5.038 5	4.060 2
LNFDI	336	4.324 5	2.208 9	－4.225 6	8.077 4

表8-2 相关分析

	LNQ	LNK	LNL	LNRDT	LNRDE	LNFDI
LNQ	1.000 0					
LNK	0.784 9	1.000 0				
LNL	0.851 8	0.843 9	1.000 0			
LNRDT	0.647 0	0.700 3	0.701 0	1.000 0		
LNRDE	0.742 7	0.675 8	0.635 9	0.911 5	1.000 0	
LNFDI	0.793 7	0.472 9	0.541 2	0.325 6	0.488 7	1.000 0

产业总产出Q，用平减后（工业增加值平减指数，1995年不变价）的产业主要年份增加值（亿元）表示。LNQ表示Q的自然对数值（LN表示取自然对数，以下其他变量也类似）。估计技术增长率时用到的就业人员L，用产业从业人员年平均人数统计（万人）减掉企业科技活动人员统计（万人）表示。固定资产投资K用平减后（固定资产平减指数，1995年不变价）的产业年末固定资产原价统计（亿元）表示。用产业R&D活动人员折合全时当量（人年，用RDT表示）作为R&D人力资本的代理变量（proxies）。用平减后（工业总产值平减指数，1995年不变价）的企业R&D经费内部支出统计（万元，用RDE表示）作为R&D支出的代理变量，用平减后（工业总产值平减指数，1995年不变价）的三资企业当年价总产值统计（亿元）作为外商直接投资的代理变量（用FDI表示）。

8.3.4 实证分析结果

（1）TFP分解

Malmquist生产率指数构造一个所有高技术产业的生产最佳前沿，然后将各产业每年的实际生产与生产最佳前沿进行比较指数的计算结果代表了相对于上一年本年全要素生产率的增长（指数大于 1）或下降（指数小于 1）。同时还将全要素生产率指数分解为技术变化、效率变化和规模变化指数（后两者的几何平均组成技术效率变化）。本文中的面板数据包括了中国 28 个高技术产业 12 年（1995～2006 年）的观测数据，每个产业用两种投入（资本和劳动）得到一种产出（用产业的增加值测量）。为了直观地理解各个产业的全要素生产率指数在 1995～2006 年之间的变化情况，图 8-1（a）～（c）给出了技术变化指数（TECH）、技术效率变化指数（EFF）以及生产率指数（TFP）的时间趋势图。从图中可以看出技术变化指数随时间显著下降，而技术效率变化指数随时间显著上升，生产率指数随时间的变化不明显。

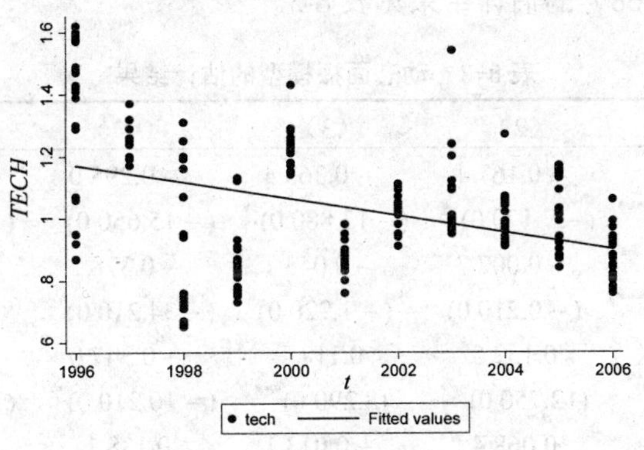

（a） 技术变化指数（TECH）

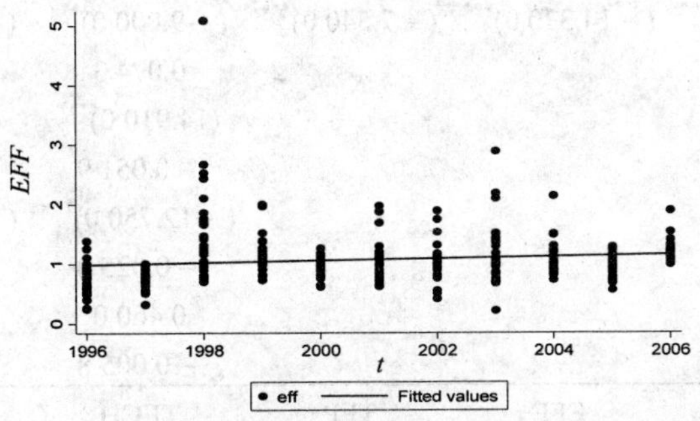

（b） 技术效率变化指数（EFF）

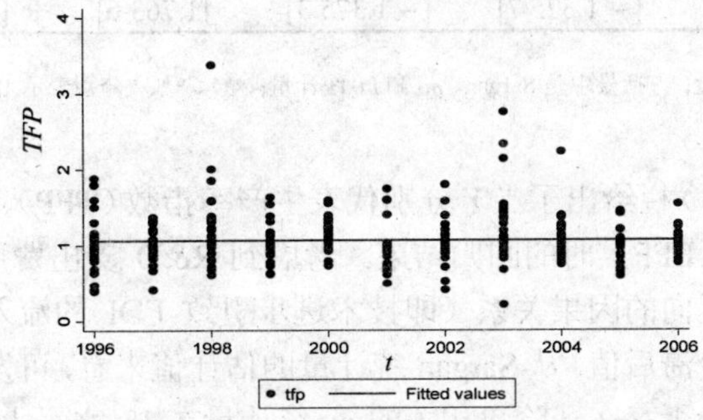

（c） 生产率指数（TFP）

图 8-1 技术变化指数、技术效率变化指数以及生产率指数的时间趋势

（2）动态模型的估计结果

首先检验 R&D 人力资本 RDT、R&D 支出费用 RDE 以及外商直接投资 FDI 对技术进步的影响，在方程（8-61）中加入被解释变量的滞后项使之成为动态方程，滞后项期数选择为 2，这样式（8-61）变为：

$$Y_{it} = c_i + \delta_1 Y_{it-1} + \delta_2 Y_{it-2} + \beta_1 \ln(RDT_{it-1}) + \beta_2 \ln(RDE_{it-1}) + \beta_3 \ln(FDI_{it-1}) + u_{it} \tag{8-68}$$

其中 Y_{it} 可以分别用生产率指数（TFP）、技术变化指数（TECH）以及技术效率变化指数（EFF）来表示。式（8-68）的估计结果见表 8-3。

表 8-3　动态面板模型的估计结果

	（1）	（2）	（3）	（4）	（5）	（6）
Y(−1)	−0.283 4	−0.167 4	−0.363 4	−0.295 0	−0.178 2	−0.382 2
	(−36.410 0)***	(−7.170 0)***	(−13.880 0)***	(−15.650 0)***	(−6.440 0)***	(−10.270 0)***
Y(−2)	−0.371 1	−0.002 7	−0.043 1	−0.378 2	−0.024 4	−0.054 4
	(−65.360 0)***	(−0.210 0)	(−1.920 0)*	(−34.210 0)***	(−1.190 0)	(−2.350 0)**
LNRDT	0.097 7	0.152 5	0.117 1	−0.347 0	−0.309 2	−0.360 7
	(20.410 0)***	(12.750 0)***	(8.290 0)***	(−10.210 0)***	(−3.300 0)***	(−4.540 0)***
LNRDE	−0.102 3	0.068 4	−0.013 1	0.138 1	0.262 1	0.137 8
	(−10.010 0)***	(5.950 0)***	(−2.520 0)***	(6.360 0)***	(8.350 0)***	(2.440 0)**
LNFDI	−0.062 6	−0.327 4	−0.216 1	−0.591 3	−0.879 1	−0.803 4
	(−4.500 0)***	(−14.370 0)***	(−7.540 0)***	(−9.000 0)***	(−7.270 0)***	(−8.390 0)***
LNRDT×				0.074 3	0.076 9	0.080 6
LNFDI				(14.910 0)***	(5.190 0)***	(7.390 0)***
LNRDE×				−0.051 9	−0.038 8	−0.034 6
LNFDI				(−12.750 0)***	(−8.000 0)***	(−3.210 0)***
MRDT				−0.025 0	0.024 0	−0.011 3
MRDE				0.460 0	0.094 0	−0.012 2
MFDI				−0.005 8	−0.262 9	−0.152 9
被解释变量	TECH	EFF	TFP	TECH	EFF	TFP
Sargan 统计量	[27.414 7]	[25.016 0]	[23.536 6]	[27.229 0]	[23.495 9]	[21.357 9]
m_1 统计量	[−4.003 2]***	[−3.093 5]***	[−3.099 6]***	[−3.616 7]***	[−3.258 0]***	[−3.057 0]***
m_2 统计量	[2.388 3]**	[−1.575 7]	[−1.375 3]	[1.763 6]*	[−1.500 4]	[−1.579 8]

注：小括号中的数值是 *t* 统计量；方括号中是 Sargan、m_1 和 m_2 统计量；***、**、*分别表示 1%、5%、10%的显著水平，Sargan 统计量的 *p* 值均大于 0.97。

表 8-3 中的（1）～（3）栏给出了当 *Y* 分别代表生产率指数（TFP）、技术变化指数（TECH）以及技术效率变化指数（EFF）时的回归结果。考虑到 R&D 支出费用和 FDI 对技术进步的影响滞后作用以及避免反向的因果关系（即技术进步引致 FDI 的流入），在模型估计时这两个变量均选取它们的一阶滞后值。从 Sargan 统计量的估计值来看，可发现该统计量均不显著，检验差分方程中的残差是否存在一阶自相关的 m_1 统计量在 1%水平上显著，检验差分方程中的残差是否存在二阶自相关的 m_2 统计量除（1）栏外都不显著（取 10%显著水平），表明 *IV* 估计是有效的。从回归系数上看，*Y* 的一阶滞后值的系数都在 1%显著水平上为负，二阶滞后值的系数除了 EFF 方程中外也是显著的，并且系数的绝对值都小于 1，表明技术进步是向

均衡稳态收敛的。其他解释变量中，R&D 人力资本的系数都在 1%显著水平上为正，表明 R&D 人力资本对生产率（TFP）、技术变化（TECH）以及技术效率变化（EFF）都是正向影响，而 FDI 的系数都在 1%显著水平上为负，表明 FDI 没有促进生产率、技术变化和技术效率变化；R&D 支出费用的系数也在 1%水平上显著，但它只对技术效率变化有正向影响，对生产率和技术变化却是负向影响。

为了检验 FDI 对 R&D 的人力资本积累和 R&D 的支出费用是否有影响，下面在式（8-64）中加入被解释变量的滞后项使之成为动态方程，滞后项期数选择也为 2，这样式（8-64）变为：

$$\begin{aligned} Y_{it} = c_i + \delta_1 Y_{it-1} + \delta_2 Y_{it-2} + \beta_1 \ln(RDT_{it-1}) + \beta_2 \ln(RDE_{it-1}) + \beta_3 \ln(FDI_{it-1}) + \\ \beta_4 \ln(RDT_{it-1}) \times \ln(FDI_{it-1}) + \beta_5 \ln(RDE_{it-1}) \times \ln(FDI_{it-1}) + u_{it} \end{aligned} \tag{8-69}$$

表 8-3 中的（4）～（6）栏给出了式（8-69）的估计结果，加入 R&D 的人力资本积累和 R&D 的支出费用与 FDI 的交叉项之后，Sargan 统计量均不显著，检验差分方程中的残差是否存在一阶自相关的 m_1 统计量在 1%水平上显著，检验差分方程中的残差是否存在二阶自相关的 m_2 统计量除（1）栏外均不显著（取 10%显著性水平），表明 *IV* 估计是有效的。从回归系数上看，*Y* 的一阶滞后值的系数都在 1%显著水平上为负，二阶滞后值的系数除了 EFF 方程中外也是显著的，并且系数的绝对值都小于 1，表明技术进步是向均衡稳态收敛的，这些结果与表 8-3 中（1）～（3）栏的结果类似。

其他解释变量的系数有一些变化，R&D 人力资本和 *FDI* 系数都在 1%显著水平上为负，其交叉项 *LNRDT×LNFDI* 的系数在 1%显著水平上为正，表明 FDI 的外溢效应存在门槛效应（见本章附录），即 FDI 的外溢效应不会自动发生，它需要一定的人力资本的积累。

R&D 的支出费用的系数在 1%显著水平上为正，它与 FDI 的交叉项 *LNRDE×LNFDI* 的系数在 1%显著水平上为负，表明 FDI 与 R&D 的支出费用之间存在替代关系。为了求得 R&D 的支出费用对技术进步的综合效应，需要求出其对技术进步 *Y* 的边际效应。在式（8-69）中 R&D 人力资本、R&D 的支出费用和的 FDI 对技术进步 *Y* 的边际效应分别为：

$$\beta_{MRDT} = \beta_1 + \beta_4 \ln(FDI_{it-1}) \tag{8-70}$$

$$\beta_{MRDE} = \beta_2 + \beta_5 \ln(FDI_{it-1}) \tag{8-71}$$

$$\beta_{MFDI} = \beta_3 + \beta_4 \ln(RDT_{it}) + \beta_5 \ln(RDE_{it-1}) \tag{8-72}$$

表 8-3 分别给出了 R&D 人力资本、R&D 的支出费用和 FDI 对技术进步 *Y* 的边际效应值，R&D 人力资本和 R&D 的支出费用对 EFF 的边际效应值为正，即它们促进了技术效率变化；对技术变化（TECH）的边际效应值分别为负、正，表明 R&D 的支出费用促进了技术变化，而 R&D 人力资本对技术变化没有促进作用；FDI 对生产率（TFP）、技术变化（TECH）以及技术效率变化（EFF）的边际效应值一直为负，因此中国高技术产业的技术进步不是通过 FDI 溢出效应实现的。

（3）国有企业与三资企业的比较

许多研究表明，产权结构对外商直接投资的溢出效应有明显的影响，跨国公司倾向于向全资子公司而非合资子公司转移先进的技术和管理技能（Javorcik，2004）。Aitke 和 Harrison（1999）发现 FDI 的进入对本地同行业的企业有负向的影响，这可能是因为外资企业抢占了本地企业的市场份额造成“商业窃取效应”（business-stealing effect），使得本地企业产量降低，增加了他们的平均成本。

在《中国高科技产业统计年鉴》中也给出了国有企业与三资企业的相关数据，在本部分我们将检验 FDI 对这两种不同产权性质企业的技术进步的影响。首先，用 Malmquist 方法得到国有企业与三资企业的技术变化指数 TECH、技术效率变化指数 EFF 和生产率指数 TFP。图 8-2 是国有企业 TECH、EFF 和 TFP 时间趋势图，与图 8-1 相比差别不大：技术变化指数随时间显著下降，而技术效率变化指数随时间显著上升，生产率指数随时间的变化不明显。图 8-3 是三资企业 TECH、EFF 和 TFP 时间趋势图，与国有企业相比，其显著变化是技术变化指数不再随时间下降，而是显著上升，技术效率变化指数与生产率指数也都随时间显著上升。

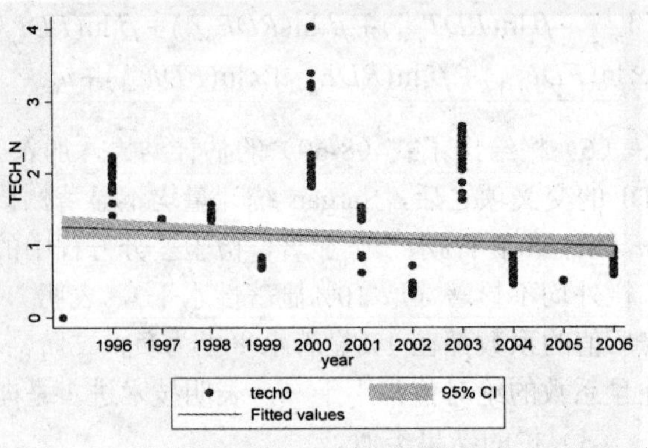

（a） 国有企业 TECH

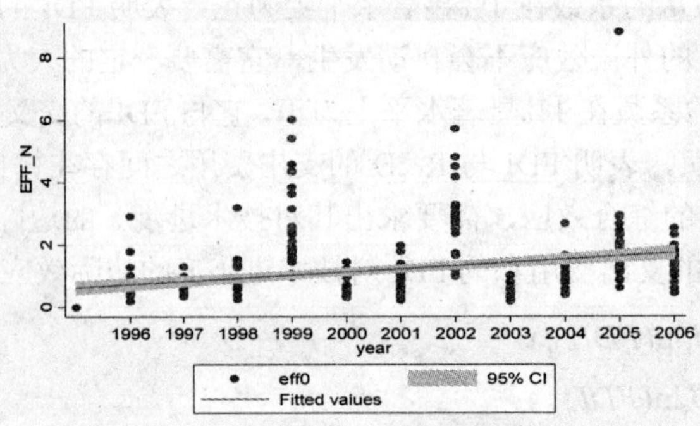

（b） 国有企业 EFF

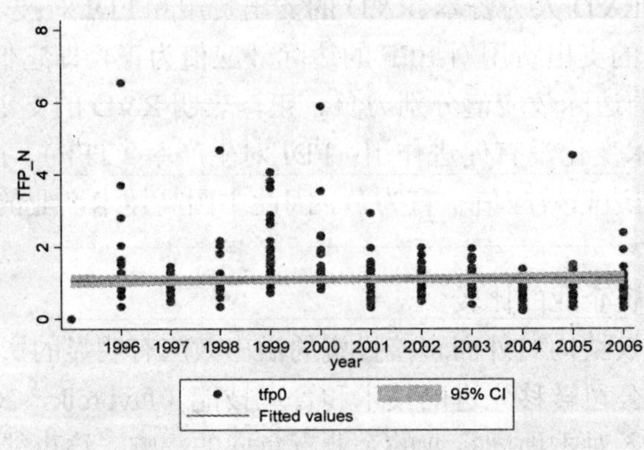

（c） 国有资企业 TFP

图 8-2 国有企业 TECH、EFF 和 TFP 时间趋势图

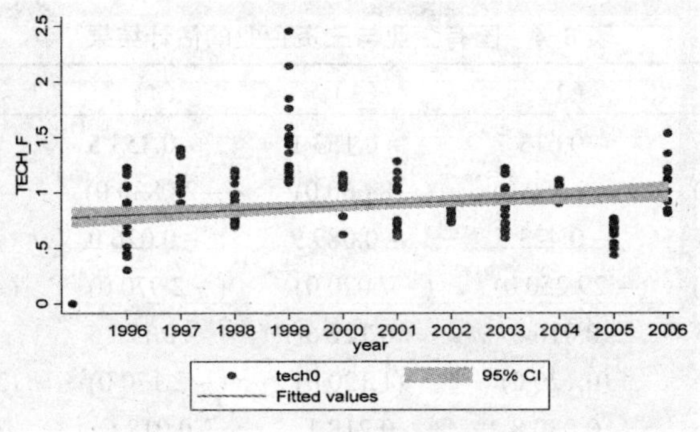

（a） 三资企业 TECH

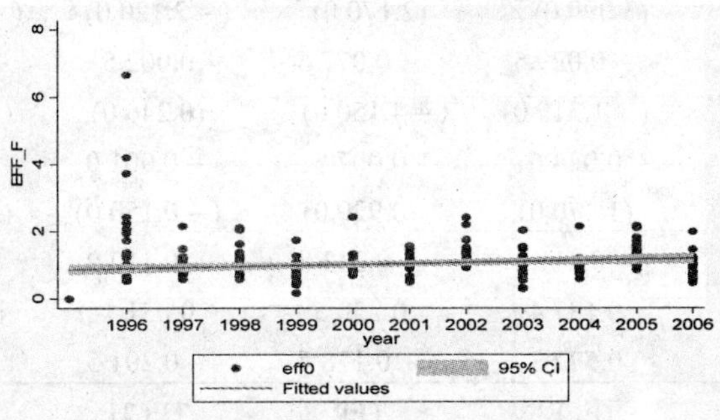

（b） 三资企业 EFF

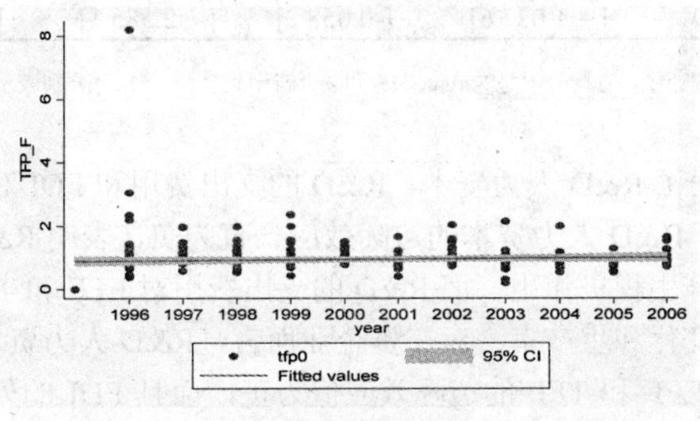

（c） 三资企业 TFP

图 8-3 三资企业 TECH、EFF 和 TFP 时间趋势图

表 8-4 给出了对式（8-69）采用国有企业和三资企业相应数据的估计结果，该表第（1）～（3）栏为国有企业的估计，第（4）～（6）栏为三资企业的估计。Sargan 统计量均不显著，检验差分方程中的残差是否存在一阶自相关的 m_1 统计量都在 1%水平上显著，检验差分方程中的残差是否存在二阶自相关的 m_2 统计量除三资企业的 TECH 方程（第（4）栏）外都不显著，表明 *IV* 估计是有效的。从回归系数上看，*Y* 的一阶滞后值的系数至少都在 5%显著水平上为负，二阶滞后值的系数除了三资企业的 EFF 和 TFP 方程外也是显著的。

表 8-4　国有企业与三资企业的估计结果

	（1）	（2）	（3）	（4）	（5）	（6）
Y(−1)	−0.457 6	−0.613 7	−0.153 1	−0.353 5	−0.157 0	−0.107 0
	(−81.110 0)***	(−66.400 0)***	(−8.660 0)***	(−28.830 0)***	(−9.960 0)***	(−1.930 0)**
Y(−2)	−0.284 7	−0.423 5	−0.089 9	−0.026 0	−0.003 7	0.005 9
	(−34.490 0)***	(−29.250 0)***	(−7.020 0)***	(−2.070 0)**	(−0.240 0)	(0.130 0)
LNRDT	−0.211 5	0.016 8	0.122 6	−0.123 5	0.169 2	−0.085 3
	(−2.400 0)**	(0.120 0)	(1.120 0)	(−2.170 0)**	(2.650 0)***	(−0.820 0)
LNRDE	0.157 6	0.030 8	0.218 1	0.018 6	−0.216 2	−0.039 8
	(2.070 0)**	(0.340 0)	(3.820 0)***	(0.470 0)	(−2.800 0)***	(−0.410 0)
LNFDI	0.233 7	0.583 9	0.339 9	−0.209 8	−0.494 4	−0.769 0
	(2.010 0)**	(3.090 0)***	(2.170 0)**	(−2.120 0)**	(−2.390 0)**	(−2.370 0)**
LNRDT×	−0.046 2	−0.029 5	−0.077 6	0.002 5	−0.011 0	0.021 1
LNFDI	(−2.530 0)***	(−1.310 0)	(−4.150 0)***	(0.240 0)	(−0.750 0)	(1.120 0)
LNRDE×	−0.035 8	0.024 6	0.007 5	−0.001 0	0.040 5	0.017 2
LNFDI	(−2.970 0)***	(1.470 0)	(0.920 0)	(−0.150 0)	(2.590 0)***	(0.770 0)
MRDT	−0.411 7	−0.111 0	−0.213 8	−0.110 9	0.113 6	0.021 5
MRDE	−0.042 6	0.137 4	0.250 5	0.031 1	−0.011 0	0.047 4
MFDI	−0.427 1	0.577 3	−0.178 7	−0.201 5	−0.215 5	−0.477 7
被解释变量	TECH	EFF	TFP	TECH	EFF	TFP
Sargan 统计量	[27.696 1]	[26.923 3]	[23.489 0]	[22.918 4]	[22.293 1]	[20.204 7]
m_1 统计量	[−4.775 0]***	[−3.568 4]***	[−3.025 5]***	[−2.955 6]***	[−2.947 6]***	[−3.177 9]***
m_2 统计量	[0.473 9]	[−1.037 6]	[-0.058 2]	[−2.585 1]***	[−1.223 5]	[−0.980 8]

注：小括号中的数值是 t 统计量；方括号中是 Sargan、m_1 和 m_2 统计量。***、**、*分别表示 1%、5%、10%显著水平，Sargan 统计量的 p 值均大于 0.97。

表 8-4 还分别给出了 R&D 人力资本、R&D 的支出费用和 FDI 对技术进步 Y 的边际效应值，对国有企业而言，R&D 人力资本的边际效应一直为负，表明 R&D 人力资本对国有企业的技术进步月度没有产生积极作用；而 R&D 的支出费用对 EFF 和 TFP 的边际效应值为正，即它促进了技术效率变化和生产率；对三资企业而言，R&D 人力资本对技术变化（TECH）的边际效应负，但对 EFF 和 TFP 的边际效应值为正，而且 FDI 的外溢效应仍然存在门槛效应，虽然其交叉项 *LNRDT*×*LNFDI* 的系数不太显著；R&D 的支出费用虽然对 EFF 对的边际效应值为负，但 TECH 和 TFP 的边际效应值为正，即它促进了技术变化和生产率；无论是国有企业还是三资企业，FDI 除了对国有企业 EFF 的边际效应为正外，其边际效应值一直为负，因此 FDI 溢出效应对中国高技术产业的技术进步贡献较小。

当区分行业中不同的产权组织形式后，R&D 人力资本、R&D 的支出费用和 FDI 对技术进步的影响在国有企业与三资企业中发生了一些改变，但外商直接投资没有促进了技术进步这一结果并没有多大改变。因此我们可以得出如下结论：第一，无论是国有企业还是三资企业，通过外商直接投资引致的外溢效应来促进中国高技术产业的技术进步效果并不理想；第二，中国高技术产业中的技术进步还应当立足于 R&D 人力资本的积累和 R&D 方面的投入。

本节利用《中国高科技产业统计年鉴》（2002～2007 年）中 5 个行业的 28 个子行业的 1995～2006 年的相关数据，基于动态面板数据模型考察了 R&D 人力资本、R&D 的支出费用和 FDI 外溢效应对中国高科技产业的技术进步的影响。通过对估计结果的分析，得到的主要结论如下：

第一，通过 Malmquist 生产率指数分解得到的技术变化指数（TECH）、技术效率变化指数（EFF）以及生产率指数（TFP），从整个行业来看，技术变化指数随时间显著下降，而技术效率变化指数随时间显著上升，生产率指数随时间的变化不明显；当区分国有企业与三资企业两种不同的产权形式后发现国有企业与整个行业的变化特征相比差别不大；但三资企业与国有企业相比，其显著变化是技术变化指数不再随时间下降，而是显著上升。

第二，采用动态面板回归后发现以技术变化指数（TECH）、技术效率变化指数（EFF）以及生产率指数（TFP）测量的技术进步都是向均衡稳态收敛的；实证结果表明 FDI 没有促进生产率、技术变化和技术效率变化，进一步分析发现 FDI 的外溢效应存在门槛效应，即 FDI 的外溢效应不会自动发生，它需要一定的人力资本的积累。当前 FDI 对生产率（TFP）、技术变化（TECH）以及技术效率变化（EFF）的边际效应值一直为负，因此中国高技术产业的技术进步不是通过 FDI 溢出效应实现的。当区分行业中不同的产权组织形式后，R&D 人力资本、R&D 的支出费用和的 FDI 对技术进步的影响在国有企业与三资企业中发生了一些改变，但外商直接投资没有促进了技术进步这一结果并没有多大改变。

本章附录

1. GMM 估计量

对于如下的多元回归模型

$$Y = X\beta + U \qquad \text{(A8-1)}$$

假设 $E[UU']=\Omega$。Z 为 $N\times L$ 矩阵，满足条件 $E[U|Z]=0$，那么参数 β 的 GMM 估计量为如下问题的最优解：

$$\hat{\beta}_{\mathrm{A}} = \underset{\hat{\beta}}{\operatorname{argmin}}\left\{\left\|\frac{1}{N}Z'\hat{U}\right\|_{\mathrm{A}} = N\left(\frac{1}{N}Z'\hat{U}\right)' A\left(\frac{1}{N}Z'\hat{U}\right) = \frac{1}{N}\hat{U}'ZAZ'\hat{U}\right\} \qquad \text{(A8-2)}$$

即

$$\hat{\beta}_{\mathrm{A}} = \left(X'ZAZ'X\right)^{-1} X'ZAZ'Y \qquad \text{(A8-3)}$$

其中 $\hat{U}=Y-X\hat{\beta}$，A 为一正定矩阵，式（A8-2）中的目标函数为参数 $\hat{\beta}$ 的二次型。为得到 β 的有效 GMM 估计量（efficient GMM estimator），需要选择适当的权重矩阵 A，使其对应的 GMM 估计量的渐近方差最小（Johnston and DiNardo，1997；Hayashi，2000），一般选取：

$$A_{\mathrm{EGMM}} = (\mathrm{Var}[Z'U])^{-1} = (Z'\mathrm{Var}[U|Z]Z)^{-1} = (Z'\Omega Z)^{-1} \qquad \text{(A8-4)}$$

得到 β 的有效 GMM 估计量为：

$$\hat{\beta}_{\mathrm{EGMM}} = \left(X'Z(Z'\Omega Z)^{-1}Z'X\right)^{-1} X'Z(Z'\Omega Z)^{-1}Z'Y \qquad \text{(A8-5)}$$

特别地，如果Ω具有$\sigma^2 I$的形式，β的有效 GMM 估计量就是两阶段最小二乘（2SLS）估计量：

$$\hat{\beta}_{2SLS} = \left(X'Z(Z'Z)^{-1}Z'X\right)^{-1} X'Z(Z'Z)^{-1}Z'Y \tag{A8-6}$$

一般情况下，Ω是未知的，这需要第一步求出Ω的一致估计量$\hat{\Omega}$，第二步得到β的有效 GMM 估计量：

$$\hat{\beta}_{EGMM} = \left(X'Z(Z'\hat{\Omega}Z)^{-1}Z'X\right)^{-1} X'Z(Z'\hat{\Omega}Z)^{-1}Z'Y \tag{A8-7}$$

2. 变量x_2正的边际效应依赖于变量x_1的门槛（threshold）

考虑如下的模型：

$$y = \alpha x_1 + \gamma x_2 + \beta x_1 x_2 \tag{A8-8}$$

模型中变量x_2的边际效应如下：

$$\frac{dy}{dx_2} = \gamma + \beta x_1 \tag{A8-9}$$

要$\frac{dy}{dx_2}>0$，即

$$x_1 > -\frac{\gamma}{\beta} \tag{A8-10}$$

又变量$x_1>0$，当参数$\gamma<0$且x_1x_2的系数$\beta>0$时，称$-\frac{\gamma}{\beta}$为门槛。换言之，为使变量x_2具有正的边际效应，变量x_1的取值要大于某个门槛值。例如，当模型中x_1为人力资本H，x_2为 FDI 时，可以理解为，FDI 对东道国经济增长的贡献取决于东道国是否具有超过最低门槛限制的人力资本存量。

参考文献

Aitken, B. J., and A. Harrison (1999). Do domestic firms benefit from direct foreign investment? Evidence from Venezuela. *American Economic Review,* 89, 605-618.

Arellano, M., and S. Bond. (1991). Some tests of specification for panel data: Monte Carlo evidence and an application to employment equations. *Review of Economic Studies*, 58, 277-297.

Arellano, M. (2003). *Panel Data Econometrics*. Oxford : Oxford University Press.

Baltagi, B. H. (2001). *Econometric Analysis of Panel Data*, 2nd ed. New York: Wiley.

Caves, D. W., L. R. Christensen, and W. E. Diewert (1982). The Economic Theory of Index Numbers and the Measurement of Input, Output, and Productivity. *Econometrica*, 50, 1393-1414.

Chamberlain, G. (1987). Asymptotic efficiency in estimation with conditional moment restrictions. *Journal of Econometrics* 34, 305-334.

Fare, R., S. Grosskopf, and C. A. K. Lovell (1994a). *Production Frontiers*. Cambridge

University Press.

Fare, R., S. Grosskopf, M. Norris, and Z. Zhang (1994b). Productivity Growth, Technical Progress, and Efficiency Change in Industrialized Countries. *American Economic Review,* 84, 66-83.

Hansen, L. P. (1982). Large sample properties of generalised method of moment estimators. *Econometrica,* 50, 1029-1054.

Hausman, J. A. (1978). Specification Tests in Econometrics. *Econometrica,* 46, 1251-1272.

Hayashi, F. (2000). *Econometrics*. Princetion University Press.

Holtz-Eakin, D., W. Newey, and H. Rosen (1988). Estimating vector autoregressions with panel data. *Econometrica*, 56, 1371-1395.

Javorcik, B. S. (2004). Does foreign direct investment increase the productivity of domestic firms? In Search of spillovers through backward linkages. *American Economic Review*, 94, 605-627.

Johnston, J., and J. DiNardo (1997). *Econometric Methods*, 4th ed. McGraw-Hill.

Nair-Reichert, U., and D. Weinhold (2001). Causality tests for cross-country panels: a new look at FDI and economic growth in developing countries. *Oxford Bulletin of Economics and Statistics*, 63, 153-171.

赵国庆，张中元（2010）．FDI 会促进中国高技术产业的技术进步吗——基于动态面板模型的实证检验．金融评论（4）．

附　录

A. EViews 软件使用手册

本附录主要介绍 EViews 软件包中与本书模型估计及检验相关的部分功能。更详细的内容请参阅 EViews 的帮助文件。

一、EViews 中方程的设定与估计

如图 A-1 所示，在 EViews 的 Workfile 中选择 Quicks/ Estimate Equation，可以采用 OLS、TSLS、GMM、Logit 及 Probit 等方法估计模型。在图 A-1 的对话框中键入被估计方程时，按照被解释变量（y）、常数项（c）、解释变量（x1, x2, x3）的顺序。注意常数项为 c，其取值为 1，EViews 已经事先给定。

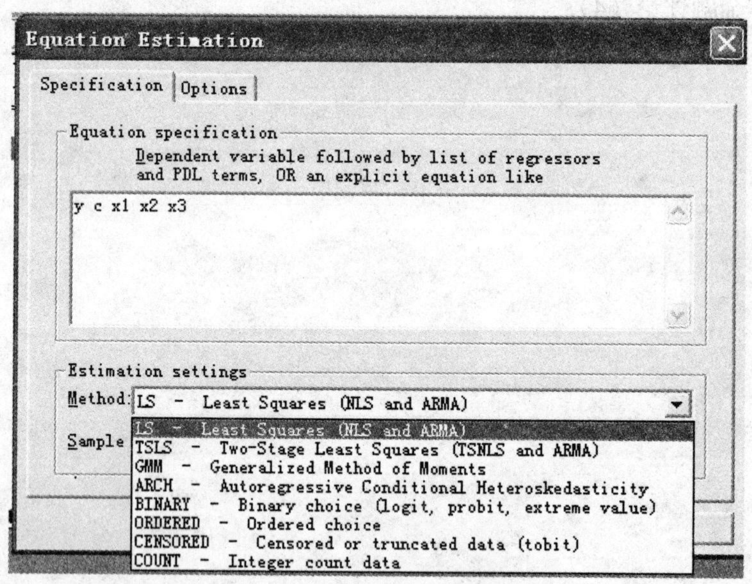

图 A-1　估计方法的选择

1. 普通最小二乘估计：LS

例如，对于如下的消费函数：

$$Y_t=\alpha+\beta X_t+u_t$$

其中，α、β是参数。Y_t和 X_t分别表示城市家庭商品性实际支出和实际可支配收入，u_t为随机误差项。由于在 EViews 中，约定常数项用 c 来表示，它可以在 EViews 的任何地方使用，所以不能再用 c 定义其他变量。对上述的消费模型的估计选择 LS－Least Squares (NLS and

ARMA)项，即可得到估计结果。其程序命令是：

```
equation eq.ls y c x
```

该命令给出最小二乘回归系数估计和相关的统计量。计量经济学教科书中有关线性回归模型的各种统计量的结果都会自动给出。注意命令：

```
equation eq.ls y c x y(-1)
```

则表示 y 对常数项 c、x、y 的滞后 1 期 y (-1)进行回归。

2. 线性回归模型的输出结果

在 EViews 中，所有回归模型的输出格式基本相同。下面就以最小二乘估计为例进行说明。给出某地区 1980～1990 年消费函数的数据（见表 A-1），其中 y 表示消费，x 表示收入。

表 A-1　某地区的消费与收入

年度	y	x
1980	1 804.14	1 917.19
1981	1 925.80	1 997.15
1982	2 020.96	2 231.46
1983	2 128.78	2 427.30
1984	2 386.22	2 935.40
1985	2 758.48	3 108.92
1986	3 038.03	3 709.34
1987	3 313.10	3 981.18
1988	3 721.47	4 023.95
1989	3 649.69	4 151.90
1990	3 984.10	4 597.46

首先建立工作文件，命名为 consume，输入时间序列数据 y、x，选择估计方法 LS。或者建立程序文件，输入如下源程序：

```
program consume
load "C:\……\consume"
equation eq.ls y c x
```

参数估计和各种诊断统计量结果如表 A-2 所示。

表 A-2　LS 的输出结果

Dependent Variable: y
Method: Least Squares

Sample: 1980-1990
Included observations: 11

Variable	Coefficient	Std. Error	t-Statistic	Prob.
c	182.897 3	152.013 0	1.203 169	0.259 6
x	0.818 640	0.045 835	17.860 63	0.000 0

R-squared	0.972 561	Mean dependent var	2 793.706
Adjusted R-squared	0.969 512	S.D. dependent var	792.401 9
S.E. of regression	138.358 9	Akaike info criterion	12.860 55
Sum squared resid	172 288.8	Schwarz criterion	12.932 89
Log likelihood	-68.733 00	Hannan-Quinn criter.	12.814 94
F-statistic	319.002 0	Durbin-Watson stat	1.814 109
Prob(F-statistic)	0.000 000		

此时 Workfile 中将出现新的对象 eq，上面的估计结果储存在该对象之中。Workfile 中的 resid 表示残差序列，双击 resid 得到残差序列的值，单击该对话框中的 View 选项可给出方程的估计值、实际值及残差值。如果选择 View/Graph/Line 可给出残差的折线图，如图 A-2 所示。

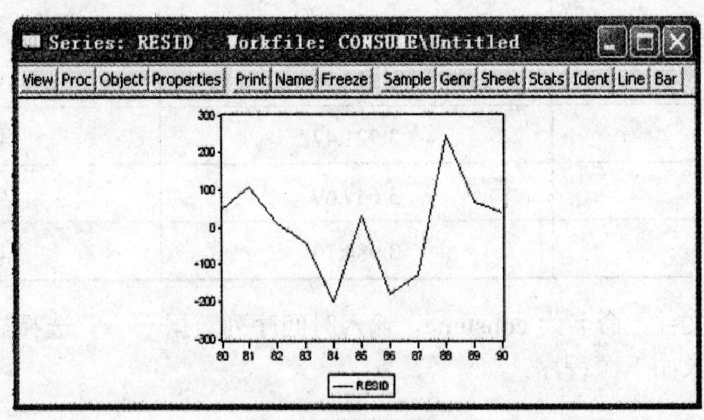

图 A-2　残差图

双击该对话框的任何区域可以改变图形的显示方式，这里有很多选项，最基本的是图形类型（Type）。程序语句的 plot resid 同样可以实现该功能。

在 Workfile 中将 x 与 y 同时选定，单击 View/Show，可建立含有两个变量的数组（group），打开数组，选择 View/Graph/Scatter 可得到 y 关于 x 的散点图（见图 A-3）。

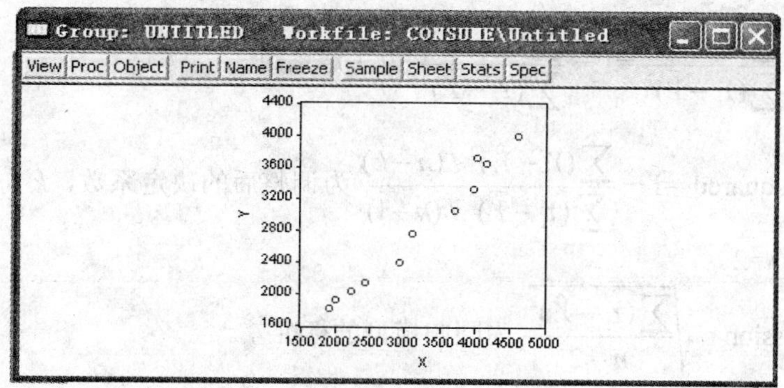

图 A-3　消费函数

双击估计结果 eq，点击该对话框中的 Forecast 选项，可给出基于该估计直线的预测结果。Workfile 中出现新的序列，为 Y 的估计值，序列名默认为 YF，双击可查看该序列。通过程序语句："方程名.fit 预测值序列名"也可以实现该操作。其估计结果如图 A-4 所示。

Series: YF Workfile: CONSUME\Untitled

View | Proc | Object | Properties | Print | Name | Freeze | Default | Sort | Edit+/- | Smpl+/- | Label

YF

Last updated: 03/11/06 - 13:19

Modified: 1980 1990 // eq.fit(f=actual) yf

		YF
1980	1980	1752.385
1981	1981	1817.843
1982	1982	2009.659
1983	1983	2169.981
1984	1984	2585.932
1985	1985	2727.982
1986	1986	3219.510
1987	1987	3442.049
1988	1988	3477.062
1989	1989	3581.807
1990	1990	3946.560

图 A-4　Y 的估计值

下面对上述输出结果依次给出解释。设被解释变量为 Y_t，解释变量为 X_t。Y_t的估计值为：

$$\hat{Y}_t = \hat{\alpha} + \hat{\beta} X_t, \quad (t=1,2,\cdots,n)$$

其中，$\hat{\alpha}$ ，$\hat{\beta}$ 分别表示模型中参数α、β 的最小二乘估计。残差定义为：

$$e_t = Y_t - \hat{Y}_t$$

EViews 中 LS 输出结果的具体含义如下：

Variable：方程中包含的解释变量。

Coefficient：回归系数的估计值。

Std. Error：对应系数估计的标准差。

t-statistic：对应系数估计的 t 检验值。

Prob.：对应系数估计的尾概率（p 值），即为拒绝零假设犯错误的概率。

R-squared $=\dfrac{\sum(\hat{Y}_t-\overline{Y})^2}{\sum(Y_t-\overline{Y})^2}=1-\dfrac{\sum(Y_t-\hat{Y}_t)^2}{\sum(Y_t-\overline{Y})^2}$ 为决定系数。

Adjusted R-squared $=1-\dfrac{\sum(Y_t-\hat{Y}_t)^2/(n-k)}{\sum(Y_t-\overline{Y})^2/(n-1)}$ 为调整后的决定系数，k 为模型中包含参数的个数。本例中 k=2。

S.E. of regression $=\sqrt{\dfrac{\sum(Y_t-\hat{Y}_t)^2}{n-2}}$ 为回归模型的标准差。

Sum squared resid $=\sum e_t^2$ 为残差平方和。

Log likelihood：对数似然值。

F-statistic：模型回归式的整体检验统计量，其零假设 H_0 为，除常数项之外，所有系数同时为 0。此例中 F 值等于 X 的系数估计 t 值的平方，即 $F=t^2$ 。

Prob(F-statistic)：模型回归式的整体检验尾概率。

Mean dependent var $=\overline{Y}=\sum Y_t/n$ 为被解释变量的算术平均值。

S.D. dependent var $=\sqrt{\dfrac{\sum(Y_t-\overline{Y})^2}{n-1}}$ 为被解释变量的标准离差。

Akaike info criterion：模型选择的 AIC 准则。

Schwarz criterion：模型选择的 SBIC（Schwarz Bayesian Information Criterion）准则。

Hannan-Quinn criter：模型选择的 HQ 准则。

Durbin-Watson stat：模型误差项之间是否存在一阶自相关的 DW 检验统计量。

3. 加权最小二乘法：Weight

在线性回归模型中误差项存在异方差性时，可以运用加权最小二乘法对参数进行估计。常见于实证分析中对截面数据的处理，例如，对某个时点不同家庭的消费与收入关系的研究。类似 OLS 估计，点击 Quick/ Estimate Equation，选择对话框上的 Options。在 Weight 选项中给定权重变量，如图 A-5 所示。

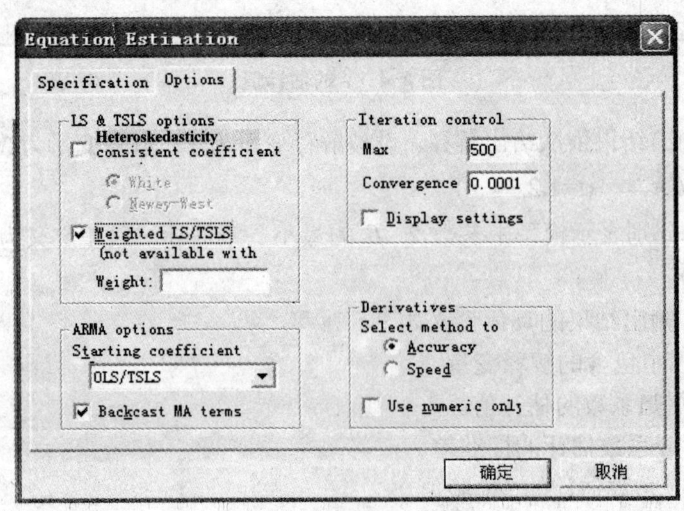

图 A-5 加权最小二乘法

加权最小二乘估计的程序命令是：equation eq.ls（w=权数序列名） y c x1 x2

4. 一阶序列相关：AR(1)

假设如下模型：

$$Y_t = \alpha + \beta X_t + u_t$$

$$u_t = \rho u_{t-1} + \varepsilon_t$$

$$E(\varepsilon_t)=0，E(\varepsilon_t^2)=\sigma^2，E(\varepsilon_t\varepsilon_s)=0 \quad (t\neq s)$$

当误差项存在一阶序列相关时，普通最小二乘估计不再是有效的，标准差的估计也是有偏误的。AR(1)命令提供了对存在一阶序列相关回归式的有效估计。为了把序列相关纳入方程，应当在解释变量中加入 AR(1)。点击方程工具栏中的 Estimate Equation 并在 Equation Specification 中加入 AR(1)，然后点击 OK。例如，利用表 A-1 数据，消费模型的 AR(1)估计结果如表 A-3。

表 A-3　AR(1)的输出结果

Dependent Variable: Y
Method: Least Squares

Sample (adjusted): 1981-1990
Included observations: 10 after adjustments
Convergence achieved after 7 iterations

Variable	Coefficient	Std. Error	t-Statistic	Prob.
c	147.831 8	212.571 9	0.695 444	0.509 2
x	0.827 563	0.061 654	13.422 67	0.000 0
AR(1)	0.072 148	0.374 628	0.192 587	0.852 8

R-squared	0.967 754	Mean dependent var	2 892.663
Adjusted R-squared	0.958 541	S.D. dependent var	760.251 5
S.E. of regression	154.797 9	Akaike info criterion	13.165 44
Sum squared resid	167 736.8	Schwarz criterion	13.256 22
Log likelihood	-62.827 22	F-statistic	105.041 8
Durbin-Watson stat	1.989 135	Prob(F-statistic)	0.000 006
Inverted AR Roots	0.07		

输出结果在格式上大致与前面 OLS 的结果相同。只是增加了与 AR(1)对应的系数估计。AR(1)的系数 0.072 为一阶自相关 ρ 的估计值，其 t 值为 0.19，很不显著，即可以认为误差项之间不存在一阶自相关关系。Inverted AR Roots 是误差序列自相关模型的滞后算子多项式根的倒数，这个根有时是虚数，但自回归模型滞后算子多项式根的模应该大于 1，即其全部根均位于单位圆之外。

5. 分布滞后模型

假设模型中某个解释变量对于被解释变量的影响，不是在一期内结束，而是在若干期内对被解释变量产生影响，这种关系可以用如下的分布滞后模型（Distributed Lag Model）表示：

$$Y_t = \alpha + \beta_0 X_t + \beta_1 X_{t-1} + \cdots + \beta_p X_{t-p} + u_t \qquad (t=p+1, p+2, \cdots, n)$$

EViews 可以容易地对上述模型进行估计。下面介绍分布滞后模型估计的一种平滑技术，Almon 多项式分布滞后模型（PDL）。多项式分布滞后的设定有三个要素：滞后的长度 p，多项式的次数（多项式中的最高次幂），以及所要采用的约束。一般方程中可以包含多个多项式分布滞后项（PDL），在符号 PDL 后面的括号中给出变量的名称，滞后长度、多项式的次数以及是否对系数加以约束。约束方式用以下数字表示：

1　表示近端约束为零；

2　表示远端约束为零；

3　表示两端同时约束为零。

如果省略上面数字，则表示对系数不施加任何约束。例如选择 Quick/Equation Estimation 在对话框中输入命令

```
Y   C   PDL(X,4,2,2)
```

表示被解释变量 Y 对常数项 C、解释变量 X 及其滞后项 X(-1)、X(-2)、X(-3)、X(-4)进行估计，多项式次数为 2，约束远端为零。一般 BIC（Shwarz's Bayesian Information Criterion）、AIC（Akaike's Information Criterion）准则及调整后的决定系数 R^2 可以用来选择模型滞后的期数（滞后的最大长度）。

6. GMM 与 TSLS 估计量

当模型中解释变量和误差项之间存在相关关系时（方程右边包含内生变量的情形），为得到参数的一致性且有效估计量，可以利用 GMM 估计。在 EViews 的 Workfile 中点击 Quicks/Estimate Equation，在对话框中选择 Method 中的 Generalized Method of Moments 即可。具体步骤与前面讨论的 LS 相类似，列出被解释变量和解释变量。注意此时对话框将会出现一个新的窗口，要在此窗口中列出工具变量。所谓工具变量 Z 被要求具有以下性质：

（1）同误差项不相关；

（2）同解释变量相关。

Z 可以看成是解释变量（内生变量）的"代表变量"。例如，在消费模型中，可使用常数项 C、政府支出 G 和货币供给 M 作为工具变量 Z。这时

消费函数方程设定为：Y　C　X

工具变量设定为：C　G　M

GMM 估计同样可以通过 equation 语句编程实现，GMM 估计的命令语句是：

```
equation eq1.gmm y c x @c g m
```

该语句表示，被解释变量为 Y，解释变量为 X，工具变量为 G、M 以及常数的 GMM 估计，命令 eq1.results 直接给出估计结果。GMM 估计量的计算公式如下：

$$\hat{\beta}_{\text{EGMM}} = \left(X'Z(Z'\hat{\Omega}Z)^{-1} Z'X \right)^{-1} X'Z(Z'\hat{\Omega}Z)^{-1} Z'Y$$

当模型误差项不存在异方差与序列相关时，GMM 估计变为两阶段最小二乘估计（TSLS），TSLS 估计量如下：

$$\hat{\beta}_{\text{TSLS}} = \left(X'Z(Z'Z)^{-1} Z'X \right)^{-1} X'Z(Z'Z)^{-1} Z'Y$$

EViews 中也有直接计算 TSLS 估计量的命令，在对话框的 Method 中选择 TSLS 即可，

其估计步骤与 GMM 类似。

二、EViews 中变量的引用和显示

前面讨论了如何对模型进行估计。本节将介绍对数据和回归结果的引用、输出、画图、排序等操作以及 EViews 中的两个特殊的变量：虚拟变量和时间趋势变量。

1. 内部变量的使用

估计模型时经常遇到，下一步的计算依赖于前面估计结果的情形，EViews 提供了对此类问题的解决方法。前一个过程的输出结果被 EViews 作为内部变量进行存储，这些内部变量以@开头，下面是 EViews 常用的一些内部变量（见表 A-4）。

表 A-4　EViews 中的内部变量

@coefs(i)	第 i 个参数的估计
@stderrs(i)	第 i 个参数估计的标准差
@tstats(i)	第 i 个参数估计的 t 值
@se	回归模型的标准差
@coefcov(i,j)	第 i 个参数估计与第 j 个参数估计的协方差
@coefcov	参数估计的方差协方差矩阵
@coefs	参数估计向量
@stderrs	参数估计的标准差向量
@tstats	参数估计的 t 值向量
@r2	拟合优度 R^2
@rbar2	经自由度调整后的拟合优度
@f	F 统计量
@dw	DW 统计量(不含有被解释变量的滞后项)
@ssr	残差平方和
@jstat	J 统计量，即 GMM 估计方法中目标函数值
@aic	赤池信息准则（AIC）
@hq	Hannan-Quinn 信息准则
@schwarz	施瓦茨信息准则（SBIC）
@logl	对数似然检验值
@ncoef	回归系数的个数
@regobs	回归方程的观测值个数
@meandep	被解释变量的均值
@sddep	被解释变量的标准差
@reset	对模型设定形式检验的 Ramsey'RESET

表 A-4 中这些内部变量都可以在 Workfile 中选择 Quicks/ Generate Series 用来生成一个新序列，参与运算。

利用方程的预测值或残差序列的命令如下：

fit. 方程名称　序列名称　<提取方程的静态预测序列>

forcast. 方程名称　序列名称　<提取方程的动态预测序列>

makeresid. 方程名称 序列名称 <提取方程的残差序列>

makegarch. 方程名称 序列名称 <提取方程的条件异方差（用 GARCH 模型）>

例：eq.forcast for <提取方程 eq 的动态预测序列并放在 for 中（for 无需事先生成）>

2. 查看序列和变量：show 命令

EViews 中，进行定义的序列或变量均被保存在工作文件中，双击可进行查看。实现该功能的程序语句：show 序列名/变量名。序列和向量将在新弹出的窗口显示，标量显示在主窗口的左下端。

3. 数据的图形显示

对观测值进行绘图是经常会用到的操作。EViews 提供了多种方法来进行数据的图形分析。要画一个序列的图形，首先要在工作文件目录中双击该序列的名称，这时会弹出一个列有数据表的窗口。单击 View 功能键，选择 Graph / Line 就可以显示以时间为横轴的折线图。再单击 View 功能键，选择 Graph / Bar 就可以显示标有序列观测值的条形图。

对于画两个或更多序列图的情形，首先在工作文件中同时选定要画图的所有序列，右键单击 Open / as Group，单击 View 键，选择 Graph 就可以得到各序列的折线图。这种情况下各序列的折线图是以不同颜色区分的。如果需要单独显示某一序列的图形，可单击 View，然后选择 Multiple Graphs。双击图形内任何位置可弹出如图 A-6 所示的对话框。对话框有许多选项，可以改变图形的显示方式。

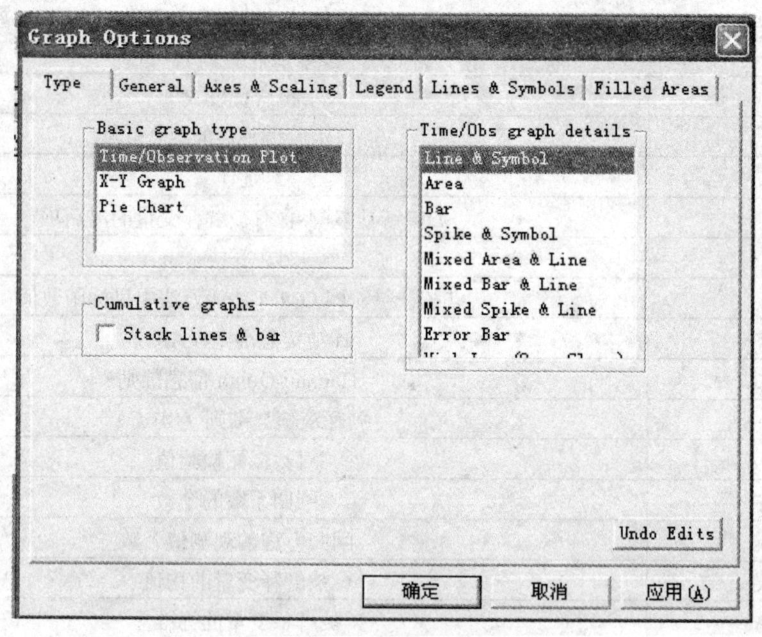

图 A-6　图形的选择

设变量 X 的数据如表 A-5 所示，给出 X 的频率分布图。

表 A-5　变量 X 的数据

55	26	30	29	40	32	34	37	30	46	26	50	30	50	47	28	33	38	38	36	40	59	29
40	39	27	25	26	51	48	19	25	26	31	32	40	18	33	28	38	42	24	35	40	26	24
32	43	35	20	51	57	29	49	37	45	42	34	29	30									

建立工作文件并输入X序列后，双击该序列，点击 View/Descriptive Statistics/Histogram and Stats，可得到频率直方图，如图 A-7 所示。

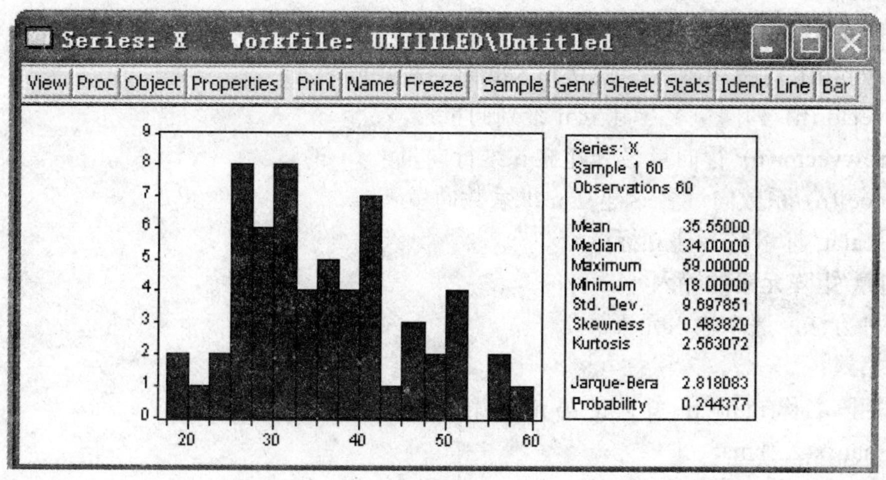

图 A-7 频率直方图

图 A-7 左边为数据X的频率直方图，右边给出关于X的统计量：均值、中位数、最大值、最小值、标准差、偏度、峰度、JB 检验统计量和与此对应的概率。

程序命令 PLOT 适用于一个或多个时间序列的情形，GRAPH 适用于两个变量的作图，HIST 适用于作频率分布图。

4. 对数据排序

在任何序列的数据表窗口，单击上方的 Sort 键即可实现对该序列的升序或者降序排列。程序命令 SORT 也可以实现该功能：

SORT Y <将 Y 以升序排列>

SORT(REVERSE) Y<将 Y 以降序排列>

5. 虚拟变量和时间趋势变量

线性模型中的解释变量和被解释变量，一般用它们的量化值来表示，但是，经济现象中存在着某些不能量化的因素，而有时这些因素对模型的影响又不能忽视。对这些不能量化因素的处理方法是，可以通过在模型中引入一个虚拟变量来表示这些影响，所以虚拟变量也可以称为代理变量。虚拟变量通常在样本区间上的取值设为 0 或 1。

在 EViews 中建立工作文件，结构类型选择 Dated- regular frequence，频率选择 Quarterly，输入时间范围，点击 OK 确认后，在弹出窗口中，按 Genr 键建立变量 Y 与 X 序列，则系统自动建立季度序列，选择 Genr 给出虚拟变量（季节变量），在其中输入：

GENR Q2=@SEAS(2)

GENR Q3=@SEAS(3)

GENR Q4=@SEAS(4)

给出与第二季度、第三季度、第四季度相对应的季节虚拟变量。使用 Objects/New Object/Estimation 进行估计，输入方程：Y C X Q2 Q3 Q4，得到估计结果。

三、EViews 中矩阵的运算

1. 建立矩阵

Matrix(m,n) 矩阵名 <建立 m×n 阶矩阵>

sym(m) 对称矩阵名 <建立 m×m 阶对称矩阵>

vector(n) 列向量名 <建立 n 维列向量>

rowvector(n) 行向量名 <建立 n 维行向量>

coef(n) 系数向量名 <建立 n 维系数向量>

scalar 标量名 <建立标量>

2. 向量/矩阵元素的输入

第一种方法：逐个输入元素。

命令格式：

矩阵名称(m,n)=p <矩阵的第 m 行第 n 列的元素为 p>

例：matrix(2,2) mat

mat(1,1)=1　mat(1,2)=2　mat(2,1)=3　mat(2,2)=4

以上的命令建立矩阵 mat，其第一行元素为 1，2；第二行元素为 3，4。

第二种方法：用 fill 命令。

命令格式：

矩阵名.fill(选项)元素

选项有：b=r <按行输入元素>

b=c <按列输入元素>

1 <按列循环输入元素>

如果生成 m 阶单位矩阵，可以用该命令完成：matrix eye=@identity(m)

第三种方法：将序列/数组转换成向量/矩阵。

Matrix mat=@convert(group,smpl)　<将样本区间 smpl 内的数据转换成矩阵>

vector vec=@convert(series,smpl)　<将样本区间 smpl 内的数据转换成向量>

3. 一些常用的基本运算

一些常用的基本运算参见表 A-6。

表 A-6　矩阵的基本运算

命令格式	实现功能
@rows(matrix)	矩阵的行数
@columns(matrix)	矩阵的列数
@det(matrix)	矩阵的行列式
@rank(matrix)	矩阵的秩
@trace(matrix)	矩阵的迹
@transpose(matrix)	矩阵的转置
@cor(vector1,vector2)	两个向量的相关系数
@cor(matrix)	矩阵各个列向量的相关系数
@cov(vector1,vector2)	两个向量的协方差矩阵
@cov(matrix)	矩阵列向量的方差协方差

续表

命令格式	实现功能
@eigenvalues(sym)	对称矩阵的特征值
@inverse(matrix)	矩阵的逆
@eigenvectors(sym)	对称矩阵的特征向量
@getmaindiagonal(matrix)	提取矩阵对角线元素
@kronecker(matrix)	克罗奈克乘积
@inner(vector,vector)	向量或矩阵的内积
@outer(vector/matrix,vector/matrix)	向量或矩阵的外积
@svd(matrix,vector1,vector2)	矩阵的 SV 分解

EViews 中矩阵的其他运算如下：

colplace(mat,vec,p) <将列向量 vec 放在矩阵 mat 的第 p 列>

rowplace(mat,row,p) <将行向量 row 放在矩阵 mat 的第 p 行>

matplace(m1,m2,m,n) <将矩阵 m2 放在矩阵 m1 中，左上角位置为 mat(m,n)>

vector vec=@columnextract(mat,p) <抽取矩阵 mat 的第 p 列>

rowvector vec=@rowextract(mat,p) <抽取矩阵 mat 的第 p 行>

matrix mat=@subextract(matrix/vector,m1,n1,m2,n2) <提取子矩阵，左上角元素位置为第 m1 行、第 n1 列，右下角元素为第 m2 行、第 n2 列>

vector vec=@unitvector(m,p) <建立 m 维列向量，在第 p 行插入 1，其余位置元素为 0>

vector vec=@vec(matrix) <将矩阵 matrix 所有列叠加成一列，现在为 m×n 行的列向量>

vector vec=@vech(matrix) <将矩阵 matrix 的下三角元素（包括对角线）排成一列>

四、EViews 中 View 键的使用

打开数据变量，点击工具栏中的 View 键可以找到刻画变量不同统计性质的菜单。常用统计量的计算如下（以表 A-1 的数据为例）：

对于 X，选择 One-way Tabulation，得到如表 A-7 所示统计表。

表 A-7 X 的分组计算

Tabulation of X

Sample: 1980-1990

Included observations: 11

Number of categories: 4

Value	Count	Percent	Cumulative Count	Cumulative Percent
[1000, 2000)	2	18.18	2	18.18
[2000, 3000)	3	27.27	5	45.45
[3000, 4000)	3	27.27	8	72.72
[4000, 5000)	3	27.27	11	100
Total	11	100	11	100

统计表中，X表示把序列分成四组后，给出不同组中数据出现的次数以及频数百分比。

选择菜单 Correlogram，则给出 X 的自相关与偏相关图、Q 统计量与相应的概率值（见图 A-8）。

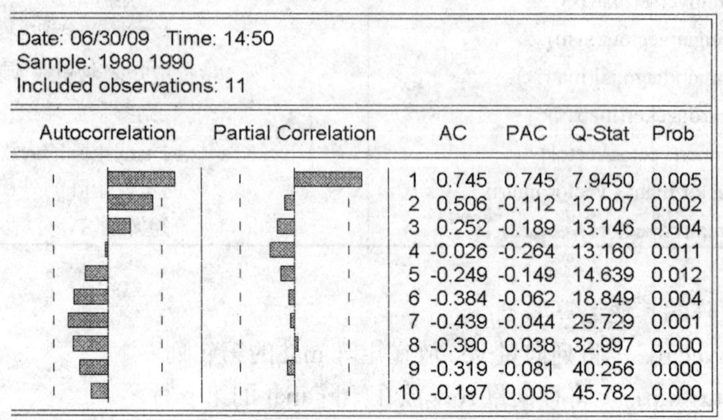

图 A-8 X 的相关图

同时打开变量 X 和 Y，选择 Covariance Analysis /Correlation，给出了变量 Y 和 X 之间的样本相关系数矩阵（见表 A-8）。

表 A-8 样本相关系数矩阵

	X	Y
X	1	0.986 185
Y	0.986 185	1

选择 Unit Root Test，可以对变量进行单位根检验。如果选择 DF-GLS 单位根检验统计量（见第七章附录），注意零假设 H_0 为"单位根存在"，如果 H_0 没有被拒绝，认为变量存在单位根。中国粮食价格指数 FPI（见第四章）的单位根检验结果由表 A-9 给出。

t 值为 -2.70，临界值约为 -3.19，显然对于 FPI，水平数据的分析都不能拒绝单位根存在的假设，也就是说不是 I (0)过程。但是，对于 FPI 的一阶差分变量，在 5%的显著水平拒绝单位根存在的假设。所以接受 FPI 是 I (1)过程的假说。

同时打开变量 X 和 Y，在 X 与 Y 均为 I (1)过程的前提下，选择 Cointegration Test，可以对变量 X 和 Y 之间是否存在协整关系进行检验，例如在 CPI 与 FPI（见第四章）均为 I (1)过程的前提下，可以检验这两个变量之间是否存在协整关系（见表 A-10）。

表 A-10 给出了滞后长度为 1 的迹检验（Trace）和最大特征值检验（Maximum Eigenvalue）的结果。结果表明，迹检验和最大特征值检验均在 1%的显著水平拒绝了不存在协整关系的假设，接受存在一个协整关系的假设。以 CPI 与 FPI 为变量的向量自回归模型的估计和检验的详细讨论见第四章。

也可以利用 EG 两步法估计协整关系，用 OLS 对协整方程作回归得到残差 $\hat{u}_t$ 。对残差 $\hat{u}_t$ 运用 ADF 单位根检验判断 u_t 的平稳性，注意由于是对方程残差项进行单位根检验，不能直接应用 DF 的临界值，其临界值必须使用 MacKinnon（1991）的模拟结果（见本书附录表 B-11），这是利用 EG 两步法估计协整关系时必须要注意的一个问题。

表 A-9 变量 FPI 的单位根检验结果

Null Hypothesis: FPI has a unit root

Exogenous: Constant, Linear Trend

Lag Length: 1 (Automatic based on SIC, MAXLAG=10)

		t-Statistic
Elliott-Rothenberg-Stock DF-GLS test statistic		– 2.703 588
	1% level	– 3.762 400
Test critical values:	5% level	– 3.183 600
	10% level	– 2.884 000

*Elliott-Rothenberg-Stock (1996, Table 1)

DF-GLS Test Equation on GLS Detrended Residuals

Dependent Variable: D(GLSRESID)

Method: Least Squares

Date: 08/12/11 Time: 17:56

Sample (adjusted): 1952-2003

Included observations: 52 after adjustments

	Coefficient	Std. Error	t-Statistic	Prob.
GLSRESID(– 1)	– 0.110 504	0.040 873	– 2.703 588	0.009 3
D(GLSRESID(– 1))	0.618 135	0.110 799	5.578 908	0.000 0
R-squared	0.405 678	Mean dependent var		– 1.149 345
Adjusted R-squared	0.393 792	S.D. dependent var		105.292 2
S.E. of regression	81.979 89	Akaike info criterion		11.688 53
Sum squared resid	336 035.1	Schwarz criterion		11.763 58
Log likelihood	– 301.901 7	Hannan-Quinn criter.		11.717 30
Durbin-Watson stat	1.685 802			

表 A-10 变量 CPI 与 FPI 的协整关系检验结果

Sample (adjusted): 1952-2003
Included observations: 52 after adjustments
Trend assumption: Linear deterministic trend (restricted)
Series: FPI CPI
Lags interval (in first differences): 1 to 1
Unrestricted Cointegration Rank Test (Trace)

Hypothesized No. of E(s)	Eigenvalue	Trace Statistic	0.05 Critical Value	Prob.**
None *	0.707 916	68.856 23	25.872 11	0.000 0
At most 1	0.089 212	4.859 156	12.517 98	0.616 7

Trace test indicates 1 cointegrating eqn(s) at the 0.05 level
* denotes rejection of the hypothesis at the 0.05 level
**MacKinnon-Haug-Michelis (1999) p-values

Unrestricted Cointegration Rank Test (Maximum Eigenvalue)

Hypothesized No.of CE(s)	Eigenvalue	Max-Eigen Statistic	0.05 Critical Value	Prob.**
None *	0.707 916	63.997 08	19.387 04	0.000 0
At most 1	0.089 212	4.859 156	12.517 98	0.616 7

Max-eigenvalue test indicates 1 cointegrating eqn(s) at the 0.05 level
* denotes rejection of the hypothesis at the 0.05 level
**MacKinnon-Haug-Michelis (1999) p-values

表 B-7 单位根检验的“t 类”统计量分布表

T	τ 比表中数值小的概率							
	0.01	0.025	0.05	0.10	0.90	0.95	0.975	0.99
	模型(1) τ							
25	−2.66	−2.26	−1.95	−1.60	0.92	1.33	1.70	2.16
50	−2.62	−2.25	−1.95	−1.61	0.91	1.31	1.66	2.08
100	−2.60	−2.24	−1.95	−1.61	0.90	1.29	1.64	2.03
250	−2.58	−2.23	−1.95	−1.62	0.89	1.29	1.63	2.01
500	−2.58	−2.23	−1.95	−1.62	0.89	1.28	1.62	2.00
∞	−2.58	−2.23	−1.95	−1.62	0.89	1.28	1.62	2.00
	模型(2) τ_μ							
25	−3.75	−3.33	−3.00	−2.63	−0.37	0.00	0.34	0.72
50	−3.58	−3.22	−2.93	−2.60	−0.40	−0.03	0.29	0.66
100	−3.51	−3.17	−2.89	−2.58	−0.42	−0.05	0.26	0.63
250	−3.46	−3.14	−2.88	−2.57	−0.42	−0.06	0.24	0.62
500	−3.44	−3.13	−2.87	−2.57	−0.43	−0.07	0.24	0.61
∞	−3.43	−3.12	−2.86	−2.57	−0.44	−0.07	0.23	0.60
	模型(3) τ_τ							
25	−4.38	−3.95	−3.60	−3.24	−1.14	−0.80	−0.50	−0.15
50	−4.15	−3.80	−3.50	−3.18	−1.19	−0.87	−0.58	−0.24
100	−4.04	−3.73	−3.45	−3.15	−1.22	−0.90	−0.62	−0.28
250	−3.99	−3.69	−3.43	−3.13	−1.23	−0.92	−0.64	−0.31
500	−3.98	−3.68	−3.42	−3.13	−1.24	−0.93	−0.65	−0.32
∞	−3.96	−3.66	−3.41	−3.12	−1.25	−0.94	−0.66	−0.33

注：1. 模型(1) $\Delta y_t=\varphi y_{t-1}+u_t$，模型(2) $\Delta y_t=\alpha+\varphi y_{t-1}+u_t$，模型(3) $\Delta y_t=\alpha+\beta t+\varphi y_{t-1}+u_t$；模型(1)、(2)、(3)中可以包含 Δy_{t-i}，$i=1,2,\cdots,k$；T 为样本容量，单位根检验零假设：“$\varphi=0$”。

2. 摘自 Fuller (1976). *Introduction to Statistical Time Series*. John,Wiley & Sons, 373.

表 B-8 单位根检验的 $T\hat{\varphi}$ 统计量分布表

T	$T\hat{\varphi}$ 比表中数值小的概率							
	0.01	0.025	0.05	0.10	0.90	0.95	0.975	0.99
	模型(1) $T\hat{\varphi}$							
25	−11.9	−9.3	−7.3	−5.3	1.01	1.4	1.79	2.28
50	−12.9	−9.9	−7.7	−5.5	0.97	1.35	1.70	2.16
100	−13.3	−10.2	−7.9	−5.6	0.95	1.31	1.65	2.09
250	−13.6	−10.3	−8.0	−5.7	0.93	1.28	1.62	2.04
500	−13.7	−10.4	−8.0	−5.7	0.93	1.28	1.61	2.04
∞	−13.8	−10.5	−8.1	−5.7	0.93	1.28	1.60	2.03
	模型(2) $T\hat{\varphi}$							
25	−17.2	−14.6	−12.5	−10.2	−0.76	0.01	0.65	1.40
50	−18.9	−15.7	−13.3	−10.7	−0.81	−0.07	0.53	1.22
100	−19.8	−16.3	−13.7	−11.0	−0.83	−0.10	0.47	1.14
250	−20.3	−16.6	−14	−11.2	−0.84	−0.12	0.43	1.09
500	−20.5	−16.8	−14	−11.2	−0.84	−0.13	0.42	1.06
∞	−20.7	−16.9	−14.1	−11.3	−0.85	−0.13	0.41	1.04

续表

T	$T\hat{\varphi}$ 比表中数值小的概率							
	0.01	0.025	0.05	0.10	0.90	0.95	0.975	0.99
				模型(3) $T\hat{\varphi}$				
25	−22.5	−19.9	−17.9	−15.6	−3.66	−2.51	−1.53	−0.43
50	−25.7	−22.4	−19.8	−16.8	−3.71	−2.60	−1.66	−0.65
100	−27.4	−23.6	−20.7	−17.5	−3.74	−2.62	−1.73	−0.75
250	−28.4	−24.4	−21.3	−18.0	−3.75	−2.64	−1.78	−0.82
500	−28.9	−24.8	−21.5	−18.1	−3.76	−2.65	−1.78	−0.84
∞	−29.5	−25.1	−21.8	−18.3	−3.77	−2.66	−1.79	−0.87

注：模型同表 B-7。摘自 Fuller (1976). *Introduction to Statistical Time Series*. John,Wiley & Sons, 371.

表 B-9　常数与时间趋势项检验的"t 类"统计量分布表

T	τ 比表中数值小的概率			
	0.90	0.95	0.975	0.99
	$\tau_{\alpha\mu}$：模型(2)中 $(\alpha,\varphi)=(0,0)$ 时, $\alpha=0$ 的 t 值			
25	2.20	2.61	2.97	3.41
50	2.18	2.56	2.89	3.28
100	2.17	2.54	2.86	3.22
250	2.16	2.53	2.84	3.19
500	2.16	2.52	2.83	3.18
∞	2.16	2.52	2.83	3.18
s.e.	0.003	0.004	0.006	0.008
	$\tau_{\alpha\tau}$：模型(3)中 $(\alpha,\beta,\varphi)=(0,0,0)$ 时, $\alpha=0$ 的 t 值			
25	2.77	3.20	3.59	4.05
50	2.75	3.14	3.47	3.87
100	2.73	3.11	3.42	3.78
250	2.73	3.09	3.39	3.74
500	2.72	3.08	3.38	3.72
∞	2.72	3.08	3.38	3.71
s.e.	0.004	0.005	0.007	0.008
	$\tau_{\beta\tau}$：模型(3)中 $(\alpha,\beta,\varphi)=(0,0,0)$ 时, $\beta=0$ 的 t 值			
25	2.39	2.85	3.25	3.74
50	2.38	2.81	3.18	3.60
100	2.38	2.79	3.14	3.53
250	2.38	2.79	3.12	3.49
500	2.38	2.78	3.11	3.48
∞	2.38	2.78	3.11	3.46
s.e.	0.004	0.005	0.006	0.009

注：模型同表 B-7。摘自 Dickey, D.A. and W. A. Fuller (1981). Likelihood ratio statistics for autoregressive time series with a unit root. *Econometrica*, 49, 1057-1072.

表 B-10　单位根检验的“F类”统计量分布表

T	Φ_i 比表中数值小的概率							
	0.01	0.025	0.05	0.10	0.90	0.95	0.975	0.99
	Φ_1：模型(2)中 $(\alpha,\varphi)=(0,0)$ 的 F 值							
25	0.29	0.38	0.49	0.65	4.12	5.18	6.3	7.88
50	0.29	0.39	0.50	0.66	3.94	4.86	5.80	7.06
100	0.29	0.39	0.50	0.67	3.86	4.71	5.57	6.70
250	0.30	0.39	0.51	0.67	3.81	4.63	5.45	6.52
500	0.30	0.39	0.51	0.67	3.79	4.61	5.41	6.47
∞	0.30	0.40	0.51	0.67	3.78	4.59	5.38	6.43
s.e.	0.002	0.002	0.002	0.002	0.01	0.02	0.03	0.05
	Φ_2：模型(3)中 $(\alpha,\beta,\varphi)=(0,0,0)$ 的 F 值							
25	0.61	0.75	0.89	1.10	4.67	5.68	6.75	8.21
50	0.62	0.77	0.91	1.12	4.31	5.13	5.94	7.02
100	0.63	0.77	0.92	1.12	4.16	4.88	5.59	6.50
250	0.63	0.77	0.92	1.13	4.07	4.75	5.40	6.22
500	0.63	0.77	0.92	1.13	4.05	4.71	5.35	6.15
∞	0.63	0.77	0.92	1.13	4.03	4.68	5.31	6.09
s.e.	0.003	0.003	0.003	0.003	0.01	0.02	0.03	0.05
	Φ_3：模型(3)中 $(\alpha,\beta,\varphi)=(\alpha,0,0)$ 的 F 值							
25	0.74	0.90	1.08	1.33	5.91	7.24	8.65	10.61
50	0.76	0.93	1.11	1.37	5.61	6.73	7.81	9.31
100	0.76	0.94	1.12	1.38	5.47	6.49	7.44	8.73
250	0.76	0.94	1.13	1.39	5.39	6.34	7.25	8.43
500	0.76	0.94	1.13	1.39	5.36	6.30	7.20	8.34
∞	0.77	0.94	1.13	1.39	5.34	6.25	7.16	8.27
s.e.	0.004	0.004	0.003	0.004	0.015	0.020	0.032	0.058

注：模型同表 B-7。摘自 Dickey and Fuller (1981)。

表 B-11　EG 协整检验的临界值

k	模型形式	p	x_t	$w_t=\alpha' x_t$	$I(1)$	α_i
1	无常数项	1	−2.565 8	(0.002 3)	−1.960	−10.04
		5	−1.939 3	(0.000 8)	−0.398	0.0
		10	−1.615 6	(0.000 7)	−0.181	0.0
1	有常数项	1	−3.433 6	(0.002 4)	−5.999	−29.25
		5	−2.862 1	(0.001 1)	−2.738	−8.36
		10	−2.567 1	(0.000 9)	−1.438	−4.48
1	有常数与趋势项	1	−3.963 8	(0.002 2)	−8.353	−47.44
		5	−3.412 6	(0.001 2)	−4.039	−17.83
		10	−3.127 9	(0.000 9)	−2.418	−7.58

续表

k	模型形式	p	x_t	$w_t=\alpha' x_t$	$I(1)$	α_i
2	有常数无趋势项	1	− 3.900 1	(0.002 2)	− 10.534	− 30.03
		5	− 3.337 7	(0.001 2)	− 5.967	− 8.98
		10	− 3.046 2	(0.000 9)	− 4.069	− 5.73
2	有常数与趋势项	1	− 4.326 6	(0.002 2)	− 15.531	− 34.03
		5	− 3.780 9	(0.001 3)	− 9.421	− 15.06
		10	− 3.495 9	(0.000 9)	− 7.203	− 4.01
3	有常数无趋势项	1	− 4.298 1	(0.002 3)	− 13.790	− 46.37
		5	− 3.742 9	(0.001 2)	− 8.352	− 13.41
		10	− 3.451 8	(0.001 0)	− 6.241	− 2.79
3	有常数与趋势项	1	− 4.667 6	(0.002 2)	− 18.492	− 49.35
		5	− 4.119 3	(0.001 1)	− 12.024	− 13.13
		10	− 3.834 4	(0.000 9)	− 9.188	− 4.85
4	有常数无趋势项	1	− 4.649 3	(0.002 3)	− 17.188	− 59.20
		5	− 4.100 0	(0.001 2)	− 10.745	− 21.57
		10	− 3.811 0	(0.000 9)	− 8.317	− 5.19
4	有常数与趋势项	1	− 4.969 5	(0.002 1)	− 22.504	− 50.22
		5	− 4.429 4	(0.001 2)	− 14.501	− 19.54
		10	− 4.147 4	(0.001 0)	− 11.165	− 9.88
5	有常数无趋势项	1	− 4.958 7	(0.002 6)	− 22.140	− 37.29
		5	− 4.418 5	(0.001 3)	− 13.641	− 21.16
		10	− 4.132 7	(0.000 9)	− 10.638	− 5.48
5	有常数与趋势项	1	− 5.249 7	(0.002 4)	− 26.606	− 49.56
		5	− 4.715 4	(0.001 3)	− 17.432	− 16.50
		10	− 4.434 5	(0.001 0)	− 13.654	− 5.77
6	有常数无趋势项	1	− 5.240 0	(0.002 9)	− 26.278	− 41.65
		5	− 4.704 8	(0.001 8)	− 17.120	− 11.17
		10	− 4.424 2	(0.001 0)	− 13.347	0.0
6	有常数与趋势项	1	− 5.512 7	(0.003 3)	− 30.735	− 52.50
		5	− 4.976 7	(0.001 7)	− 20.883	− 9.05
		10	− 4.699 9	(0.001 1)	− 16.445	0.0

注：1. 临界值计算公式：$C(p,T)=\varphi_\infty+\varphi_1 T^{-1}+\varphi_2 T^{-2}$，其中 p 表示显著水平，T 表示样本容量。

2. k 表示协整回归方程中所含变量个数。

3. 零假设为不存在协整关系。

例如：p=0.05，T=120，k=5，有常数与趋势项时，

$C(p, T)$=−4.7154 + （−17.432/120） + （−16.50/120^2） =−4.861 8

资料来源：MacKinnon, J. (1991). Critical values for cointegration tests, Chapter 13 in Long-run economic relationships, edited by R. F. Engle and C. W. J. Granger. Oxford University Press.